LE
LIEU
DE MON
ESPÉRANCE

Jean-Noël Tremblay

LE
LIEU
DE MON
ESPÉRANCE

Les Soeurs de la Congrégation de Notre-
RÉSIDENCE NOTRE-DAME-DE-LA-VICT
4120, avenue de Vendôme
Montréal, Qc H4A 3N1

Édition : Éditions Anne Sigier
2299, boul. du Versant-Nord
Sainte-Foy (Québec)
G1N 4G2
Tél. : 687-6086 / Téléc.: 687-3565

Pour la France : Éditions Anne Sigier – France
28, rue de la Malterie
B.P. 3007
59703 Marcq-en-Barœul
Tél. : 20.74.00.05 / Téléc. : 20.51.86.88

En couverture : *Crépuscule sur Québec,* huile sur toile d'Albert Bastarache

ISBN : 2-89129-206-5

Dépôt légal : 1993
Bibliothèque nationale du Québec
Bibliothèque nationale du Canada

Imprimé au Canada

À Marie-Élisabeth Tremblay, ma mère, à mes sœurs, Cécile, Jeanne, Thérèse, Rachel, Lucie et Raymonde, ainsi qu'à toutes les femmes qui, par leur vaillance et leur foi, ont donné une âme au pays toujours aimé de mes origines.

Avant-propos

Le jour va basculer dans la nuit. Seul demeure à l'horizon le rougeoiement du soleil qui dorait auparavant l'orgueilleux automne. À l'heure de la paix, la stridence des bruits de la ville continue d'assaillir l'espace du repos. Porte close, j'entreprends de relire mon itinéraire spirituel et de marquer les pages que le Seigneur a signées.

Cette confidence s'adresse à mes sœurs et à mes frères dans la foi. Ce n'est pas un essai sociologique et encore moins un traité de théologie. Il s'agit d'un récit et d'une confession. Je l'ai conçu en pensant aux chrétiens de ma génération et de celles qui suivent, et plus particulièrement à ceux et celles qu'éclaire encore l'aurore de la jeunesse.

Un jeune prêtre de mes amis, au cœur évangélique, m'avait suggéré de témoigner. J'ai reçu beaucoup du Seigneur ; je n'avais pas le droit, m'a-t-il convaincu, de garder pour moi seul l'acquis d'une vie déjà longue. J'en livre ici, en toute franchise, une part. Je n'ai rien fait d'extraordinaire. Mais la sollicitude dont j'ai été l'objet me commande de parler et de dire comment, en Église, le Christ a illuminé mon existence et m'a enveloppé dans la tendresse du Père et la chaleur de l'Esprit. J'ai reçu sans savoir le don premier de tous, celui de mon baptême. J'ai, plus tard, librement fait allégeance à Dieu. Un cheminement mystérieusement bouleversé m'a sans cesse ramené dans le monde intérieur de mon enfance et de ses émerveillements. J'ai connu des tentations et des errances. J'ai marché dans l'obscurité, sous les vents arides, vers des leurres et des mirages. Mais les rayons de la grâce ne cessaient pas de percer cette opacité et de me révéler le Père créateur, le Fils rédempteur et l'Esprit consolateur. J'ai résisté jusqu'à ce que je découvre un jour que l'Église, sacrement du salut, était le lieu de mon espérance.

On ne s'abuse plus à mon âge ; on ne cherche pas à abuser les autres. Quand on a mis la main sur la pièce perdue et la perle égarée, on crie sa joie, on convie la famille à fêter et, dans le secret de son cœur, on attend, patient, non sans frayeur humaine, le jour d'après le temps, quand l'espoir transmué abolira les images fugaces pour montrer enfin la douceur de sa Face.

Je remercie Mme Anne Sigier de m'accueillir dans sa maison d'édition et de me faire une place parmi les auteurs qui exaltent la Parole de Dieu.

Jean-Noël Tremblay

I

Peut-on parler de Dieu ?

Mais, dit-il, tu ne peux pas voir ma face, car l'homme ne peut me voir et vivre. (Ex 33, 20)

PEUT-ON parler de Dieu ? Cette question paraîtra bizarre à ceux qui savent que j'ai reçu mon éducation dans une famille croyante, fait mes humanités sous la direction de religieux et de prêtres séculiers et entrepris plus tard des études à la faculté de théologie d'une université catholique. C'est peut-être parce que j'ai trop entendu parler de Dieu que je me demande aujourd'hui comment on peut avoir l'audace d'aborder le sujet.

Cela a commencé avec les leçons de ma mère, *Le Petit Catéchisme*, la prédication du curé de la paroisse, les sermons de retraites, la direction spirituelle, les cours de dogmatique, de morale et d'Écriture sainte, plus les nombreux ouvrages que j'ai lus. Il me semblait alors naturel qu'on traitât avec assurance d'un Être avec lequel je croyais entretenir une relation privilégiée que les rites renforçaient. J'avais la foi et ne me posais pas encore de questions torturantes. Ma réflexion m'a fait découvrir petit à petit que le langage dont on usait était purement analogique et que c'était toujours par référence à l'homme qu'on qualifiait Dieu. Il ne me semblait pas que Dieu pût être autrement que de sexe masculin ; qu'il jouait dans mon existence le rôle d'un père de famille. On le disait tout-puissant, omniscient, bon, fort, généreux, miséricordieux et juste. Il possédait en lui toutes les qualités humaines, sans les défauts et les faiblesses. Cette conception me rassurait. Je gardais de mon enfance la conviction que les païens n'avaient pas de Dieu et que seuls les catholiques (j'inclus plus tard les autres chrétiens) en avaient un. C'est pourquoi le premier idéal que j'entretins fut de devenir missionnaire pour faire connaître Dieu aux millions de gens qui ne soupçonnaient même pas son existence. J'avais appris que Dieu réunissait en lui trois Personnes. On me disait qu'il y avait là un mystère et qu'un mystère était une chose impossible à comprendre. Je croyais à la Trinité comme à l'eucharistie et aux autres sacrements. J'étais encore loin du jour où un docte professeur tenterait de m'expliquer, sur la base philosophique de la *relation*, la *procession* des Personnes divines. La somme de mes croyances était mince et monolithique. Tout s'ordonnait autour de Dieu : le Christ, la Vierge, les saints, l'Église (plus temple qu'institution), le pape, les évêques, les prêtres, les religieux et les religieuses. Quant à la foule des fidèles, elle dépendait des personnes qui représentaient l'autorité intouchable qui veillait à mon salut.

Car je fus très tôt sensible à l'idée de salut et de rédemption. Je crois que c'est par ce biais que le Christ a fait irruption dans ma conscience. Il ne représentait pas encore l'Amour. Je le voyais plutôt comme un sacrifié, la *victime offerte pour nos péchés*. Comme la prédication de cette époque portait surtout sur la morale, je commençai à m'interroger sur la part que j'avais personnellement dans les souffrances du Christ dont on m'avait dit qu'il avait accepté la mort pour me racheter comme tous les autres humains. Je revenais souvent à cette expression de *victime offerte pour nos péchés*. Je commençai à me demander quels étaient ces péchés et si j'en commettais moi-même. On me parla d'abord de la faute originelle avant que de me faire savoir que désobéir à ses parents, se quereller avec ses frères ou sœurs, parler en mal des compagnons d'école comptaient parmi les péchés ; peu graves, ajoutait-on. Puis vinrent ceux de la chair. Je n'y comprenais pas grand-chose au départ, jusqu'à ce que, l'âge aidant, les propos dont je saisissais des bribes me fissent pressentir la nature grave de ces offenses-là.

Le discours sur Dieu s'épaississait ; il englobait plus de réalités ; mais il demeurait anthropomorphique. Dieu ressemblait à l'homme. J'avais d'autant plus de raisons de le voir ainsi qu'on m'avait enseigné que le Créateur avait dit : « Faisons l'homme comme notre image, à notre ressemblance » (Gn 1, 26) Il allait donc de soi que Dieu fût comme chacun de nous et qu'il se comportât de même. Il régnait au-dessus de nous, quelque part au-delà de la terre, qui était sa seule occupation. À l'école, sur les murs, on pouvait lire des avertissements : « Dieu est partout », « Dieu me voit ». Cela n'avait pas pour moi de connotation morale ; c'était le rappel d'une présence à dimension et à caractère humains. Peut-être m'abusé-je, mais je pense que c'est de cette façon que j'ai commencé à me sentir habité par quelqu'un à la fois en moi et au-dehors, et dont les choses de la création me renvoyaient la représentation. Tout cela vague et confus, mais réel, quasi sensible. Mon instinct religieux a crû à partir de cette perception.

On continuait de me parler de Dieu, insinuant que j'avais à lui redonner de ce qu'il me donnait. Comment ? Par la prière du matin et du soir, le chapelet en famille et des sacrifices : rester sur mon appétit, me priver de dessert, jeûner pendant les Quatre-temps et les jours saints. À cela se greffait l'idée de comptes à rendre qu'il me fallait découvrir par l'examen de conscience. Tombant de sommeil, je m'évertuais à trouver ce qui aurait pu déplaire au Bon Dieu. Des peccadilles, si je me souviens bien, que je devais expier sinon pour ma purification, du moins pour celle des pécheurs du monde. On m'avait déjà appris que la population du globe se chiffrait à environ deux milliards huit cents millions d'habitants. J'imaginais mal ce quantum et ne pouvais discerner les personnes dont je devais m'efforcer d'effacer les fautes. Le curé dit un jour en chaire que la prière des enfants désarmait la colère de Dieu. La colère de Dieu ? Se fâchait-il comme mon père, mes frères ou l'institutrice ? La colère n'était-elle pas un péché, comme le disait *Le Petit Catéchisme* ? Si Dieu se fâchait, il était donc un homme, certes bien plus grand que les autres, immense et qui surveillait ceux qu'il avait mis sur la terre. Me revenaient par contre des vérités qu'on m'avait apprises : Dieu est éternel, il n'a ni commencement ni fin, il sait tout, voit tout ; infiniment parfait, il est maître de tout parce que c'est lui qui a tout créé à partir de rien. Se pouvait-il qu'il s'irritât des actes de ceux qu'il avait créés ? Pourquoi ne les avait-il pas faits sans péché comme lui ? On m'avait parlé de la chute des mauvais anges, de Satan et de la faute de nos *premiers parents* ; dans mon esprit cela tenait plus du conte que de l'histoire. Ces idées trottaient dans ma tête d'enfant. J'assaillais ma mère de questions. Ex-institutrice, elle y répondait en usant d'un langage analogique, comme je l'apprendrais plus tard. Elle ne me trompait pas ; j'allais apprendre comment concilier ce langage et celui, indicible, qui doit s'appliquer quand on parle de Dieu.

Allant par champs et par bois sur la ferme familiale, je regardais les bêtes grandes et petites, me demandant quel rapport existait entre la vache – bien utile, je le savais d'expérience – et les oiseaux, les papillons et les insectes (dont certains m'effrayaient). Je pensais au Dieu créateur ; je m'émerveillais en silence des arbres, des fleurs, des pierres et de l'eau des ruisseaux avec leurs truites et leurs écrevisses, et des chiens et des chats. Mes yeux allaient de la terre au ciel, du soleil à la lune et aux étoiles que j'essayais de compter. Dieu, *mon* Dieu, avait fait tout cela. On m'avait parlé aussi de l'éternité. Je mesurais le temps avec mes moyens ; je frissonnais parce qu'il me semblait qu'un gouffre insondable s'ouvrait. Au cours d'une retraite, un prédicateur avait fait une comparaison : « Imaginez une boule d'acier grosse comme la terre et que tous les mille ans une hirondelle vienne la frôler ; eh bien ! quand elle aura fini d'user cette boule, l'éternité ne fera que commencer. » Cela donnait le vertige et je m'efforçais d'éviter d'y trop penser. Mais cela me rapprochait de Dieu. J'en vins à marcher en sa compagnie. J'étudiais, je jouais comme mes sœurs et mes camarades, mais je ne pouvais chasser cette obsession d'une personne à mes côtés, bienveillante et tutélaire.

Je déplore qu'on ait jeté des doutes dans cette quiétude confiante et qu'on ait fini par me faire craindre Dieu avec toutes ces histoires de péchés, de souffrances et de menaces. On m'a frustré de ma foi d'enfant et de ma joie. Cela survint au moment où j'allais faire ma première communion. Me nourrir de Dieu, l'avoir dans mon corps… J'anticipais cette faveur, la plus grande de ma jeune vie. Mais il fallait passer par la confession, m'interroger pour savoir si j'avais commis ce qu'on appelait les *péchés capitaux* : l'orgueil, l'envie, l'avarice, la gourmandise, la colère, la paresse et l'impureté. On insistait sur le dernier. Ainsi, quand je me trouvai dans la petite cabine noire où se trouvait le curé, je ne sus que dire. Il me posa des questions pour en venir à celle-ci : « As-tu touché à ton corps ? » Je répondis non. Après, songeant aux fois où j'avais éprouvé un plaisir que je n'aurais su décrire, j'eus la conviction que j'avais fait un *sacrilège*. Car on nous avait instruits là-dessus : cela consistait à cacher des fautes en confession ; et c'était un péché, le pire à l'âge où j'étais. Je reçus la communion dans cet état. Il fallut des années avant qu'un autre prêtre me délestât de ce *sacrilège* que je portais sans que ma ferveur en fût diminuée. Je traînais quand même un remords, et regardant mes compagnons d'étude, je les enviais parce que je présumais qu'ils avaient évité le terrifiant *sacrilège*. Tout cela à cause d'un péché capital, l'impureté.

L'impureté ? Il vaut mieux n'en plus parler quand on a amorcé sa descente vers le vieil âge et surmonté un obstacle qui a fait chavirer bien des âmes droites. En ce qui me concerne, je me remis de cette première blessure secrète. J'amorçais mon dialogue avec Dieu. Pas de méditation ni d'oraison, encore que cette communication intermittente prît une forme, comme j'allais l'apprendre, qui devait ressembler à l'oraison ; évidemment pas aux échanges mystiques ! C'était, en dehors de mes pensées sur Dieu, la prière orale à la maison, à l'école et à l'église. J'y ajoutais des intentions parce que, nous disait-on, il fallait dire à Dieu pourquoi on l'implorait. Ce ne pouvait pas être un acte d'adoration, un abandon sans la mécanique des formules, des mots égrenés comme dans le chapelet ou les litanies. Je priais pour celle-ci, pour celui-là ; je demandais qu'on nous épargne la maladie et la misère, pour la guérison d'un malade de la famille ou de la paroisse, pour le succès aux examens, pour de bonnes récoltes, pour les défunts (on disait plutôt les âmes du purgatoire, particulièrement *la plus abandonnée*) ; on faisait siennes les intentions du curé, des missionnaires qui nous visitaient et nous renseignaient sur l'innommable détresse des païens. À la prière du soir, ma mère ajoutait des *Ave* pour une série de parents et quelquefois une intention « spéciale » qui ne manquait pas de piquer ma curiosité.

Je gardais le contact avec Dieu. Mais ce Dieu-là était, si je puis dire, l'otage d'humains dont je croyais qu'ils étaient à jamais préservés des infidélités et pour cette raison les seuls dignes de conduire les autres vers lui. Une barrière se dressait entre lui et moi. On m'imposait de lui parler par personnes interposées. Le rituel de l'Église me permettait toutefois de l'approcher parce que j'y étais associé dans les liturgies de cette époque. Là où on les célébrait, j'avais ma place. Je me laissais envahir par le lieu du culte (une bien modeste église en bois), les dorures, les chandeliers, le tabernacle avec sa porte voilée, les statues, les chants, la musique, les répons aux prières du prêtre, la lumière des cierges, l'encens et la beauté des vêtements qui consacraient le caractère mystérieux de l'officiant. J'aimais toutes les cérémonies, si longues qu'elles fussent : procession, heure d'adoration, neuvaine, triduum et retraite prêchés, messe ; surtout la messe. Elle devenait la rencontre par excellence, le lieu d'un émerveillement que ma mémoire recréait à volonté. Le latin me fascinait ; j'apprenais par cœur des passages comme l'*Introibo ad altare Dei*, le *Gloria*, le *Credo*, le *Pater* et le commencement de l'Évangile de saint Jean : *In principio erat Verbum.* Ce langage me faisait, j'en étais sûr, pénétrer dans le monde de Dieu ; j'essayais de retenir les paroles que les chantres mettaient sur une musique qui demeure la plus belle expression de la piété : *Gaudeamus, Exsurge, Puer natus est nobis, Te Deum laudamus, Magnificat anima mea Dominum, Tantum ergo* ; je reprenais ces airs dans les lieux isolés où le travail de la ferme m'occupait.

Nous vivions loin de l'église et devions, le dimanche et les jours de fête, nous y rendre très tôt le matin. La prescription du jeûne eucharistique était rigoureuse, et pour accommoder les gens qui, avant d'aller à l'église, avaient dû s'occuper de soigner les animaux, le curé, qui n'avait pas de vicaire, distribuait la communion vers sept heures trente, en dehors de la messe qui prenait place à neuf heures. Entretemps, dans la salle paroissiale, nous mangions, en compagnie des fidèles comme nous venus de loin, des biscuits que mon père achetait au magasin général quand nous n'étions pas invités à déjeuner par des connaissances de mes parents.

Membre d'une famille nombreuse, je cédais souvent ma place à mes frères ou à mes sœurs. Il arrivait aussi, l'hiver, que la neige et le vent nous empêchassent de quitter la maison. Ces dimanches-là étaient tristes ; il y manquait quelque chose, même si, pour compenser, ma mère nous faisait réciter des prières. La messe devint vite le grand moment de mon contact avec Dieu. Ainsi naquit mon désir de devenir prêtre. J'introduisis la messe dans mes jeux. Je mimais les gestes que j'avais observés pour mes sœurs et quelques cousines dans des vêtements que ma sœur Jeanne m'avait taillés. Et je prêchais sur les méchants et sur l'enfer, reprenant le ton comminatoire du premier curé que j'ai connu. Le calendrier liturgique dosait les cérémonies ordinaires et les moments solennels comme la Toussaint, le jour des Morts, l'Immaculée Conception, l'Avent, Noël, le Carême, la Semaine sainte, Pâques, l'Ascension et la Fête-Dieu. Pendant des années, Noël fut le temps fort de ma vie religieuse par sa signification essentielle et en raison, je n'ai pas honte de l'admettre, des réjouissances profanes qui l'accompagnaient. Pâques comptait aussi, mais je ne connaissais pas le sens de l'événement de la passion, de la mort et de la résurrection du Christ, de sorte que le cycle des commémorations ordonnées par l'Église allait d'un Noël à l'autre. Noël, c'était la joie, Pâques aussi, mais assombrie par le jeûne et la tristesse des jours saints.

Les rites déterminaient pour une part mon rapport au monde et de l'autre mon rapport à Dieu. Inconsciemment, je pressentais une contradiction. L'univers du milieu humain n'englobait pas toutes mes perceptions du divin. Il me semblait que, en dehors de l'organisation de l'Église et de ses règles, se trouvait un monde dans lequel je pouvais pénétrer seul et qui ne devait pas ressembler à l'autre. Il y avait le visible, le tangible, le connu ; puis l'inconnu difficilement accessible dont je cherchais à percer le secret, pas par curiosité mais par besoin. Sans connaître à l'époque les mots d'osmose et de synthèse, c'est ce que je tentais de réaliser dans un moi au tout début de son évolution. Je vivais Dieu dans une collectivité ; elle me traçait la voie et m'imposait ses carences, ses manières de penser et ses interdits. J'amorçais, sans le savoir, un rapport personnel par le moyen des évasions que me permettaient mon imagination et ma sensibilité. Je m'en tenais aux dogmes officiels ; il m'eût semblé périlleux de m'en écarter. Je me défendais de douter. Quand je m'arrêtais à raisonner, la conception immaculée de la Vierge me donnait moins de mal que l'infaillibilité du pape. La naissance virginale de Jésus appartenait au mystère, à un espace qui pouvait tout contenir, tandis que l'impossibilité d'un homme à se tromper, même si le catéchisme la limitait aux *matières de foi et de morale*, me gênait ; cet homme-là existait – c'était Pie XI –, il vivait à Rome, j'avais même entendu sa voix à la radio. Incapable d'approfondir ces questions, tout cela restait flou sans que j'en fusse inquiet ni malheureux.

Au nombre des adjuvants de ma foi naissante, il fallait inclure les dévotions. Nombreuses : le Sacré-Cœur, le Chemin de la Croix, le Rosaire, saint Joseph, sainte Anne, Thérèse de l'Enfant-Jésus, Bernadette Soubirous, les sacramentaux, l'eau et le rameau bénits, le Premier Vendredi du mois, les mille *Ave* de la veille de Noël, l'eau de Pâques, le scapulaire, les médailles et les indulgences. Autant de signes destinés à nous relier au divin. Quelle était la part de sensiblerie, de sentimentalisme ou de superstition dans cette forme de culte ? Sans doute importante ; mais qui n'a pas besoin de support sensible et de merveilleux ? Cela forme au jeune âge une gangue qui se défait par pans à mesure que la raison opère les distinctions et que la connaissance ordonnée oriente l'esprit et le fixe sur ce qui est fondamental. Ce processus est long ; il exige beaucoup, exclut la légèreté et la dissipation.

On a dit qu'*un saint triste est un triste saint.* Je ne suis pas encore un saint et désespère de le devenir. J'ai cependant très tôt dit non aux amusements grossiers. Je n'aimais pas qu'on moquât mes croyances et l'Église parce que cela constituait une part précieuse de ma vie. J'étais sérieux, comme on le soulignait, mais pas sombre. Mon optimisme naturel me portait à la joie. Je ne sais comment elle s'exprimait ; ce dont je me souviens, c'est de cette protection du ciel qui, m'environnant, je le croyais, me procurait des instants furtifs mais conscients de confiance. Tant que ma mère vécut, je gardai cette conviction. Son départ me plongea dans la solitude parce que la maison perdit son souffle ; petit à petit, les neuf enfants que nous étions se dispersèrent. Mon père, de caractère austère et peu enclin à la communication, ne put retenir ce que ma mère avait gardé, même pendant les cinq longues années de la maladie qui l'emporta. Elle avait prévenu mon besoin de quitter le milieu familial, et préparé mon entrée au collège ; j'y étais depuis un an et demi quand elle s'absenta pour de bon. Je revenais pendant les vacances et j'éprouvais le poids d'une solitude aggravée par le malaise d'un travail à mes yeux sans valeur et qui m'éloignait de mes aspirations profondes. L'affection des sœurs qui restèrent un temps au foyer ne suffisait pas à apaiser la soif de cette eau vive que j'avais trouvée au collège. J'aurais souhaité qu'il n'y eût point de vacances tant m'enivrait la passion des études et la pacifiante atmosphère du juvénat des Rédemptoristes. Il s'agissait d'un établissement chaleureux, fraternel, sérieux sans rigueur, animé par des pères qui consacraient tout leur temps aux cent cinquante étudiants qu'ils formaient aux humanités classiques et préparaient à leur future carrière de prédicateurs. Dieu s'était rapproché de moi et j'allais bientôt éprouver la validité d'une Foi encore inchoative. Il me faudrait y greffer l'Amour et l'Espérance. Du langage primaire de l'enfance et de l'adolescence, j'allais passer à celui des adultes et m'essayer à parler moi-même de Dieu. Je reprendrais les mots des autres, englué à mon tour dans un vocabulaire humain dont j'éprouve toujours le caractère approximatif. J'avais vécu ce que saint Paul dit aux Corinthiens : « C'est du lait que je vous ai donné à boire, non une nourriture solide ; vous ne pouviez encore la supporter » (1 Co 3, 2). Il me faudrait désormais pousser plus avant une connaissance qui m'était advenue sans que j'y fusse pour rien. J'allais expérimenter les pièges du discours de l'homme sur Celui qu'il ne connaît pas et dont il lui faut pourtant parler. Le converti de Damas, s'expliquant sur le ravissement dont il avait été un jour l'objet, insistait, comme le feront d'autres mystiques, sur son incapacité à traduire avec des mots ce qu'il avait éprouvé et entendu : « Je connais un homme dans le Christ qui, voici quatorze ans – était-ce en son corps ? je ne sais ; était-ce hors de son corps ? je ne sais, Dieu le sait – ... cet homme-là fut ravi jusqu'au troisième ciel. Et cet homme-là – était-ce en son corps ? était-ce sans son corps ? je ne sais, Dieu le sait –, je sais qu'il fut ravi jusqu'au paradis et qu'il entendit des paroles ineffables, qu'il n'est pas permis à l'homme de redire » (2 Co 12, 2-4).

À l'époque, je ne savais encore rien de ces phénomènes. On m'avait raconté le miracle des stigmates de François d'Assise ; les journaux faisaient état du cas mystérieux d'une Allemande du nom de Thérèse Neumann apparemment stigmatisée ; ma mère m'avait fait connaître Marie de l'Incarnation, Catherine de Saint-Augustin et les faveurs dont Dieu les avait gratifiées. C'est bien plus tard que je retrouverais des concepts et des notions qu'il me faudrait absorber et décrypter en usant d'une langue que je trouve toujours trop savante et malhabile à exprimer ce que je crois comprendre et ressentir. Force m'est d'accepter que je ne suis pas un pur esprit et que je dois assumer les conditions de l'humanité. C'est pourquoi j'hésite à livrer quelque chose de cette part intime de moi-même, à parler de Dieu, qui est mon espérance ; si je consens à le faire, je mesure la distance qu'il y a entre l'Indicible et moi-même ; j'essaierai de me situer quelque part dans l'invisible, en toute simplicité et franchise, avec l'espoir que d'autres humains s'interrogent à leur tour sur la prévenance de Dieu afin de découvrir ce qui est pour moi le lieu de mon espérance.

II

L'eau et la lumière

Vous-mêmes, commes pierres vivantes, prêtez-vous à l'édification d'un édifice spiurituel, pour un sacerdoce saint en vue d'offrir des sacrifices spirituels, agréables à Dieu par Jésus Christ. (1 P2, 5)

JE FUS baptisé avec l'eau. D'abord à la maison par le médecin, qui craignait que je ne survive pas. On me porta sur les fonts le lendemain de ce 7 juin. L'évêque du diocèse y faisait sa tournée de confirmation. Ma sœur Jeanne et mon frère Henri, les parrain et marraine, m'ont raconté combien ils étaient intimidés. Moi, je n'étais qu'un petit être vulnérable que des gens de foi demandaient qu'on fît entrer dans l'Église au nom du Père, du Fils et du Saint-Esprit. À mon insu, j'étais choisi, élu et déjà gratifié par le Seigneur. Je regrette qu'il soit impossible de rien savoir de cette arrivée dans la création ; de n'avoir ni impression ni image du premier jour et de la première nuit ; d'ignorer tout de la saison qui régnait ; des visages qui se penchèrent sur soi ; des yeux qui regardaient, inquiets peut-être, et des sourires que recueillait dans la brume un petit d'homme et de femme. Ce commencement de vie reste à jamais perdu. On éclôt dans le silence avant d'amorcer son destin. Rien n'est acquis ; tout est espérance. Il me revient quelquefois une image fugace du crucifix où je voyais un homme qu'on m'apprit à nommer Jésus. Il y eut aussi – quand ? – la crèche de Noël, sorte d'auvent au toit de paille, avec la Vierge, Joseph, un bœuf, un âne, des bergers et des moutons, deux anges qui tenaient un ruban avec ces mots : *Gloria in excelsis Deo* et, tout au-dessus, une étoile dorée.

J'aimerais savoir à quel moment on m'apprit à prier, avec quels mots ; je répétai sans doute assez tôt les prières des adultes. Elles contenaient les vérités qui deviendraient les articulations de ma foi. Mais je ne puis retracer autre chose que des formules, les unes joyeuses, les autres inquiétantes, comme cette demande de *faire une bonne mort*. Qu'avais-je à faire de la mort ? Le soir, je préférais : « Jésus, gardez-moi pendant cette nuit, mon bon ange gardien, veillez sur moi. » J'ajoutai plus tard : « Préservez-moi de tout péché. » Déjà le péché ! Comment offenserais-je Dieu quand j'allais dormir ? On m'avait pourtant affirmé que le baptême m'avait *lavé de toute souillure*. J'avais été baptisé dans l'eau ; je ne comprenais pas que je fusse souillé. Comme je l'ai écrit plus haut, ma première confession me révéla ce que je ne soupçonnais pas. L'obsession commençait à l'âge où tout était sujet de surprise et d'émerveillement.

Est-il quelqu'un qui ait souvenance de son baptême ? Ce que j'en sus, par bribes, c'est qu'il m'avait préparé à recevoir, par la confirmation, la grâce de l'Esprit. Ce que j'ai appris de l'histoire des sacrements me ferait aujourd'hui mettre en cause la pertinence d'en accélérer la réception, comme l'Église du temps le faisait alors. Il me semble à la réflexion que le baptême, l'eucharistie et la confirmation étaient, à l'époque, trop rapprochés. On suivait la règle de *l'âge de raison*, sept ans ou à peu près. Pour la majorité, la catéchèse prenait fin après la profession de foi. L'enseignement religieux se poursuivait par les sermons du curé, où le prône avait plus de place que l'homélie, et des retraites prêchées. Aux messes du dimanche, on répétait, année après année, les mêmes textes bibliques, de sorte que les fidèles (ceux qui pouvaient lire un missel) ne pouvaient acquérir une connaissance générale de l'Écriture sainte ; on enseignait à l'école *L'histoire sainte,* sorte de condensé de l'itinéraire du peuple de Dieu ; le miraculeux y tenait plus de place que la doctrine ; on ne s'interrogeait pas sur la nature et le nombre des interventions de Dieu. Je ne m'en plaignais pas, au contraire : le déluge et l'arche de Noé, le passage de la mer Rouge, la tombée de la manne, l'eau sortie du rocher, la trompette de Jéricho, le châtiment de Nabuchodonosor, la victoire de David sur Goliath, la force de Samson, la ruse de Judith, la femme changée en statue de sel excitaient mon imagination et renforçaient ma croyance en un Dieu qui confondait les ennemis des Hébreux. Quoi qu'il en soit, je crois que le baptême a introduit le sacré dans ma vie d'enfant. La confirmation m'apporterait-elle davantage ?

C'était un évêque qui administrait le sacrement ; je n'en avais jamais vu en personne. Celui de Chicoutimi, monseigneur Charles Lamarche, vivait à plus de cent kilomètres de mon village. Dans mon esprit, il était, après le pape, l'incarnation même de la sainteté, et donc évidemment sans péché. Il portait, disait-on, des vêtements superbes ; coiffé d'une mitre et tenant la crosse, comme sur les images pieuses, il était en élévation beaucoup plus haut que le curé. J'anticipais et craignais à la fois sa visite qu'il effectuait tous les trois ans en raison de l'étendue du diocèse et du nombre de paroisses. Ma mère et l'institutrice nous avait préparés, ma sœur et moi. J'approchais de mes dix ans. Il avait fallu aller à l'église pour la répétition de la cérémonie. Dans un costume brun taillé par ma mère dans un habit de mon frère aîné, avec un brassard aux fanons brodés décorés d'une frange de fils dorés, je me sentais digne de paraître devant monseigneur.

De ce qui se passa me reste un souvenir vague. Les parrain et marraine de confirmation, un homme et une femme du village, représentaient tous les parents. Un prêtre habillé de violet tirait de nos mains jointes un petit papier qui portait notre nom qu'il disait à l'évêque. Celui-ci s'adressant à chacun des confirmands le répétait avant de poser les mains sur leur tête, puis, oignant son pouce d'une huile qui s'appelait le saint-chrême, il traçait sur nos fronts un signe de croix et effleurait notre joue d'un léger soufflet. C'était déjà tout. La longue préparation s'achevait sur ce rite d'un homme assis, vêtu de tissu d'or, avec au doigt un anneau orné d'une pierre précieuse, et qui, en latin, accomplissait le mystère de l'Esprit. Je n'avais rien ressenti, sinon la crainte de ne pas faire ce qui convenait. J'avais prévu un choc, quelque chose d'extraordinaire, un peu comme les langues de feu qui consacrèrent l'illumination des apôtres. J'avais espéré que l'évêque me parlât personnellement. Il n'en fut rien. J'étais un enfant parmi les autres qu'on avait menés en procession auprès d'un ministre du culte à l'air sévère, dans l'ordonnance d'une cérémonie sans joie. Nous sortîmes de l'église. L'évêque avait regagné le presbytère, où il devait coucher.

Ma mère me dit que le lendemain, en route vers l'autre paroisse, monseigneur s'arrêterait pour parler aux gens venus le saluer près de la croix du chemin qui signalait la très petite agglomération de maisons qui constituait le lieu de rassemblement du rang où nous vivions. Nous y fûmes très tôt parce que nous ne connaissions pas l'heure de son passage. J'avais remis mon costume neuf et le brassard de ma confirmation. Nous attendîmes longtemps. La voiture bourgogne du marchand général apparut. L'évêque s'y trouvait; il portait un manteau vert et un grand chapeau à glands. Le véhicule ne ralentit même pas. Monseigneur nous bénit en passant et disparut dans le nuage de poussière que souleva le cortège de Son Excellence. Au bord des larmes, je vivais la fin d'un long rêve, privé à jamais du bonheur que j'avais attendu. Ma mère me consola en disant qu'un évêque avait beaucoup à faire ; je la sentais déçue, comme tous les croyants rassemblés là. C'est en silence que nous retournâmes à la ferme. La nature chantait au soleil du printemps ; moi, je pleurais de n'avoir pu toucher l'homme de Dieu. Cela ressemblait à une malédiction.

Mais j'étais *confirmé*. J'avais reçu, j'en étais sûr, les sept dons du Saint-Esprit qu'énumérait le catéchisme : la *sagesse*, l'*intelligence*, le *conseil*, la *force*, la *science*, la *piété* et la *crainte de Dieu*. J'assimilais la sagesse à la bonne conduite, l'intelligence et la science à la faculté d'apprendre, la piété à l'application à la prière, la crainte de Dieu à l'abstention du péché ; quant au conseil et à la force, je n'y voyais rien de significatif : la théologie du curé et de l'institutrice ne m'avait pas éclairé là-dessus. Au reste, tous ces dons demeuraient flous dans l'esprit d'un enfant, et l'on sait combien de spécialistes ont, depuis des siècles, glosé sur ce sujet difficile, le compliquant à souhait ! Demeurait la conviction que j'étais raffermi, conforté dans ma foi, *soldat du Christ*, selon l'expression usuelle. Émergé de l'eau du baptême, j'entrais dans le mystère de la lumière que voilait la banalité du monde où il me faudrait continuer de vivre. Rien n'avait changé. À quoi servait donc ce *Paraclet* dont l'évêque avait parlé ? Qui comprenait ce terme qui veut dire avocat, défenseur ? Ma mère m'en fit à sa manière deviner le sens. Cela ne me contenta pas ; j'aurais souhaité voir apparaître une sorte d'archange comme celui qui avait terrassé le démon. J'expérimentais déjà sans m'en douter l'obscurité de la foi et l'appréhension difficile du surnaturel.

Je retournai à l'école ; l'année achevait et, les vacances approchant, je redoublai d'efforts pour finir bon premier.

Je resongeais sans plus à ma confirmation et à la visite de l'évêque. Alors que je folâtrais dans les champs, je fus soudain saisi d'une grande joie. Une sorte d'état second où j'eus l'impression qu'on me demandait d'être meilleur, d'aider les miens, de vivre en compagnie du Seigneur. J'exultais en silence, comme possédé, ravi par une force hors de moi et de mon milieu. C'était comme une lumière ; j'éprouvais la douceur d'une chaleur que je sentais en moi, dans mon corps et dans mon esprit, et qui s'apparentait au vent d'été dont j'aime toujours les effluves. Je n'eus pas l'idée d'en parler. J'allais comme un autre moi-même porté par un élan puissant dont je garde encore le plus vif souvenir. Combien de temps cela dura-t-il ? Il me semble que ce fut des jours, peut-être des semaines. Reprenant un mot de François Mauriac, je parlerais d'une *visitation.* Ce mot paraîtra prétentieux. Je dis tout de suite que je n'eus pas d'apparition, que je n'entendis pas de voix et que je ne fus pas l'objet d'un événement miraculeux. Ma foi m'a convaincu que cette sensation unique et indescriptible était liée au sacrement que j'avais reçu. J'ai, plus tard, en diverses circonstances, essayé d'analyser ce phénomène ; je craignais les pièges de l'imagination et de la sensibilité. Mais aujourd'hui encore, je ressens toujours l'impulsion de ces jours-là ; cette joie, je l'ai portée, je l'ai revécue ; elle a connu des obscurcissements ; elle est revenue et revient parfois sous une autre forme. Inexplicable, elle m'a habité. Je n'insiste pas. Il s'agit de quelque chose logé au plus profond de l'être, d'un secret qui se dit malaisément et ne se partage pas parce que les mots ne peuvent en rendre compte.

Au moment où je fis ma *communion solennelle,* ma profession de foi, comme on dit aujourd'hui, je n'ai rien ressenti de tel. Cette phase de l'éducation religieuse s'accompagnait d'une préparation rigoureuse : il fallait *marcher au catéchisme.* Ma sœur et moi logions dans une famille du vil-

lage. Pendant trois semaines, le curé reprenait l'enseignement que nous avions reçu à l'école. Il nous interrogeait à
tour de rôle, grondant ceux et celles qui ne possédaient
pas les connaissances nécessaires. Suivait la cérémonie, où
se retrouvaient les parents. On nous remettait un certificat
portant la mention *très grande distinction, grande distinction,
distinction* ou rien du tout. Il y avait dans cette notation
quelque chose de blessant pour les enfants et les parents
qui subissaient publiquement l'affront d'une appréciation
humiliante. On ne se gênait pas pour dire des candidats
malheureux qu'ils avaient fait leur communion solennelle
par charité. Le mot resterait comme un stigmate, et si,
d'aventure, un de ces enfants ne réussissait pas dans la vie,
on concluait : « Ce n'est pas surprenant, il n'a pas fait sa
communion solennelle. »

Je déplore qu'on ne m'ait pas fait comprendre le sens de
cette profession de foi. Je prenais en mon nom les engagements que d'autres avaient assumés à ma place lors de
mon baptême. J'entrais officiellement dans l'Église. Bien
petite, mon Église d'alors : ma famille, les habitants du village et de l'autre où nous allions par affaires, des parents
éloignés, des amis, des connaissances et les fidèles inconnus sur qui régnait le pape. J'entendais des mots comme
universalité, chrétienté, catholicité. Cela demeurait bien
vague et abstrait. L'Église, c'était les gens qui allaient à la
messe et faisaient leurs pâques, plus les missionnaires qui
venaient de temps à autre. Il y avait, par exemple, les
Sœurs de l'Immaculée-Conception qui, chaque année,
passaient par les maisons. De blanc vêtues, elles portaient
une large ceinture d'un bleu azur. Elles quêtaient pour les
missions de Chine. Nous recevions leur revue, *Le
Précurseur*. Je le lisais avec dévotion. Je connus ainsi le
bienheureux Théophane Vénard, martyrisé au Tonkin ;
cela redoubla ma ferveur pour l'évangélisation des païens.

Les sœurs recueillaient aussi les aumônes pour la *Sainte-Enfance*. On achetait, au prix de vingt-cinq cents, un petit Chinois ; il s'agissait d'un enfant abandonné là-bas par ses parents et dont les religieuses prenaient soin. On a ridiculisé chez nous cette entreprise qu'on qualifierait aujourd'hui d'*œuvre humanitaire*. En ce qui me concerne, elle aura servi à éveiller le sens de la solidarité et m'a fait poser mes premiers gestes de partage. J'amassais des sous pour acheter chaque année un pauvre qui me restera inconnu comme le sont tous ceux à qui profitent les fonds versés à Centraide ou à Oxfam. Ce que je retiens de cette expérience, c'est qu'elle a amorcé ma sensibilisation à la misère des autres. Il y avait là un germe : celui de la fraternité universelle, et le commencement, dans un autre ordre, de ma croyance à la communion des saints. Je ne me servais pas de ces mots-là. Je disais « charité » ; cela recouvrait tout ce dont on se prive pour donner à autrui. Que sont-ils devenus, mes petits Chinois ? Il me suffit de penser que la générosité naïve d'un enfant les a peut-être aidés dans leur lointain et fascinant pays. Avec la même naïveté, je crois que je les connaîtrai un jour.

Je reviens à l'idée de l'Église « assemblée des croyants ». Le théologien Rey-Mermet écrit que « par le baptême nous devenons disciples, nous sommes l'Église ‹ qui écoute la parole et la retourne en son cœur › pour la ‹ mettre en pratique ›. Par la confirmation, sans cesser d'être disciples, bien au contraire, nous sommes prophètes, l'Église qui parle, qui annonce Jésus-Christ, qui catéchise, qui ‹ lutte avec l'évêque, pour l'Évangile › (Ph 4, 3), qui rejoint sur leurs places, en leurs langages, en leurs cultures, ‹ toutes les nations qui sont sous le ciel › , c'est-à-dire les peuples, et d'abord nos milieux de vie et de travail, si divers [1]. »

---

[1] Rey-Mermet, Th., *Croire*, Éd. Droguet-Ardant, 1966, p. 111.

Ce langage savant a peu de chance de rejoindre les non-initiés. Je préfère à Église « qui écoute la parole et la retourne en son cœur » le mot de *maison* qu'emploie plus loin Rey-Mermet. Chacun sait ce qu'est une maison, cet espace de vie, d'amour et d'attentions. L'Église est *ma* maison : elle engendre et garde ma foi, me donne l'amour et répond à mon espérance. Elle est toutes dimensions et, partant, réunit la foule de ceux qui, comme moi, cherchent le *Royaume de Dieu* ici-bas et au-delà. Elle n'a plus cette connotation de milieu réservé ; ouverte, elle est pour moi le contact avec le monde en quête de bonheur. Y suis-je *disciple et prophète* ? Disciple, certes, en ce sens que j'essaie de suivre la voie tracée par le Christ ; prophète aussi quand je proclame ma foi par la parole et par l'exemple ; mais le terme me met mal à l'aise. On sait quel usage en font les « preachers » et certains « télévangélistes ». Je ne refuse pas l'idée de charisme, ce don que possèdent des chrétiens dont le rayonnement apostolique a, je puis en témoigner, une convaincante efficacité. Je reste toutefois indifférent face aux manifestations exubérantes qui insistent trop sur l'extraordinaire, voire le miraculeux. La foi est de soi intérieure ; elle respecte l'ordre naturel ; je ne nie point qu'elle se manifeste parfois de façon étonnante. Quand je suis sollicité de confesser ma foi, je me laisse porter par mes convictions sans miser sur d'hypothétiques interventions du dehors. Ce qui m'apparaît extraordinaire, c'est que j'aie reçu le don de la foi et que, par la grâce du baptême et de la confirmation, elle ait triomphé de tous les assauts : là est le miracle. À l'âge que j'ai, après de laborieuses études, je ne puis parler de *foi du charbonnier* ; soumise à la critique personnelle, épurée, elle ne diffère guère de celle de l'enfance. Elle n'a que plus d'épaisseur. J'ai du mal à en parler avec ceux qui ne croient pas. Sur un tel sujet, le discours articulé, les arguments échafaudés, la logique elle-même sont impuissants à traduire ce que je ressens. J'écoute les autres avec respect et n'entre pas en contradiction, sauf pour réfuter des erreurs et des préjugés historiques, avec des opposants qui accusent l'Église et refusent d'admettre la part humaine de l'instrument du salut. J'ai charge de tenir un petit flambeau, d'en activer la flamme et, dans mon infirmité, d'en projeter la pâle lueur. J'attends que l'« Esprit de vérité » me conduise avec les autres créatures « vers la vérité tout entière ».

III

La sortie de l'enfance

Tu mangeras, tu te rassasieras et tu béniras Yahvé ton Dieu en cet heureux pays qu'il t'a donné. (Dt 8, 10)

J'AVAIS franchi les premières étapes de mon initiation à la foi. Le sentiment religieux n'allait plus me quitter. Concrétisé à ce moment-là dans une aspiration au sacerdoce, il obéirait à cette tension vers l'idéal qui n'avait pas encore pris sa forme définitive. On me fit lire un ouvrage dont le nom de l'auteur m'échappe : *Prêtre, pourquoi pas ?* Je disais oui à tout ce qu'on y suggérait. Je savais bien peu de choses de la vie du prêtre, mon seul terme de référence demeurant le curé de la paroisse qui, quelques fois dans l'année, visitait les écoles. Périodiquement, un prêtre du diocèse chargé de la pastorale des vocations prêchait à l'église sur le thème de l'appel du petit Samuel. À part ma mère, personne ne me parlait de sacerdoce. J'enviais les garçons du village qui pouvaient servir la messe et approcher le célébrant que j'identifiais à l'eucharistie elle-même. Être prêtre, cela signifiait *dire la messe.* Cette vision a contribué à ancrer dans ma vie religieuse le culte du mystère eucharistique qui reste le pivot de ma relation avec le Christ. Le renouvellement du sacrifice de la Croix n'a plus rien à voir avec l'obligation de la pratique dominicale. Il est l'exigence essentielle de mon besoin de communion et d'échange. J'y suis resté fidèle souvent pour suivre les autres, par routine aussi jusqu'à ce que je découvre le sens profond de mon attirance vers l'autel. Dans l'indifférence ou la distraction, Dieu me parlait. Ainsi, la messe est devenue la grande prière universelle. Je n'attache plus d'importance aux rites ; ce qui importe, c'est le dialogue qui s'institue à l'intérieur entre le Seigneur et moi. Fidèle au précepte canonique, je vais à l'église pour me trouver en Église, soudé à ceux qui tiennent au signe essentiel de l'appartenance au Christ.

Je voulais devenir prêtre. Il fallait faire des études que m'interdisait la situation financière de ma famille. Ma mère prit l'initiative. À l'occasion d'une retraite prêchée par deux Oblats, les pères Fontaine et Cabana, elle leur en parla, sans résultats. Elle me fit écrire à l'École apostolique de Lévis : on n'y acceptait pas de jeunes qui vivaient hors de l'archidiocèse de Québec. J'écrivis au directeur du Seraphicum des Capucins à Ottawa. Ma demande fut refusée, faute de places. J'avais entretemps obtenu mon certificat d'études de septième année et fait avec ma sœur Rachel, à la maison, le travail de préparation qui nous permit de décrocher le certificat de neuvième. Cet été-là, deux Rédemptoristes, les pères Morin et Gignac, prêchèrent la retraite. Je vis le père Morin, qui achemina ma demande au directeur du Juvénat de Sainte-Anne-de-Beaupré. Le 16 juin 1942, je recevais une lettre du père Gaston Bourbeau m'informant qu'on acceptait de me faire subir un examen d'admission. Tout se déroula très vite. Le père Philippe Lussier me fit passer les tests nécessaires et je fus admis pour la rentrée du 2 septembre 1942. Je quitterais mon milieu, je ferais des études, je réaliserais le rêve de ma mère qui, perdue dans un environnement aux antipodes de ses connaissances, de ses goûts et de ses aspirations, m'avait convaincu que je devais me déraciner. Mon père ronchonna ; il perdait deux bras pour la terre qu'il avait agrandie de sorte que mes deux frères et moi puissions nous y implanter. Il protesta de son incapacité de payer. Le collège exigeait cent cinquante dollars par année, tout compris : pension, livres, blanchisserie, etc. On me fit l'aumône de m'accepter pour cent dollars. Je ne sais qui avait arrondi les angles. Je fus muni d'un trousseau conforme aux exigences du prospectus. Tout cela tenait dans une petite malle que me prêta ma sœur Jeanne.

Je devais partir par le train de vingt heures trente qui me conduirait à Québec. Avant de m'absenter, je fis et refis avec Rachel le chemin qui séparait notre maison de celle du voisin. Elle était heureuse ; c'est avec elle que j'avais échafaudé mes projets d'avenir. Elle-même se préparait à aller enseigner. Nous nous confiâmes nos secrets ; notre mère y tenait une grande place. Puis ce fut le départ vers le village. Malade depuis déjà trois ans, ma mère ne put m'accompagner. J'ai vu ses larmes ; lourdes de ses chagrins accumulés et de sa joie de me voir prendre la route qu'elle avait elle-même tracée. Mon père vint-il à la gare ? J'ai oublié, tellement me pressait le moment de rompre avec le passé. Dans le train qui, à travers la forêt, contournait lacs et montagnes, je dus sommeiller, pas assez pour ne point voir éclater le soleil sur des arbres aux couleurs inaccoutumées que dominaient des tons de rouge comme je n'en avais jamais vus. Il était près de sept heures et j'arrivais à destination. Je venais de sortir de l'enfance.

Quel regard porter sur cette partie de ma vie ? Comment peser à leur poids mes bonheurs et mes peines ? Entouré par ma mère et mes six sœurs, je reçus beaucoup d'affection. J'ai toujours douté que mon père m'aimât. Plus âgés, robustes travailleurs, mes frères se moquaient de ma faiblesse et de mon peu d'aptitude au travail des champs. J'assumai pourtant très jeune, vers six ou sept ans, les responsabilités qu'on confiait aux enfants : poulailler, traite des vaches, approvisionnement en bois du poêle de la maison et cent autres tâches qui allégeaient le fardeau des aînés. On nous retirait de l'école pour le temps des semailles et de la récolte des légumes. L'été, il fallait besogner au grand soleil pour sarcler le potager ou les grands champs de pommes de terre, *faire les foins*, engranger l'orge et l'avoine, nourrir et surveiller les animaux, cueillir les fruits sauvages et sans cesse refaire la provision d'eau pour une maisonnée de onze personnes plus, très souvent, des *hommes de journée*. Revenus des chantiers forestiers, mes frères repartaient pour la *drave*. De retour, ils coupaient du bois pour les usines de pâtes et papiers afin de gagner l'argent nécessaire au paiement du bien foncier. Je n'insiste là-dessus que pour montrer la toile de fond de mon existence et de celle de mes semblables. Les cultivateurs de mon patelin trimaient dur pour élever des familles et garder leurs terres. Les femmes, malgré les maternités répétées, travaillaient comme les hommes à l'extérieur. Il y avait de la misère, mais les gens s'entraidaient. Très tôt requis pour la relève, les enfants ne dépassaient pas le stade primaire des études. Quelques filles allaient à l'École Normale. Devenues institutrices, elles contribuaient de leur pauvre salaire au budget familial. D'autres devenaient domestiques dans des maisons du village. Toutes cherchaient un mari, le *bon parti*, pour se retrouver à la fin dans le cercle vicieux du labeur qui les consumerait. Bien des années passeront avant que ne s'éclaire cet horizon bouché.

Quelle place le surnaturel y tenait-il? L'Église encadrait ces petites communautés qui trouvaient consolation et évasion dans les célébrations liturgiques. Gens du village et des *rangs* fraternisaient. Dois-je dire dans la foi? Pour une part, oui. Les chrétiens convaincus s'en remettaient à Dieu de leur sort et cherchaient appui auprès du curé qui, avec quelques notables (marchand général, maire, président de la commission scolaire, médecin et notaire dans les villages plus populeux), gérait la collectivité. En cas de maladie, on

appelait le prêtre avant le médecin. Les dévotions personnelles nombreuses s'accompagnaient de gain d'indulgences
dont il était difficile de tenir la comptabilité. On faisait
grand usage des sacramentaux, des neuvaines, des premiers vendredis du mois. Maladies, accidents, décès trouvaient leur explication dans la volonté de Dieu. Il fallait
tout mettre *au pied de la croix*, qui était davantage le signe de
la résignation que celui de l'espoir. La prédication sur la
mort et le péché empêchait que s'établît entre les croyants
et le Seigneur une relation de confiance et d'amour : Dieu
voyait tout, jugeait tout, récompensant les bons et punis-
sant les méchants. Seuls la Vierge et les saints s'occupaient
d'accueillir les prières et de consoler. On recherchait cette
médiation qui risquait de tourner à la superstition. La
notion de sacrifice tenait une place prépondérante dans la
vie personnelle. Chacun devait expier, pour lui-même et
pour les autres. Le mode de rachat, outre la prière et le
jeûne, c'était les dons : dîme, capitation, aumône du carême,
denier de saint Pierre, œuvre des vocations, propagation de
la foi, quête du dimanche pour l'entretien du curé, du presbytère, de l'église et pour l'extinction de la dette de la fabrique, quête de l'Enfant-Jésus à l'occasion de la visite
paroissiale sans compter les offrandes aux missionnaires, le
coût des baptêmes, des mariages, des funérailles, des messes recommandées, tout cela à tarif fixé par les autorités
diocésaines. Misant tantôt sur la foi et tantôt sur la fierté
des paroissiens, on bâtissait de grandes églises et des pres-
bytères qui ressemblaient en certains cas à des manoirs. Il y
allait de la dignité du curé. On vénérait le prêtre, cet autre
Christ, *alter Christus* comme on ne cessait pas de le rappeler.
Dans mon village de Saint-André, les paroissiens ne connaissaient pas les bienfaits de l'électricité : munis d'un système électrogène, l'édifice du culte et l'habitation du prêtre
avaient cette commodité. Cela allait de soi, comme de voir
le curé rouler en automobile quand, à part le marchand

général et un cultivateur, les gens se déplaçaient en voiture à cheval. Ce paradoxe de *l'homme de Dieu* mieux nanti que ses fidèles ne m'apparaissait pas encore choquant. Nous vivions en *chrétienté*. L'Église constituait l'axe de la vie individuelle et collective; on eût trouvé inconvenant de mettre en cause cette situation: l'aura du prêtre nous enveloppait tous et nous gardait des maux qui affligeaient les infidèles; on évoquait à cet égard le cas de la France, qui avait maltraité le clergé et les religieux.

J'étais personnellement convaincu de la qualité des conditions de vie spirituelle de mes coreligionnaires. Mes problèmes de conscience étaient de peu de conséquences. J'imaginais qu'il en était de même pour tout le monde. Je découvris plus tard qu'au for interne, les paroissiens étaient les otages du curé (ou du vicaire, là où il s'en trouvait un) à qui ils devaient tout avouer. Je n'avais pas compris pourquoi, à l'occasion des quarante heures ou des grandes retraites, les paroissiens allaient en confession requérir auprès de prêtres étrangers absolution et directives. J'en eus la révélation quand j'entendis le pasteur de la paroisse de Chambord tancer ses ouailles qui allaient *raconter leurs turpitudes* aux Capucins qui dirigeaient le sanctuaire marial de Lac-Bouchette. Ce curé, admirable au demeurant, entendait bien connaître et régenter son troupeau; il faisait, de bonne foi, peu de cas de la liberté des femmes et des hommes qui se sentaient mal à l'aise et cherchaient ailleurs la paix intérieure. Il ne mesurait pas le risque de désaffection que pouvait engendrer sa sollicitude autoritaire. Un soir, l'une de mes sœurs, qui avait quatre enfants, revint en pleurant de l'église où elle était allée se confesser. Le curé lui avait demandé si elle *empêchait la famille*. J'étais outré autant qu'elle était traumatisée. À ce moment-là, au terme de mes études classiques, j'avais profondément évolué. Je rassurai ma sœur en me servant de ce que m'avaient appris des hommes d'Église remarquables par leur largeur de vues et leur capacité de discernement.

Au sortir de l'enfance, j'étais un adolescent timide et peu loquace. J'avais été protégé par ma mère, choyé par mes sœurs. Il me manquait d'avoir eu des compagnons masculins. J'avais développé un exigeant instinct religieux. Fondée sur des connaissances suffisamment sûres, la foi occupait une large place dans mon existence. J'aimais la nature, qui me parlait de Dieu sans savoir encore que les merveilles de la création me fourniraient éventuellement les preuves les plus fermes de la vérité du *donné révélé* que l'opposition foi-science n'a jamais ébranlée. Je me sentais appelé au sacerdoce ; je ne voyais pas d'autre issue. J'ignorais que *les voies de Dieu sont insondables*. La vie en dehors du monde refermé que j'avais habité me purgerait de mes illusions en même temps qu'elle me donnerait la grâce de garder le sens de l'absolu. Mon entrée au collège marquerait le commencement de mon *combat avec l'Ange*.

IV

La Terre promise

Comme celui que sa mère console, moi aussi,
je vous consolerai, à Jérusalem vous serez
consolés. (Is 66, 13)

Ce 2 SEPTEMBRE 1942, arrivant à Québec, j'abordais au continent. L'isolement de la région du Saguenay – Lac-Saint-Jean faisait de ses habitants des insulaires. Une mauvaise route close en hiver et le train du Canadien National nous reliaient au reste du Québec. Il avait fallu que les pionniers créent de toute pièce les infrastructures et les institutions que requérait le développement de ce coin de pays au climat sain mais rigoureux. Leur vaillance avait eu raison de la forêt et du sol dont on exploitait les ressources. Un type de femme et d'homme a crû là: gens d'entreprise, têtus, persévérants, optimistes, généreux et sans complexes, comme on en trouve en Beauce, en Abitibi, en Gaspésie, dans le nord de l'Ontario et partout où les Canadiens français ont implanté plus difficilement qu'ailleurs leurs valeurs et leurs traditions.

Je suis de cet humus. Ma première éducation m'a inculqué le sens de la famille, l'amour du travail, le goût du risque, la loyauté et la discipline. Je tiens la fidélité comme la règle d'or des relations humaines. Déterminé, je ne craignais pas de me soumettre au règlement que m'imposerait le collège. Je ne m'attardai pas dans cette ville que je voyais pour la première fois. Je montai dans le *petit train de Sainte-Anne*. Le contrôleur criait des noms avant chaque arrêt: Giffard, Beauport, Éverel, Saint-Grégoire, L'Ange-Gardien,

Château-Richer, Sainte-Anne... J'aperçus les tours inachevées de la basilique. Je traînai ma valise et descendis. Des « anciens » du juvénat attendaient les « nouveaux ». Pris en charge, je me trouvai devant une porte austère avec, sur un vitrail, les mots *Janua Cæli,* Porte du Ciel ; c'était une des invocations des litanies de la Vierge. Le père directeur accueillit le paysan gauche et intimidé que j'étais. Mon « ange gardien » me fit monter à l'étage des dortoirs où je découvris ma place. Mes effets rangés dans une case, je suivis mon guide à l'Étude, au réfectoire, dans les salles de classe, au rez-de-chaussée qui menait à la cour de récréation et finalement à la chapelle. J'eus un choc, transporté par l'élan de la voûte gothique, le retable somptueux avec son Christ et sa Vierge, des statues de saint Alphonse de Liguori et de saint Thomas d'Aquin, et des verrières qui projetaient sur l'ameublement des rayons multicolores. C'était beaucoup plus beau que l'humble église de mon village. Je prierais là désormais.

Il y avait grand branle-bas dans la maison. Les pères saluaient les arrivants et les habitués, causant, riant, s'affairant partout où je circulais. On me présenta aux dirigeants de la maison : les pères Lussier, Gélinas, Alarie ; chacun me souhaitait la bienvenue. Je ne savais trop comment m'exprimer. Ce tourbillon de joie et de fraternité dura jusqu'au soir. Je mangeai avec des confrères alignés face à face à de grandes tables. Je découvris là celui qui deviendrait mon premier ami : Lévis Noël, originaire de Six Roads en Acadie. Après le dîner, le père Bourbeau réunit les « novices » qui constituaient la récolte de l'année pour expliquer comment s'organiserait la vie au juvénat. Il nous parla avec beaucoup d'aménité de la façon dont nous devrions nous entraider et veiller nous-mêmes à maintenir l'ordre et la discipline. Il n'y avait pas de régime de surveillants. Certes, les pères s'emploieraient à nous connaître et à nous diriger, à nous instruire et à aménager nos loisirs sur la base d'une confiance réciproque, mais il ne faudrait pas les considérer comme des cerbères à l'affût du moindre manquement. Il esquissa le modèle de ce qu'allait être notre conduite axée sur l'étude et la prière. Nous nous rendîmes finalement à la chapelle pour la prière du soir. Les vitraux ne rutilaient plus ; l'éclairage restreint conférait au lieu une atmosphère de recueillement. Tous les élèves se trouvaient réunis. J'eus un moment de béatitude quand s'éleva sur la mélodie grégorienne le beau chant pour moi inconnu du *Salve Regina*. Je n'avais jusqu'alors prié la Vierge qu'en récitant le chapelet et les litanies. Voilà que ce chant d'apaisement et d'espoir me transportait. Il demeure celui qu'avec le *Magnificat* je préfère parce qu'il exprime le lien qui relie la terre au ciel et conduit, par la médiation de la Mère de Dieu, les âmes vers le Christ Rédempteur. *In manus tuas Domine commendo spiritum meum* (En tes mains, Seigneur, je remets mon esprit) disait le répons que reprenaient ceux qui savaient déjà le latin. En rang, nous montâmes au dortoir. Avant d'éteindre, le père qui nous avait accompagnés récita une prière troublante : « Mon Dieu, je sais que je mourrai ; peut-être ne sortirai-je pas vivant du lit où je me coucherai aujourd'hui. Aussi m'avertissez-vous d'y entrer comme dans mon tombeau… » Je ne m'interrogeai pas sur ce rappel de l'inéluctable réalité ; il me paraissait aller de soi, et là où je me trouvais, l'idée de la mort n'avait pas de caractère dramatique. J'entrai sans peur dans le sommeil.

Loin de mon île, je commencerais le jour d'après l'apprentissage de la vie sur le continent. À la façon des navigateurs anciens qui touchaient la terre, j'avais trouvé le monde inconnu qu'il me faudrait apprendre. Il y avait autour de moi des jeunes qui cachaient mal leurs larmes, bouleversés sans doute par le choc de la séparation et pris du mal de leur pays, c'est-à-dire de la maison familiale et de leur milieu. Je ne sentais rien de tel. Le contraste entre le monde que je venais de quitter et celui que j'avais désiré me faisait anticiper les découvertes dont m'avait parlé ma mère et qu'elle ne put jamais faire elle-même. J'avais la certitude que le Seigneur m'avait exaucé et qu'il m'attendait, ce jour-là, pour me conduire vers lui sur un chemin inaccoutumé. Remis aux bons soins des Rédemptoristes, je commençais vraiment de vivre. Je ne sais pas si je songeai à mes proches demeurés là-bas ; tout à la joie d'une grâce, dont je mesurerais petit à petit l'importance, égoïstement, j'oubliai peut-être trop vite le jardin où l'amour de ma mère m'avait planté et cultivé. Je saurais mieux ce que sa foi m'avait donné quand je reçus au collège sa première lettre. Moi, plongé dans les études et la prière, je récoltais ce que je n'avais pas semé ; elle, toujours malade, poursuivait son ministère de la souffrance. Le 9 septembre 1942, elle m'écrivait :

« Tu me dis aller à la messe tous les matins. Tu es bien chanceux. Entends-la avec une grande piété et offre-la pour toute la famille. [...] Encore une fois, communie souvent pour moi afin que je puisse m'occuper de vous tous. Bonjour ; bon courage. Remplis bien tes devoirs, corrige tes défauts. Écris-moi de suite. Je t'embrasse affectueusement. Ta mère, Marie. »

Il y a cinquante ans de cela. Je ne prie plus pour ma mère, je la prie parce qu'elle m'a montré la Terre promise.

V

Les tables de la Loi

Moïse et les anciens d'Israël donnèrent cet ordre au peuple : « Gardez tous les commandements que je vous prescris aujourd'hui. Lorsque vous passerez le Jourdain pour vous rendre au pays que Yahvē ton Dieu te donne, tu dresseras de grandes pierres, tu les enduiras de chaux et tu y écriras toutes les paroles de cette Loi, au moment où tu passeras pour entrer au pays que Yahvē ton Dieu te donne, pays où ruissellent le lait et le miel, comme te l'a dit Yahvē le Dieu de tes pères. » (Dt 27, 1-3)

J'ÉTAIS enfin au pays convoité. J'y pris très vite racine. Le jour d'après mon arrivée, je me rendis avec les autres élèves de Sixième (la classe d'éléments latins) dans une salle (avec vue sur le chemin de croix qui escalade la côte de Beaupré) où nous attendait le titulaire, le père Léopold Desgagnés. Son rôle de professeur consistait à nous enseigner le français oral et écrit, à nous former au style et à nous initier au latin, dont les cérémonies religieuses et le missel de ma mère m'avaient déjà donné une vague connaissance. On nous remit des livres : grammaire et dictionnaires, la *Stylistique* de Legrand et, pour usage ultérieur, un livre magique, le *De viris illustribus (Des hommes illustres)*, en plus d'un atlas, d'un traité d'histoire générale, de celle du Canada et d'un manuel de mathématiques. Le titulaire nous fit comprendre que nous avions à poursuivre les études commencées à l'école et que nous aborderions petit à petit des matières nouvelles.

Assez grand, mince, presque chauve, le père cachait un regard perçant derrière ses petites lunettes rondes cerclées de métal. On le disait sévère. Rigoureux, maître de son sujet, attentif à nos difficultés et soucieux de notre réussite, il possédait l'art d'intéresser et de convaincre. Il devint le guide avec qui j'ai appris à penser, à assimiler les règles de la logique, à connaître, à écrire et à parler. Son allure austère et son comportement d'ascète n'excluaient pas la sensibilité et l'affection. Il me donna, en plus du savoir, ce dont j'avais besoin : la confiance en moi. Psychologue et pédagogue, il dosait les corrections et les encouragements. J'en fis un modèle ; il le demeure. À quatre-vingts ans, fidèle à l'engagement de sa jeunesse, il besogne encore dans les champs du Père. Professeur et prêtre, il incarnait l'idéal que nous proposait le règlement du collège : « Tous verront Dieu dans leurs maîtres et seront avides de leurs enseignements. [...] Dans leurs devoirs, ils s'attacheront avant tout à la plus parfaite obéissance [1]. »

Obéissance : le mot allait s'imprimer dans nos esprits et nos consciences par le magistère des pères sans brimer les personnalités non plus que les mouler au mépris de leurs différences. On n'exigeait pas la soumission aveugle. On proposait une façon de vivre qui respectât l'autorité et nous fît prendre conscience de nos devoirs envers les autres et des exigences de la charité. Je connaissais par cœur les dix commandements de Dieu gravés sur les *tables de la Loi*, comme cela était écrit dans notre *Histoire sainte*. Certains échappaient à mon entendement. Je commençai à saisir les notions d'amour de Dieu, de justice, d'égard pour le prochain, et à comprendre le sens de ce que Yahvé avait demandé à Moïse de faire connaître au peuple d'Israël. Ce qui m'était apparu comme des ordres sévères

---

[2] Règlement, p. 75 et 77.

assortis de terrifiantes sanctions imposés à un vieux peuple que je croyais disparu dans le temps se transforma en des préceptes que je devais appliquer dans ma vie personnelle. Peu à peu, l'Ancien Testament se soudait au Nouveau. « Tu aimeras Yahvé ton Dieu de tout ton cœur, de toute ton âme et de tout ton pouvoir » (Dt 6, 5).

Je raccordais, vaille que vaille, cet ordre au commandement, le même en substance, reformulé par Jésus. Il perdait son caractère sévère, voire effrayant, parce qu'il ne référait pas qu'au Dieu inaccessible du Deutéronome (ou Livre de la Loi), mais aux humains que le Christ aimait et qu'il était venu sauver : « Le premier, c'est : ‹ Écoute, Israël, le Seigneur notre Dieu est l'unique Seigneur, et tu aimeras le Seigneur ton Dieu de tout ton cœur, de toute ton âme, de tout ton esprit et de toute ta force. › Voici le second : ‹ Tu aimeras ton prochain comme toi-même. › Il n'y a pas de commandement plus grand que ceux-là » (Mc 12, 29-32).

Cela ne se fit pas aussi simplement que je le dis. Il y fallut du temps, celui d'un long apprentissage qui dure toute la vie. Quand on a la foi, l'obligation d'aimer Dieu va de soi ; cela se passe dans l'esprit et peut demeurer abstrait, même s'il s'exprime dans les actes d'un culte visible, dans les sacrements, les dévotions personnelles et la prière publique ou privée. J'avais adoré Dieu de cette manière ; j'aimais mon prochain, c'est-à-dire les gens de ma famille, ce qui ne demande pas beaucoup d'effort. J'aimais aussi, si le mot convient, les gens dont nous parlaient les missionnaires, qui vivaient bien loin et que, les communications étant ce qu'elles étaient alors, je ne connaissais pas ; mes relations avec eux se réduisaient à une pure imagerie. Le coude à coude du collège me fournirait l'occasion de découvrir les tracasseries et l'inconfort moral de la vie communautaire. Par exemple, devoir me trouver à la chapelle, au réfectoire, en classe, en salle d'étude et au dortoir à côté d'un confrère dont la façon de faire et les tics m'indisposaient ; supporter la taquinerie, les discussions qui mettaient à l'épreuve mes petites connaissances, les querelles, le succès des autres et mes insuccès. Élevé avec ma mère et mes six sœurs, je n'avais pas l'expérience du compagnonnage viril et des heurts qui l'accompagnent. Le Règlement stipulait qu'il fallait apprendre à fréquenter tous les confrères, à ne pas s'isoler avec celui ou ceux que des affinités rapprochaient : « *Raro unus, numquam duo, semper tres* » (Rarement seul, jamais deux, toujours trois), plus cet ajout : « [...] et encore ces trois ne seront-ils pas toujours les mêmes. » Cet avertissement visait à empêcher les « amitiés particulières » tout autant qu'à favoriser le développement de l'esprit fraternel et de l'entraide. Le prochain se rapprochait ; ce n'était plus quelque chose de vague et d'égoïste, mais des êtres bien vivants avec des qualités et des défauts, et nantis des mêmes droits. L'obligation s'imposait de m'ouvrir aux autres et de cultiver la disposition à l'accueil et au partage. J'avais fréquenté à l'école du rang les enfants de mon milieu ; je ne les voyais qu'aux heures de cours ; j'avais acquis en leur compagnie un sentiment de supériorité exacerbé par ma facilité à m'instruire. L'orgueil couvait là, entretenu par les mesquineries de clans. Je souligne ici que quiconque n'a pas vécu dans les campagnes isolées ignore combien les relations y sont souvent malveillantes, les jalousies féroces et la cruauté fréquente ; ce qui n'empêche pas, aux heures d'épreuve, les manifestations les plus émouvantes de la solidarité.

Je ne cache pas que mon habitude de la solitude et mon tempérament agressif et hautain ne me rendirent pas facile cette sociabilité. Plus âgé que la plupart de mes compagnons immédiats, plus adulte, j'eus à composer avec eux en les acceptant comme ils m'acceptaient. Très sensible, introverti, j'avais besoin de me sentir compris. J'eus le bonheur de découvrir l'amitié. Quand je songe à mes longues conversations avec un confrère de mon âge issu lui-même d'un milieu rural, j'ai conscience de l'enrichissement que j'en tirai. Je communiquais, j'écoutais, je voyais les autres comme des égaux et je découvrais avec bonheur leurs qualités et leurs talents. L'émulation que souhaitaient nos éducateurs naissait des confrontations sportives, des échanges intellectuels et des excursions dans la nature; des liens se créaient qui stimulaient notre volonté de parvenir ensemble au but conformément au prospectus du juvénat: « Le but unique et exclusif de notre juvénat, c'est l'instruction et l'éducation des jeunes gens qui se sentent appelés à la vie religieuse et apostolique, et veulent sincèrement se rendre dignes d'être admis au noviciat de la congrégation du Très-Saint-Rédempteur. »

À cette fin, il nous fallait exercer nos intelligences, utiliser au maximum nos dons, atteindre cette excellence qui devait se traduire dans tout ce que nous faisions. Le climat familial du collège devint le creuset où s'épuraient nos caractères, nos ambitions et nos idéaux. Dans cette atmosphère, j'appris ce qu'était l'amour que nous appelions la charité: amour de Dieu et du prochain. Sous la gouverne des pères, je gravais mes *tables de la Loi*. Il y avait des retours offensifs de mon caractère et de mes inclinations. Le directeur me conviait souvent. Ces entretiens servaient à pointer les écarts et à déterminer les moyens susceptibles de dompter le sauvageon qui redressait la tête. Les responsables de la maison et les professeurs nous observaient; il leur revenait de porter à la connaissance des autorités nos progrès et nos difficultés dans les études aussi bien que nos problèmes de comportement. On ne cherchait pas à faire de nous à tout prix des religieux; on nous préparait à assumer une vocation dans la mesure de notre réponse aux conditions établies par les règles et constitutions de la communauté.

Celle-ci, fondée en 1732 par saint Alphonse de Liguori dans le but d'évangéliser les pauvres de la région de Naples, pratiquait au Canada l'apostolat de la prédication populaire. Il y avait l'œuvre du pèlerinage à sainte Anne, le bureau des Annales, les retraites, dans certains diocèses la charge d'une paroisse, et les missions de l'Indochine et du Japon. Le juvénat, affilié à l'Université Laval sous le nom de Séminaire Saint-Alphonse, pourvoyait au recrutement. On ne pouvait lui faire le reproche de puiser ses sujets dans les «classes» privilégiées. On y admettait des jeunes issus de tous les milieux. Nous ne parlions guère entre nous de nos origines. Les pères veillaient à faire disparaître les signes qui auraient pu manifester l'aisance ou la richesse de nos familles. Ainsi, celui qui portait une montre la remettait dès son arrivée au directeur et n'en reprenait possession que pour les vacances ou à son départ. Les gâteries apportées au parloir par les parents devaient être partagées avec les confrères. L'uniforme consistait en un costume sombre de sorte qu'aucun signe extérieur ne distinguait les pauvres des mieux nantis. L'élégance résidait dans l'ordre et la propreté. On avait le souci de l'égalité, non de l'uniformité. Les pères partageaient nos jeux et entretenaient avec nous une cordiale familiarité. Pères et élèves se vouvoyaient, ce qu'on condamnerait aujourd'hui au nom de quelque charte des droits et par besoin de nivellement. Je mesure maintenant combien cette déférence mutuelle a compté dans mes attitudes à l'égard des autres. Ce respect était le fondement de l'obligeance qui dispose à la civilité dans les relations humaines et conduit à l'amour du prochain. Il ne faut pas croire pour autant que c'était l'Éden. Il y avait des heurts, des querelles, des rancunes et des jalousies; des élèves en venaient quelquefois aux mains, ce qui est bien naturel dans un espace clos, à un âge où s'affirment les caractères. Les pères intervenaient à l'occasion pour connaître les motifs des disputes, corriger des injustices et inciter au pardon et à la réconciliation. Ils ne sermonnaient pas, faisant appel à la raison, ils punissaient sans humilier. J'ai vécu personnellement des expériences de cette nature sans jamais en être intimement blessé, le seul mal que je ressentisse était d'accepter mes torts. J'étais encore loin de l'esprit de la première Église:

« Ils se montraient assidus à l'enseignement des apôtres, fidèles à la communion fraternelle, à la fraction du pain et aux prières » (Ac 2, 42).

Je ne prétends pas davantage aujourd'hui avoir atteint ce sommet. J'ai ferraillé en bien des domaines et porté des coups brutaux. Je me suis colleté avec des adversaires que je n'ai pas ménagés. J'ai défendu âprement des idées et des valeurs. Le seul mérite auquel je pense pouvoir prétendre, c'est de m'être efforcé, en toutes sortes de circonstances, de ne ravir à personne son avoir et son honneur. Il m'a fallu dépasser le stade des dix commandements dictés à Moïse dans l'éclat du feu de Yahvé pour tenter de faire passer dans mon agir la douceur de ceux dont Jésus a dit à tous les hommes qu'il ne s'en trouvait pas de plus grands. Rien en moi n'est achevé, car le polissage d'une âme n'a pas de fin. Je peine toujours à graver mes *tables de la Loi*, qui sont celles de l'Église; elles renferment toute la vérité, peu importe ce qu'on reproche à l'institution et aux humains qui gardent le *dépôt*; mes maîtres du juvénat m'en ont inculqué la passion et la vénération.

Ai-je trouvé là *le pays où ruissellent le lait et le miel*? Oui. J'y ai vécu intensément; j'ai connu des joies indicibles et aperçu le panorama de l'avenir. Ce qui m'est advenu par la suite n'a jamais ébranlé les assises des convictions que je dois aux Rédemptoristes. J'ai traversé depuis d'autres contrées intérieures et subi les contraintes de l'Exode. Le Seigneur m'a fait me souvenir de ses *merveilles*. Sur la route qui descend, je les chante et les redis, et j'entends la voix de mes sœurs et de mes frères du monde les reprendre avec ferveur pour qu'éclate en une nouvelle Pentecôte la lumière de notre Église malmenée.

VI

L'appel

Le Seigneur Yahvé m'a donné une langue de disciple pour que je sache soutenir d'un mot les épuisés. Il éveille, chaque matin, il éveille mon oreille, pour que j'écoute en disciple.
(Is 50, 4)

« TOUTE FAMILLE qui compte un prêtre parmi ses membres est anoblie pour l'éternité. » Cette phrase, que j'ai retrouvée souvent au dos d'images-souvenir d'ordination sacerdotale, faisait partie du langage des prospecteurs de vocations. À l'analyse, elle a une connotation aristocratique parce qu'elle exclut en créant une caste parmi les chrétiens. Or, en choisissant ses apôtres, Jésus n'a pas tenu compte de leur ascendance ni de leur milieu ; il a réclamé des ouvriers pour sa vigne. Pêcheurs et pécheurs, riches ou pauvres, savants et ignares ont entendu son appel et l'ont suivi. Zachée, de petite taille, était monté dans un arbre pour voir le prophète ; Nicodème, docteur en Israël, vint s'entretenir de nuit avec Celui qu'au grand jour Jean le Baptiste désignait comme le Messie ; la Samaritaine qui lui donna à boire l'avait accueilli avec ironie avant de courir vers les siens annoncer la nouvelle de l'avènement du Sauveur. Judas fut des premiers fidèles ; Thomas le têtu exigea des preuves pour croire à la résurrection du Seigneur. Tous ces gens furent au commencement de l'Église sans distinction de rang ou de fortune. L'appel s'adressait à tous. Parmi cette foule saisie par la foi, Jésus élut ses premiers mandataires et confia la direction du troupeau à Pierre, qui l'avait pourtant renié.

La vocation (le mot vient du latin *vocare*, c'est-à-dire *appeler*) est un choix, une élection divine qui procède d'une intention inexplicable. La Bible présente les envoyés de Dieu ; on sait peu de choses de leur origine et de leur cheminement. Patriarches ou prophètes, ils se suivaient selon une continuité qui correspond à peu près à notre manière de compter le temps. L'histoire des saints est tout aussi déroutante. Certains semblent avoir été dès leur jeune âge l'objet d'une attention particulière du Seigneur, comme François de Sales, Charles Borromée, Catherine de Sienne, Marie de l'Incarnation, Gérard Majella, le Curé d'Ars, Thérèse de Lisieux ; tandis qu'Augustin, François d'Assise, Ignace de Loyola, Charles de Foucauld (non encore canonisé) prirent leur part des plaisirs du monde avant de se tourner vers Dieu. L'appel peut être direct, à l'instar de celui qui mobilisa les prophètes, quelquefois retentissant, comme dans la conversion de saint Paul ; il est davantage intime et secret. On le situe d'ordinaire à la fin de l'enfance ; avec raison sans doute en bien des cas, pourvu qu'on distingue la piété naïve et naturelle de l'enfant de la sentimentalité qui caractérise le regard intérieur d'un jeune qui trouve son premier modèle dans le prêtre.

Fut-ce mon cas ? Pour une part oui, même si je ne fréquentais pas les prêtres. C'est ma mère qui m'en proposa l'idéal. Elle y voyait sans doute le type de sainteté qu'elle imaginait pour moi. Il ne me répugne pas de penser qu'il y avait dans son désir une volonté d'*anoblir* notre famille. S'y mêlait peut-être également l'ambition d'une élévation dans l'échelle sociale car, il ne faut pas l'oublier, le statut sacerdotal existait bel et bien tout autant dans l'ordre civil qu'au plan religieux. Quoi qu'il en soit, je ne l'en blâmerai jamais. L'idée de vocation qu'elle m'a instillée m'a fait concevoir ce qu'est le bon, le meilleur, l'excellence, et je dois à cette femme d'avoir librement résolu de m'abstenir de tout ce qui pourrait me détourner de Dieu. J'ai triché bien des fois..., mais cela est une autre histoire !

Je ne saurais aujourd'hui dire que j'ai été appelé. Mais je puis affirmer que j'ai jusqu'à ce jour ressenti l'attrait pour le sacerdoce. Épuré comme je puis l'analyser maintenant, je considère que cet attrait m'a fait constamment rechercher la compagnie des prêtres et des religieux. Quoi que j'aie fait ou fasse encore, c'est auprès d'eux et avec eux que j'ai vécu mes heures les plus consolantes et les plus fécondes. Leur contact m'a inspiré et souventes fois transformé. Rédemptoristes, Messieurs du Séminaire de Québec, Eudistes, Capucins, Bénédictins, Oblats, Dominicains, séculiers du diocèse de Chicoutimi m'ont tour à tour éduqué et guidé. Professeur, j'ai été leur compagnon de travail; et même au temps de ma carrière politique, je les retrouvais avec joie comme j'éprouvais grande satisfaction à rencontrer les religieuses Augustines, les sœurs du Bon-Pasteur, du Bon-Conseil, les Antoniennes de Marie, les sœurs de sainte Jeanne-d'Arc, les Franciscaines, les Carmélites et les Adoratrices du Très-Saint-Sacrement.

On interprétait généralement cet intérêt pour le sacerdoce comme un signe. Je l'ai cru longtemps et j'ai répondu trois fois à ce que je croyais être un appel. Mais, au moment où j'aurais pu m'engager irrévocablement, des circonstances, dont la signification m'échappe, m'en ont empêché et Dieu m'a imposé de suivre des voies que je n'avais pas d'avance choisies. En ces toutes dernières années, j'ai ressenti comme autrefois le désir de me consacrer au service de l'Église. Faut-il pour cela que je sois prêtre ? Je pense maintenant que l'appel à suivre le Christ n'est pas nécessairement lié à la vie sacerdotale et qu'il faut des laïcs qui, précisément parce qu'ils ne sont pas prêtres, sont en mesure d'aider l'Église et ses prêtres en témoignant de leur foi et de travailler ainsi au chantier du Royaume de Dieu. Je ne veux pas instituer de procès contre la société de notre temps ni contre la hiérarchie de l'Église. Mais face à la décadence d'un monde qui regarde avec indifférence, sinon avec mépris, les préceptes de la loi naturelle et les valeurs de la civilisation chrétienne, il m'arrive de penser que *Dieu a besoin des hommes* qui, par la parole et l'exemple, allègent la perplexité et la morosité du clergé abattu par le poids de sa mission évangélique ; qu'il faut des laïcs convaincus qu'ils sont responsables au même titre que les prêtres et les religieux de la diffusion de la vérité ; que l'Église ne tient pas tout entière dans les femmes et les hommes consacrés, mais qu'elle est présente dans tous les baptisés et que ceux-ci ont à exercer, dans leur ordre et selon leurs dons, le ministère commandé par le Christ : « Allez donc, de toutes les nations faites des disciples » (Mt 28, 19).

Il y a un danger à entretenir obstinément l'attrait du sacerdoce : c'est de nourrir la nostalgie d'un vieil idéal, de se croire, par une présomption orgueilleuse, destiné à un rôle éminent et d'oublier qu'il faut être en Église, tel qu'en soi-même, c'est-à-dire l'égal de tous, l'humble parmi les humbles, le besogneux entêté à cultiver la partie du jardin, bien petite parfois, que le Seigneur assigne à quiconque veut sincèrement le servir. Sous-jacente à l'ambition de devenir prêtre, se cache souvent la prétention de faire mieux que le célébrant qui balbutie sans brio ses homélies, que le curé incapable d'acquérir l'aisance mondaine, que le modeste aumônier dont on pense qu'il n'occupe la fonction qu'à défaut de pouvoir faire autre chose. La tentation est grande de se dire : pourquoi pas moi ? L'exemple du Curé d'Ars et, chez nous, celui du père Victor Lelièvre, o.m.i., m'ont personnellement démontré que la grâce advient par les voies les plus surprenantes ; je ne discute plus les choix de Dieu et j'ai fini par accepter d'être évangélisé, non sans agacement ou malaise assez souvent, par tous les semeurs qu'au hasard des circonstances ma carrière m'a donné de croiser. Comment ferais-je reproche au Christ qui a dit : « Ce n'est pas vous qui m'avez choisi ; mais c'est moi qui vous ai choisis et vous ai institués » (Jn 15, 16).

Pourquoi faudrait-il que chaque prêtre que je rencontre et que chaque sermon que j'entends deviennent pour moi une révélation de Dieu. J'ai d'ailleurs fréquemment recueilli le témoignage de personnes touchées par des propos qui m'avaient prodigieusement ennuyé. Cela m'a fait me rendre compte qu'il n'y a pas, dans l'ordre surnaturel, de petites causes et qu'un discours en apparence banal trouve écho à son heure dans une conscience attentive et répond à des besoins que Dieu seul connaît. Quand la parole se répand, c'est l'Esprit qui la pousse à son gré vers celui qui l'espérait, comme le suggère Jésus dans son dialogue avec Nicodème : « Le vent souffle où il veut ; tu entends sa voix, mais tu ne sais ni d'où il vient ni où il va » (Jn 3, 8).

J'aime ce passage de l'Ancien Testament où le prophète Élie attend la révélation du Seigneur et ne la trouve pas dans les signes les plus éclatants : « Il y eut devant le Seigneur un vent fort et puissant qui érodait les montagnes et fracassait les rochers : le Seigneur n'était pas dans le vent » (1 R 19, 11).

Il ne sera pas davantage dans un tremblement de terre ni dans le feu, mais dans « le bruissement d'un souffle ténu » (1 R 19, 12).

La parole du prêtre, vigoureuse, éloquente ou *souffle ténu* porte sa vertu propre ; elle est pour tous et pour chacun. Vouloir à tout prix se la réserver, c'est comme vouloir pour soi *son* Église et *son* prêtre conformes au modèle qu'on se fabrique, ce que j'ai déjà fait sans toujours m'en rendre compte. Or, Dieu choisit comme il le veut celui qu'il veut. Désormais plus conscient du mystère de l'appel, je ne choisis plus *mes* prêtres, je vais à ceux que l'évêque, investi du pouvoir d'ordre et membre du collège des apôtres, a appelés. Je ne série plus les appelés en me basant sur leurs qualités intellectuelles, sur leurs connaissances théologiques ou sur la réputation que de l'extérieur on leur a faite. Je les accepte dans la plénitude de leur humanité comme dans l'illumination du sacerdoce qui les a distingués et que je vénère. La vie m'a fait connaître des évêques, des prêtres, des religieux et des religieuses admirables ; toujours à des moments où ma foi exigeait d'être confortée pour me ramener sur le chemin dont je risquais d'être détourné. J'avais tendance à y voir une forme d'appel au sacerdoce, une renaissance de mon idéal d'antan. Je voyais des signes là où il n'y avait probablement que rappel de ma vocation de chrétien.

Il y en eut de plus insistants, comme ce matin où un prêtre vint à mon bureau de député pour me demander si je ne pensais pas à reconsidérer mon état dans le monde. Je m'en ouvris à l'évêque du lieu, homme prudent, d'une grande élévation spirituelle. Libéré de la politique, sur ses conseils, je me remis à l'étude de la théologie et, le 8 juin 1975, je fus institué *lecteur*. Je m'étais inscrit à la faculté de théologie de l'Université Laval, où j'avais déjà obtenu un diplôme, quand des ennuis de santé me forcèrent à suspendre ma démarche. Je n'abandonnai pas. Quelques années après, je fis officiellement par lettre à un évêque la demande d'être agréé dans son diocèse parmi les candidats au sacerdoce. Il me communiqua verbalement sa réponse cinq ans plus tard. Il alléguait, pour expliquer son refus, mon âge et le fait qu'un laïc pouvait fort bien servir l'Église de façon efficace. Ces raisons étaient valables et je ne pouvais en contester la pertinence et la sagesse. Il ajouta qu'un prêtre qu'il m'avait demandé de consulter pensait que, au vu de ma carrière, mon désir de devenir prêtre pouvait être interprété comme une volonté d'ajouter un succès de plus à mon palmarès. Ce jugement qui présumait de mes intentions me fit beaucoup souffrir parce que, à l'époque où je postulais, le statut social du prêtre avait perdu une large part de son prestige, l'Église avait subi l'épreuve du départ de bon nombre de ses pasteurs, les fidèles désertaient et la société accordait peu d'importance à ceux qui décidaient de joindre les rangs du clergé, les considérant même comme des rêveurs fixés sur le passé, des illuminés ou des faibles effrayés par le défi que constitue l'effort de se tailler une place dans le monde laïque. Je me trompais peut-être, mais je continuais de voir, me rappelant le livre de Dom Colomba Marmion, o.s.b., *Le Christ, idéal du prêtre*, le sacerdoce comme un moyen de perfectionnement spirituel et de mise au service du Seigneur et de la communauté de mes énergies et de mes talents. Je respectai le discernement de l'évêque; je n'en conçus aucune amertume, même si j'aurais souhaité savoir si sa décision ne s'appuyait pas plutôt sur des raisons afférentes à mon caractère ou à ma conduite, sujets qu'il n'avait jamais abordés avec moi.

Le jeune curé que je consultais me montra d'autres perspectives. Je l'avais vu souvent à l'œuvre. Je découvris un style d'apostolat sans compromissions mais pleinement ouvert aux problèmes des temps nouveaux. Je me sentis avec lui et ses ouailles davantage de l'Église et dans l'Église. Je prêtai attention à sa façon de célébrer et à ses homélies comme à la manière dont il assumait sa mission de rassembleur et de catéchiste. Nous engagions des discussions de fond. Sa constante référence à l'Évangile me fit abandonner, non sans peine, le discours théologique traditionnel qui aligne les arguments comme un rempart doctrinal irréfutable. Il reprenait dans ses considérations la substance de ce que j'avais appris au grand séminaire et que par des lectures je continue d'approfondir. Éclairée par les enseignements de Vatican II, dépouillée, axée sur l'essentiel ; il sortait de la sécheresse des grands livres ce qu'il y a de vivant et ce qui rejoint chacun dans la faim du vécu quotidien. Le souvenir me revenait du beau chant d'entrée de la messe de la Fête-Dieu : « [...] de la graisse du froment je l'aurais nourri, et rassasié avec le miel du rocher » (Ps 81, 17).

Pour qu'on ne se méprenne pas, je dois dire que j'ai entendu ailleurs bien d'autres prêtres qui ont le don de pétrir la vérité et d'en faire le pain qui satisfait l'appétit spirituel des fidèles. Si j'insiste sur Rémi, c'est qu'il m'a, à un dur moment de mon existence, pris sous le bras pour que je continue de marcher et, sans être prêtre, de m'acquitter comme tous les chrétiens du devoir d'exercer un ministère. Il peut s'appeler, selon les circonstances, compassion, accueil, partage, assistance, confession et défense des valeurs de la foi, parole ou prière. Je crois aux charismes, à condition qu'on ne les traite pas comme des miracles et que par maladresse ou zèle excessif on ne s'en serve comme d'appâts ; ils existent, cela est sûr ; j'en ai perçu chez certaines personnes (religieux ou laïcs) : il s'agissait d'une approche, d'une disponibilité, d'une qualité d'écoute, d'une humilité et d'une générosité sans égales. Mais je ne recherche pas cela. J'apprécie beaucoup plus l'affection clairvoyante et la fidélité désintéressée. Ces qualités que j'ai trouvées chez des âmes d'élite m'ont apporté la paix en me réconciliant avec moi-même et mon prochain ; et quand je les ai éprouvées chez les prêtres, comme ce fut souvent le cas, j'ai, si je puis dire, eu l'intuition de l'authenticité de l'appel auquel ils avaient répondu sans se reprendre.

J'ai cru être appelé au sacerdoce ; aucun évêque ne m'y a formellement invité. Or, c'est l'évêque qui appelle en vertu des pouvoirs qu'il détient et dans la lumière de l'Esprit. Le jeune prêtre dont j'ai parlé m'a secoué pour que je me souvienne de l'invitation à la sainteté que Zacharie formule dans sa Bénédiction : « Béni soit le Seigneur [...] de nous accorder que, sans crainte, délivrés de la main de nos ennemis, nous le servions en sainteté et justice sous son regard, tout au long de nos jours » (Lc 1, 75). C'est pour les humains l'unique et essentielle vocation. Quels qu'en soient la manière et le champ d'exercice, il faut pour l'accomplir s'abandonner au Seigneur, de l'aube jusqu'à la fin du jour. Mon jour à moi décline. Au matin de ma vie, ma mère m'a révélé la présence de Dieu ; c'était le premier appel. Avant que le soir ne s'installe, un prêtre, prenant le relais de mes éducateurs rédemptoristes et des autres qui m'ont formé, m'a interpellé pour que j'achève mon temps dans la tendresse du Père.

VII

Vers quel horizon ?

Alors j'entendis la voix du Seigneur disant :
« Qui enverrai-je ? Quel sera notre messager ? »
Je répondis : « Me voici, envoie-moi ! » (Is 6, 8)

J'ALLAIS donc mon chemin, tendu vers l'objectif que proposait la congrégation du Très-Saint-Rédempteur : prêtre et prédicateur, professeur peut-être, comme mes maîtres du juvénat et ceux du Scolasticat à Aylmer. Il ne faut pas penser qu'on nous obligeait à mener une vie d'ermite. Les études, les récréations, le sport, la prière répondaient à un équilibre adapté à des garçons en voie de formation auxquels on donnait une culture générale selon les règles d'un humanisme éprouvé. On munissait des hommes de tous les outils intellectuels dont ils auraient besoin leur vie durant, qu'ils fussent religieux ou laïcs. C'est l'université qui établissait les programmes de base nécessaires à l'obtention du baccalauréat ès arts. Chaque collège y ajoutait, selon les besoins et ses ressources financières, d'autres éléments. La musique, par exemple. Chaque étudiant suivait des cours de solfège ; certains étudiaient le piano ; la chorale et la pratique du chant grégorien occupaient une bonne place. Au petit déjeuner, deux ou trois jours par semaine, on faisait entendre des disques. C'est ainsi que j'ai découvert Mozart avec le *Concerto pour piano* n° 27 interprété par Robert Casadesus, le *Boléro* de Ravel, des symphonies de Beethoven et de Brahms, Bach, Haendel, Haydn, Debussy, etc. Pendant les mois d'hiver, le samedi après-midi, ceux qui le voulaient pouvaient écouter à la radio, venant du

Metropolitan Opera de New York, les grandes œuvres lyriques commentées par le père Jacques-Aimée Lambert, qui possédait une impressionnante voix de ténor. On nous donnait une solide formation en langue, en analyse, en grammaire et en littérature françaises qu'on enrichissait par l'étude du grec et du latin. L'histoire, la géographie, les mathématiques et les sciences complétaient ce fonds. À tour de rôle, chaque classe donnait un spectacle : saynètes, déclamations, discours, chant et musique. Tous les ans – c'était l'événement – on jouait une pièce, le plus souvent un classique. Greffées à cela, des séances de cinéma complétaient le cours déjà lourdement chargé. On exerçait la mémoire, et la langue orale et écrite faisait l'objet d'une surveillance stricte. À part les auteurs imposés, chaque élève devait par d'autres lectures élargir sa connaissance des lettres ; quand la bibliothèque du collège ne suffisait pas, les pères puisaient dans celle des professeurs les ouvrages qui convenaient aux plus avancés. Des conférenciers venaient nous entretenir de divers sujets. Les classes de Belles-Lettres et de Rhétorique avaient droit d'aller au théâtre à Québec. J'ai vu, entre autres, au Palais Montcalm, *Le Noël sur la place*, d'Henri Ghéon, avec les Compagnons de Saint-Laurent, et une inoubliable interprétation des *Précieuses ridicules*. C'était l'époque où Jean Gascon, Guy Provost, Jean-Louis Roux, Georges Groulx, Thérèse Cadorette, Denise Vachon, Lucille Cousineau, pour ne nommer que ceux-là, amorçaient la grande carrière qu'ils ont poursuivie.

La prière ponctuait tous les moments du jour. Méditation et messe le matin ; prière avant les cours, aux repas, récitation du chapelet, messe solennelle et vêpres le dimanche et les jours de célébration de la Toussaint, du 2 novembre, de l'Immaculée Conception, du patron saint Alphonse de Liguori, de saint Thomas d'Aquin, du mois du Rosaire et du mois de Marie, visites privées au Saint Sacrement ; on nous avait appris une prière que je récite encore quand, sur la route, je passe devant une église : « Mon Dieu, je crois que vous êtes ici présent dans le Très Saint Sacrement. Je vous adore et je désire vous posséder dans mon cœur. Mais comme je ne puis vous recevoir sacramentalement, venez au moins spirituellement dans mon âme. Je vous embrasse comme vous possédant en effet et je m'unis entièrement à vous. Ne permettez pas que je sois jamais séparé de vous. »

La formule a peut-être un ton vieillot. Je la garde parce qu'elle m'a procuré douceur et consolation, et qu'elle demeure un moment d'union au Seigneur qui m'a créé et me soutient dans l'existence. Elle a pour moi la même valeur que celle du *Souvenez-Vous* à la Vierge que me faisait réciter ma mère : « Souvenez-vous, ô très pieuse Vierge Marie, qu'on n'a jamais entendu dire qu'aucun de ceux qui ont eu recours à votre protection, imploré votre secours et réclamé vos suffrages ait été abandonné. Animé d'une pareille confiance, ô Vierge des vierges, ô ma Mère, je cours vers vous, je viens à vous et, gémissant sous le poids de mes péchés, je me prosterne à vos pieds. Daignez, ô Mère du Verbe, ne pas mépriser mes prières, mais écoutez-les favorablement et daignez les exaucer au ciel. Amen. »

Peu m'importe le ton. Cette prière est l'appel que je lance bien des fois et qui a été souvent entendu ; et si je n'ai rien, au contraire, contre des invocations autrement exprimées, je reviens sans gêne aux formes anciennes de ma dévotion. L'écoute de Jésus et de sa Mère ne tient pas compte des formules. À ce propos, je m'interroge sur le nouveau texte du cantique de l'Avent, *Venez, divin Messie* (qui n'était pas un chef-d'œuvre littéraire), que j'ai trouvé récemment dans le *Prions en Église*. On a rajeuni le fond et la forme, évitant les termes comme « courroux de Dieu » ; on y trouve par ailleurs des accents pessimistes : « [...] l'univers périt sans toi, [...] il [le monde] lutte et marche dans le noir, [...] il est blessé, défiguré. [...] offrir ton Pain et ton Vin aux miséreux, [...] donner espoir aux cœurs blessés [...] » ; cela sent l'analyse sociologique qui n'a de considération que pour les malmenés de la terre. Je tiens ferme à l'affirmation d'une foi fondée sur la tendresse du Père, mais je ne crois pas qu'on ramènera les fidèles en cachant les dures vérités théologiques et morales.

On ne négligeait rien pour donner aux cérémonies un caractère majestueux. Le rituel en déterminait les modes. J'ai vu à la basilique de Sainte-Anne des célébrations grandioses. Des chantres à la voix exceptionnelle soutenus par un organiste de grand talent créaient là une atmosphère inoubliable ; la chorale du juvénat prêtait occasionnellement son concours et c'était toujours une fête que de participer aux événements spéciaux qui faisaient accourir les foules. La piété s'exprimait dans le faste. On a bien simplifié depuis ; on a appauvri en même temps. J'ai subi, au moment de la suppression du latin, le supplice des messes écourtées et le déluge de mots de prêtres ou d'animateurs qui expliquaient : avant, ce qui allait se passer, pendant, ce qui se passait, et après, ce qui s'était passé ! Seul le silence faisait défaut, qui eût permis de se recueillir. Il nous arrivait de trouver les cérémonies un peu lentes... et les sermons allongés. Le cas était rare ; rien là qui ressemblât à ce que j'avais connu dans ma paroisse alors que le curé empilait l'*Appendice au rituel* (destiné à donner le sens du carême, de l'Avent, du comportement en temps d'élections, etc.), le prône avec les baptêmes, les mariages, les décès et des exhortations qui insistaient un peu trop souvent sur les besoins d'argent, et finalement le sermon proprement dit. On ne s'en tirait guère à moins d'une heure avec, quelquefois, la demie. L'ensemble des fidèles ne s'en plaignaient pas. C'était le jour du Seigneur, et bon nombre d'entre eux trouvaient là repos et consolation après une dure semaine de labeur. Les gens fraternisaient après la messe. Ceux qui vivaient loin du village retrouvaient la communauté et faisaient provision de nouvelles, oubliant ainsi leur isolement. Pour ma part, ce rapprochement nourrissait ma ferveur religieuse ; je touchais, pour ainsi dire, le sacré.

Au collège, j'avais tous les jours sur place ce que j'espérais de semaine en semaine dans mon milieu d'origine. Chacun de nous, selon sa faim spirituelle, pouvait s'adonner à la dévotion. Les grandes retraites de trois jours en silence constituaient des temps forts de remise en cause et d'interrogation sur la validité de son orientation. Jointe à la *lecture spirituelle*, aux entretiens avec le directeur du collège et les prières privées, la prédication nous faisait pénétrer plus avant dans le mystère de la foi. Le schéma se présentait comme ceci : un thème général sur un point de doctrine, des applications à notre situation particulière et les inévitables sermons sur la mort et *la belle vertu* : la pureté. Cela allait de soi pour des jeunes qui feraient, le cas échéant, le vœu de célibat. Il n'empêche que cette insistance sur la chasteté faisait partie intégrante d'une morale trop fortement axée sur la sexualité. Sexualité négative, oppressive jusqu'à l'obsession. À l'âge du développement du corps et de l'affirmation naturelle des passions, *la belle vertu* finissait par dresser un écran entre le Seigneur et celui qui cherchait à le rejoindre par un effort de perfection. Il m'a souvent paru que je ne pourrais jamais atteindre à la sainteté. Je quêtais la miséricorde de Dieu ; je voulais détester le péché. Mais j'étais un être humain fragile, taré par le péché originel. Je me sentais comme saint Paul : « Car je sais que nul bien n'habite en moi, je veux dire dans ma chair ; en effet, vouloir le bien est à ma portée, mais non pas l'accomplir : puisque je ne fais pas le bien que je veux et commets le mal que je ne veux pas » (Rm 7, 18-19).

Je croyais être le seul à me battre ainsi contre mes pulsions. Il n'eût point convenu de confier mes inquiétudes à un confrère. Il existait à cet égard une loi du silence. Même mon directeur spirituel parlait à mots couverts. J'avançais d'élans en chutes. Je luttais pour conserver la grâce sanctifiante ; je pensais à ce prêtre qui, discourant sur les mérites d'une bonne vie, déclarait qu'une seule faute mortelle effaçait tous ceux qu'on avait pu accumuler si la mort survenait avant qu'on s'en repentît. Cette comptabilité avait quelque chose de terrifiant. J'ai connu des personnes dont elle a troublé l'esprit et d'autres qui ont abandonné l'Église en raison d'une rigueur étrangère à l'amour de Dieu pour ses créatures. Je n'en fais pas reproche à quiconque : la vie et l'histoire m'ont appris que l'erreur est humaine et que chaque époque du chemin terrestre de l'Église en porte les traces douloureuses. J'avais la foi ; c'est elle qui me rendait libre et me faisait surmonter des tourments indicibles. Au surplus, l'attitude des pères, leur compréhension, leur générosité dans le pardon, la confiance qu'ils mettaient en moi me faisaient entrevoir, au-delà de l'horizon certains jours bouché, la bonté du Seigneur ; ils l'incarnaient d'ailleurs, chacun à sa manière. Je connaissais la formule usée : *la vie est un combat dont la palme est aux cieux* ; elle n'allait pas me réconforter. Je me réfugiais dans la prière ; prière de demande avant qu'elle ne devînt, beaucoup plus tard, un acte d'abandon qui me fasse dépasser le *moi* pour englober l'humanité. Les pères cultivaient cette conscience sociale et nous rappelaient souvent la vocation de service de la congrégation. Cela débordait le plan strictement religieux parce qu'on s'efforçait de nous inculquer le devoir de la solidarité et d'acquérir les vertus civiques.

La guerre sévissait à ce moment-là ; des Rédemptoristes étaient aumôniers militaires ; nous apprenions que des millions d'humains souffraient et qu'il nous était impossible d'aider autrement que par la prière. Nous en parlions entre nous sans toutefois avoir une idée des monstruosités que l'après-guerre devait nous révéler. Nous ne savions rien du plan diabolique qui a conduit à l'Holocauste. Des compatriotes se battaient pour libérer l'Europe ; plusieurs élèves comptaient des proches parents au front. La censure officielle existait, empêchant que nous eussions une information satisfaisante. Pour ma part, je voyais la guerre à la façon d'une héroïque croisade contre le mal. Je l'imaginais comme celle de 1914-1918, dont les grands affrontements alimentaient les conversations des veillées. Le rationnement du beurre, du sucre, du thé, du café, des voitures, des pneus et de l'essence constituait, pour les individus, leur effort de guerre. Somme toute, cette tragédie qui se déroulait *quelque part là-bas* avait ranimé l'activité économique de notre pays et mis fin à la fameuse crise de 1930 ; aussi cruel que cela fût, *le mal des uns faisait le bonheur des autres*. Il ne manquait pas de profiteurs qui souhaitaient que cela durât. Le souvenir me revient d'un citoyen pourtant éclairé qui, au moment de la récession de 1980, proférait cette énormité : « Cela nous prendrait une bonne guerre pour retrouver la prospérité. »

Pendant ce temps, les études progressaient. Je fis la classe de Syntaxe sous la direction du père Jean-Marie L'Heureux, ce sage timide qui se donnait entièrement à sa tâche. Puis on décida de me faire sauter la Méthode. Je me retrouvai en Versification avec d'autres confrères que formait avec un enthousiasme à réveiller les plus amorphes le père Lucien Gagné. Cet homme, qui devait occuper plus tard de hautes fonctions dans sa communauté, était un lettré et un pédagogue de la meilleure qualité qui nous fit passer sans heurt le stade initiatique pour aborder les Belles-Lettres, dont le père Jacques-Aimée Lambert était le titulaire. Artiste, musicien d'une grande sensibilité, il me révéla mes possibilités : l'écriture et la parole. Il me convainquit que je devrais faire fond sur ces aptitudes. Son influence et son enseignement furent déterminants. Parvenu en Rhétorique, le père Adrien Grenier me fit comprendre ce qu'était l'excellence ; érudit raffiné, maître ès langue et logique, il mit à l'épreuve les dons que ses collègues avaient développés chez ceux qu'il devait mener au baccalauréat. Ces trois dernières années furent exaltantes ; les plus belles peut-être parce que j'avais mûri et que je pouvais profiter des connaissances qu'on m'avait fait acquérir en même temps qu'on m'avait dressé. J'allais bientôt aborder la philosophie, science encore mystérieuse dont j'ignorais que les classes de lettres constituaient le nécessaire apprentissage.

L'année 1947 ! Année capitale ; celle des grandes décisions. Les règles de la congrégation stipulaient que les aspirants Rédemptoristes devaient interrompre provisoirement les cours pour entrer au noviciat. Suivait, après un an, le stage du scolasticat, où l'on faisait philosophie-sciences avant d'entreprendre les études théologiques. Il ne s'agissait plus d'un rêve, mais d'une réalité qui comportait un choix : prêtre, prêtre religieux, laïc ? Je fus saisi, emporté dans le tourbillon des aspirations, des doutes, des tentations, des hésitations. Vers quel horizon me tourner ? Ces mois ne furent point pénibles ; je les vécus lucidement. Partagé entre l'attrait du monde et celui du sacerdoce, j'observais mes confrères, j'évoquais avec eux l'avenir. Chacun gardait son secret. Avec Jean-Marc Gagnon et

Raymond Tremblay (tous deux pères rédemptoristes), je choisis la devise qui apparaîtrait sur la grande photo des finissants : *« Et renovabis faciem terræ »* (Et vous renouvellerez la face de la terre). Tirée de la prière liturgique au Saint-Esprit, elle ne manquait pas d'ambition. Elle exprimait sans détour un idéal que nous avions forgé au juvénat que nous allions quitter après les examens du baccalauréat. Je refaisais en pensée le chemin qui m'y avait conduit. Étais-je demeuré fidèle ? Devais-je m'engager sans retour ? Que me conseillerait ma mère ? Je n'osais plus reprendre avec assurance le mot d'Isaïe : « Seigneur, me voici ! » Le jour du départ, après avoir informé le père directeur de mes intentions, au moment de monter dans le train qui allait sur Québec, je dis à Jean-Marc Gagnon : « Je n'entre pas au noviciat. » J'avais marché sur la Terre promise ; je m'en éloignais, emportant la moisson de tout ce que les Rédemptoristes avaient semé : « On s'en va, on s'en va en pleurant, on porte la semence ; on s'en vient, on s'en vient en chantant, on rapporte les gerbes » (Ps 126, 6).

VIII

Le choix

Alors Jésus fixa sur lui son regard et l'aima.
Et il lui dit : « Une seule chose te manque :
va, vends tout ce que tu as, donne-le aux pau-
vres, et tu auras un trésor au ciel ; puis, viens,
suis-moi. » Mais lui, à ces mots, s'assombrit
et il s'en alla contristé, car il avait de grands
biens. (Mc 10, 21-22)

MON DÉPART du juvénat fut un arrachement. Je quittais une famille et un milieu qui m'avaient aidé à m'épanouir et donné la chance de faire des études. L'atmosphère religieuse avait favorisé la croissance de ma foi. Revenir au foyer ne m'enchantait pas : la mort de ma mère avait disloqué la famille ; mon père se murait dans un silence oppressant ; je détestais le travail de la ferme ; je m'inquiétais surtout de savoir comment terminer le cours classique inachevé. Je me croyais toujours appelé au sacerdoce. Il fallait demander à mon père de consentir à ce que j'aille dans un autre collège. Les frais relativement élevés du Petit Séminaire de Chicoutimi m'interdisaient l'inscription à cet endroit. On m'avait parlé du Séminaire du Sacré-Cœur situé à Saint-Victor en Beauce. Je postulai et reçus la lettre d'admission le 22 juillet 1947. Je craignais la réaction de mon père, car on demandait trois cents dollars par année. Ma sœur Jeanne, devenue notre seconde mère, se fit mon interprète. Il se fâcha et finalement céda. Je me préparai à la rentrée fixée au 3 septembre.

Parti la veille, j'arrivai à la gare de Tring en fin de matinée où m'accueillit avec beaucoup de chaleur un futur confrère de classe, Joseph Anctil, qui fit transporter ma malle, m'aida à m'installer, me présenta au supérieur et au directeur et me familiarisa avec les lieux. Je ne connaissais pas la Beauce. Par un beau soleil, je découvrais un coin de cette région que j'apprendrais à aimer et à laquelle je reste affectueusement attaché. Fondé en 1910 par le chanoine Jos.-A. Bernier, alors vicaire à la paroisse de Saint-Victor, le séminaire se consacrait aux vocations tardives, accueillant des garçons qui, plus ou moins âgés, décidaient de devenir prêtres. Le prospectus disait : « Le Séminaire du Sacré-Cœur (Œuvre des vocations tardives) a été fondé, comme son nom l'indique, ‹ exclusivement pour donner l'enseignement classique et une formation morale et religieuse appropriée aux jeunes gens qui ne peuvent pour diverses raisons faire leur cours régulièrement ailleurs, et qui se destinent à l'état ecclésiastique dans le clergé diocésain ou chez les réguliers, pour le pays ou les missions ›. »

Le climat détendu et fraternel qui régnait là me plut d'emblée. L'éventail des âges était large. On pouvait trouver un commençant de trente ans, un finissant de vingt et même des jeunes de douze à quinze ans acceptés comme externes et vivant dans la paroisse où se situait le collège. Les horizons étaient aussi variés. Tel venait du Québec, d'autres des diverses provinces du Canada, certains des États-Unis, surtout des Franco-Américains. La plupart de ceux qu'on considérait comme des *vocations tardives* avaient exercé un métier et gagné leur vie ici ou là. On y trouvait aussi des vétérans de la Seconde Guerre mondiale. Les âges et les expériences conjugués constituaient une richesse. Les relations étaient aisées, simples et cordiales. Il n'existait pas d'esprit de clan. Des prêtres de l'archidiocèse de Québec assuraient la direction et l'enseignement. Plus distants que les pères que j'avais connus, ils manifestaient une attitude d'accueil réconfortante. Plusieurs d'entre eux avaient décidé tardivement de se faire prêtres.

Je fis là mes deux classes de philosophie-sciences sous la tutelle de professeurs qui, sans être de grands maîtres, dispensaient un enseignement solide dans la tradition de l'Université Laval. J'acquis probablement davantage de mes contacts avec mes condisciples. J'y nouai des amitiés durables. J'affirmais ma personnalité et je commençais à tirer parti de mes connaissances. Je pratiquais l'art de la conversation et de la discussion. Cela me valait un auditoire intéressé. Le directeur en prenait ombrage parce que je n'hésitais pas à le contester. Il traitait avec une certaine rigueur ceux qu'il appelait les P.M., les *pères manqués*. Il s'agissait des étudiants (nombreux) qui avaient commencé leurs études dans les collèges de congrégations religieuses. Il enseignait la logique ; ses leçons me furent profitables. Solitaire, on le voyait rarement se mêler à nous ; il traitait de même ses collègues. Quant au supérieur, il donnait l'impression d'une éternelle absence. Il laissait le directeur s'occuper des études et réglait en haut lieu la marche de la maison. Le régime de vie ressemblait à celui du juvénat, encore que l'encadrement y fût moins visible. Faute de trouver chez les prêtres la sympathie dont je ressentais le besoin, je la cherchais auprès de mes confrères. La grande différence résidait en ceci : à Saint-Victor, prêtres et élèves ne formaient pas un tout homogène. Les professeurs faisaient du ministère en fin de semaine ; libres, ils sortaient ensemble, visitaient famille et amis. Certains nous recevaient à leur chambre pour l'écoute de la musique et prenaient part à nos jeux, à nos excursions ou au travail que nous accomplissions sur la ferme du Séminaire. Dévoués, disponibles, ils entretenaient une spiritualité axée sur la formation de futurs prêtres séculiers, plus individualistes et autonomes. Cela me servit. Je me sentis de moins en moins dépendant. Adulte, il me fallait davantage compter sur moi-même et me préparer à faire face seul aux défis de l'existence. Ma volonté s'affirmait ; je découvrais que j'étais à la fois un actif et un contemplatif ; tandis que je m'appliquais à la réflexion, je me sentais attiré par l'action en raison d'un instinct dominateur et d'un goût pour l'aventure audacieuse. Mes confrères suivaient un chemin en ligne droite. Moi, je me voyais dans toutes sortes de situations, sollicité par des désirs contradictoires. Je voulais d'une part être prêtre et me demandais par ailleurs si j'accepterais l'obéissance à un évêque qui pourrait fort bien me confiner à un domaine plus ou moins en accord avec mes ambitions. Je priais moins et mal. La tentation du monde me hantait. La seule vocation dont je commençais à discerner l'intérêt était l'enseignement. Or, il y avait à ce moment-là peu de laïcs dans les collèges classiques. Devais-je me diriger vers le sacerdoce pour devenir professeur ? L'enseignement à l'université était-il plus accessible ? Je caressais aussi le désir de briller dans la vie publique. Pourquoi pas une carrière politique ? Tiraillé, regrettant le juvénat où tout m'était apparu clair, je prenais conscience du délabrement spirituel qui s'amorçait.

En avril 1948, alors que le premier ministre du Québec venait de déclencher des élections, je pris l'initiative d'écrire au député de la circonscription de Roberval, dans laquelle se trouvait mon village, M. Antoine Marcotte, pour lui offrir mes services dans sa campagne électorale. Il me répondit rapidement, me suggérant d'aller le voir à son bureau dès que j'aurais terminé mon année scolaire. Je ne soupçonnais pas que je mettais en branle un mécanisme dont je deviendrais un rouage. Dès mon retour à Saint-André, à la mi-juin, sans en parler à qui que ce soit, je fis par auto-stop le voyage à Roberval (trente kilomètres), où je n'étais allé qu'une ou deux fois avec mon frère aîné. Je dénichai le bureau du député, qui m'accueillit en ces termes : « Tu es petit et maigre, tu veux faire des discours ? Qu'est-ce que tu connais ? » Je lui répondis : « Essayez-moi. » « Bon, reprit-il, es-tu prêt pour dimanche soir prochain à huit heures ; c'est l'ouverture de ma campagne ; tu feras le premier discours. Je t'avertis, il y aura des orateurs de Québec, et des bons ! » C'était le lundi. Je rentrai à la maison et, de nuit, dans ma chambre, j'écrivis mon premier texte politique. Le Gouvernement venait de créer le ministère de la Jeunesse, ancêtre de celui de l'Éducation. J'en fis un thème, ajoutant, bien entendu, des éloges à l'adresse du député. Les jours qui suivirent, je répétai mon discours dans la grange, avec comme auditoire les poules qui y picoraient. Ma plus jeune sœur me surprit. Nous signâmes un pacte du silence, je ne sais plus à quel prix.

Et le dimanche arriva. Mon problème consistait à trouver le moyen de me rendre à Roberval. Je savais que mon père, un oncle et mes deux frères allaient à la ville. Partisans du député-candidat, ils n'auraient pas manqué ce rassemblement qui était en ce temps-là un événement. J'insistai pour les accompagner. De bonne grâce, mon père consentit à m'amener. Je fis le voyage sur ses genoux dans la petite cabine de notre « pick up » International. Arrivé à l'ancien Palais de Justice, je filai et pénétrai dans l'édifice à la recherche de M. Marcotte. On me dit qu'il arriverait en cortège. La salle était déjà bondée et des voitures pleines occupaient le stationnement et les rues adjacentes. Les gens qui se trouvaient dehors se préparaient à entendre les discours grâce à un puissant système de haut-parleurs. En attendant, ils faisaient mugir les klaxons qui ponctueraient bientôt les élans des orateurs. J'avais un trac fou. Le député s'amena avec une suite de maires, de présidents de commissions scolaires, plus les fameux orateurs de Québec : deux avocats. Je saluai le député et pris place au bout d'une rangée près de la tribune des plaideurs. Le maître de cérémonie préluda... longuement. Il fallait, sans en omettre une seule, saluer toutes les personnalités de la circonscription. Enfin, on annonça qu'un jeune étudiant du nom de..., originaire de..., inaugurerait l'assemblée. Je montai à la tribune sous les applaudissements et commençai. Au même moment, en première rangée, j'aperçus mon père, mon oncle, mes frères et des gens du rang d'où je sortais. Cela me stimula. Bien des témoins me dirent que ce fut un succès et une révélation, car c'était la première fois qu'on faisait appel à un collégien en pareille circonstance. J'écoutai les avocats venus prêter main forte, puis le député, qui n'était pas particulièrement doué pour l'éloquence. On m'avait applaudi souvent et longuement, ceux qui me suivirent n'avaient pas manqué de me féliciter ; mais j'attendais le verdict : la réaction du député. Elle vint drue : « Vous avez entendu, vous voyez que dans le comté on a les orateurs qu'il nous faut, n'en déplaise à nos amis de Québec que je remercie. » Fier et confus, je reçus les éloges des auditeurs et serrai bien des mains d'inconnus. Je cherchai mon père pour le présenter au député ; il était sans voix. M. Marcotte lui dit : « J'm'occupe de vot' garçon, je l'amène chez nous. » Je pense que ce soir-là mon père me reconnut.

Pendant un mois, je demeurai chez le député dans une maison cossue et de bon goût ; je n'avais jamais connu ce luxe. Il fallait tenir une ou deux assemblées dans chacune des petites villes et chacun des villages. Nous parlions souvent à l'extérieur. Les gens couraient ces rassemblements qu'ils appelaient des « parlements » ; on usait du même mot pour désigner le discours (« T'as fait un ben beau parlement »). Je rencontrai des notables, des citoyens de tous les milieux et les personnes qui en étaient les responsables. Avant l'assemblée, nous faisions – le rite était sacré – une visite au curé; il y en avait des bleus et des rouges qui ne se privaient pas, même en chaire, d'influencer leurs ouailles. Cette tournée me permit de connaître les problèmes et les besoins de la population. Il fallait ici une route, là un pont, ailleurs une école, sans parler des questions de chômage, d'assistance publique, de frais de médecin et d'hospitalisation, etc. Le député, fort considéré en ce temps-là, devenait thaumaturge; on s'en remettait à lui pour toute forme de recours. Au contact des ruraux, des ouvriers, des forestiers, des commerçants et des journaliers, je m'imprégnais de leur psychologie sans me rendre compte que c'était aussi la mienne, parce que les études m'avaient déjà déraciné; j'avais un complexe de supériorité qui me dictait une certaine condescendance hautaine. J'étais sorti du rang et n'entendais pas y revenir. La familiarité avec les dirigeants politiques consacrait ce que je considérais comme une élévation dans l'échelle sociale. Je tirais vanité de mes succès parce que M. Marcotte comptait sur moi et que les organisateurs réclamaient ma présence à ses côtés: « Nos gens veulent avoir ton p'tit Tremblay. » Quand je parlai en présence de M. Duplessis, ce fut l'apothéose. Il me dit: « Continue, tu es bien parti, et quand tu auras fini tes études, viens me voir à Québec. »

Le député fut réélu, son parti reporté au pouvoir et je réintégrai la ferme familiale. J'appris par mes sœurs et des connaissances que mon père se réjouissait d'avoir un fils aussi près du pouvoir politique. Il ne m'en dit mot. Je retournai au collège. Comme il se trouvait là des étudiants de ma région, le directeur connaissait mon aventure des vacances. Il m'en parla brièvement sans complaisance. Selon lui, cela augurait mal pour ma *vocation*. Il n'avait pas tort. De mon côté, parce que j'avais maintenant un autre choix possible, je pouvais mieux entrevoir l'avenir. Le temps passa. Je me rendis dans ma famille pour le congé de Pâques. Une pneumonie me cloua au lit. Le médecin vint. Ma sœur avertit par téléphone le directeur que je rentrerais avec un jour de retard. Dès mon retour, j'allai m'en expliquer. Les cours terminés, nous étions à trois semaines des examens du baccalauréat. Nous avions entretemps fait connaître notre choix. Mes confrères avaient opté pour le grand séminaire ou l'entrée en communauté religieuse; moi, j'avais choisi le droit; j'étais le seul mouton noir. Le directeur me convoqua peu après à son bureau pour m'ordonner de quitter le collège le lendemain. J'en demandai la raison. Il se rabattit sur le retard de ma rentrée après les vacances de Pâques. Ce fut un rude coup, le premier de ma vie. Je risquais de rater les examens. Il me faudrait aussi me justifier auprès des miens. Mes confrères furent admirables. Ils se rendirent chez le supérieur. Celui-ci reconnut que la décision était brutale et sans motif évident. Il déclara qu'il ne pouvait contredire le directeur; celui-ci avait du reste formulé son ultimatum: «C'est lui ou moi!» Les professeurs se défilèrent de la même façon. J'étais atterré parce que je craignais qu'on interprétât ce renvoi comme une affaire de mœurs. Mon directeur spirituel, mes confrères et mes amis me rassurèrent là-dessus. La décision du directeur était le fait de son seul discernement. Je ne sus même jamais s'il l'avait soumise au conseil du collège. En me renvoyant, il me remit une lettre de recommandation que je n'avais pas sollicitée. Elle se lisait comme suit:

«À qui de droit: M. Jean-Noël Tremblay, qui a fait ici ses années de Philosophie-Sciences, sollicite une lettre de recommandation. Je me rends volontiers à sa demande: il me paraît honnête, travailleur et sérieux.

Le Directeur, X... ptre 30-5-1949.»

Après des adieux furtifs à mes condisciples et à quelques amis, je quittai les lieux. J'avais résolu de n'en rien dire à ma famille. On s'étonna quand j'arrivai. Mais parce que la campagne électorale fédérale de 1949 était amorcée, on supposa que le député Marcotte, qui appuyait un candidat indépendant, avait requis mes services. Je me précipitai à Roberval où l'on m'accueillit avec grande satisfaction. Je m'engageai en réservant une semaine pour passer les examens du baccalauréat à titre d'élève extra-collégial au Petit Séminaire de Chicoutimi. Le scrutin eut lieu et M. Louis Saint-Laurent devint premier ministre du Canada. Moi, j'attendais les examens que j'avais passés dans un état fébrile.

Une autre déception m'advint. Un matin, *Le Soleil* publia la liste des élèves reçus au baccalauréat ès arts dans les collèges affiliés à l'Université Laval. Mon nom n'y figurait pas. On m'informa que j'avais échoué en mathématiques. Il y avait reprise en août. Je me présentai. J'attendis encore, de plus en plus nerveux parce que l'échéance de l'inscription à la faculté de droit approchait et qu'on exigeait des candidats un diplôme dûment sanctionné. Je m'efforçais de sauver la face devant les miens qui, sans m'interroger, épiaient mes réactions. Je reçus un beau jour de septembre une lettre de la faculté des arts de Laval m'apprenant qu'il y avait eu erreur de prénom et que j'avais bel et bien réussi mes examens de juin. Suivit, dans un rouleau rouge, le parchemin qui m'avait coûté sept années d'études. J'exultai.

Si j'insiste sur mes relations avec le directeur de Saint-Victor, c'est qu'il aurait pu avoir des conséquences sérieuses sur ma perception du clergé séculier et sur mon développement spirituel. J'ai connu des étudiants qui, renvoyés pour des peccadilles comme celle d'avoir fumé en cachette, abandonnèrent l'Église et démolirent férocement les autorités religieuses qui dirigeaient les collèges. Le sort qu'on me fit m'ulcéra. Je n'en ai jamais gardé rancune à celui qui m'avait expulsé. À la Noël 1949, je lui adressai une carte de vœux sans obtenir de réponse. Je souhaitais avoir l'occasion de le revoir ; j'allai à Saint-Victor à quelques reprises ; il n'était pas là. Plusieurs années plus tard, un confrère me parla de l'abbé X... Il était malheureux, semble-t-il, et mourut dans la solitude. De ses proches me dirent que cet homme de belle prestance, brillant, cultivé, doué pour la musique, excellent prédicateur, souhaitait devenir médecin, mais que la situation de fortune de sa famille l'avait empêché d'accéder aux études universitaires. Il en aurait conçu une grande frustration qui expliquerait son manque de sociabilité et sa raideur. Je regretterai toujours de n'avoir pu l'assurer personnellement que je ne lui en voulais pas et que j'avais souvent été insolent à son endroit. Cela m'apparaissait comme un devoir.

La période de formation avait pris fin. Je m'apprêtais à faire face au monde. Intérieurement, mon choix m'inquiétait. N'avais-je point, comme le riche de l'Évangile, refusé de me dépouiller pour suivre le Christ ? Arrivé à l'université, je plongeai dans les études et les activités parascolaires au point de m'étourdir. J'eus d'éprouvants moments de doute. Quand j'assistai à l'ordination sacerdotale de quelques compagnons d'études, je ressentis une douloureuse nostalgie. Ce regret devint récurrent. D'instinct je savais qu'il me faudrait tout remettre en cause pour me libérer. Je garde le sentiment que le Christ m'a blessé pour que je ne l'oublie pas et que je continue de le chercher. Aux détours de ma route, je ne cessais de le retrouver ; à chaque occasion renaissait, impérieux, le désir du sacerdoce. J'ai mené toute ma carrière avec ce poids sur les épaules. Était-ce le résultat d'un combat avec l'Ange qui, comme celui de Jacob, m'avait laissé infirme ? Quoi qu'il en soit, l'appel que j'avais entendu me força à refuser de m'engager d'une façon définitive, et jusqu'à ces dernières années j'ai laissé les portes ouvertes.

IX

Apprenti dans le siècle

Ne te mets pas en route avec un aventurier, de peur qu'il ne s'impose à toi : car il n'en fait qu'à sa tête et sa folie te perdra avec lui. (Si 8, 15)

LE BARREAU, qui régentait la faculté de droit, exigeait cent cinquante dollars de quiconque voulait s'y inscrire. Encore une fois ma sœur Jeanne dut convaincre mon père de me donner cette somme. Je me promis de ne plus jamais rien demander et de trouver les moyens de payer mes études à l'université. En quittant la maison, j'avais à peine de quoi me loger et me nourrir. M. Marcotte vint à ma rescousse et je commençai à suivre les cours.

Pour un ex-pensionnaire de collège, l'université devient la première expérience de la liberté. Une liberté totale, sauf ce qui concerne les études et les exigences de l'institution. Il faut aménager sa vie et commencer un apprentissage d'autant plus difficile qu'il n'existe pas de modèle préfabriqué et, sorti de la famille, fixer soi-même les règles d'une existence toute nouvelle sans autre guide que les conseils reçus au collège et la discipline personnelle, dont les convictions qu'on a acquises déterminent la rigueur. C'est la vie dans le siècle dont les prêtres et les religieux ont avec insistance évoqué les dangers. Mes habitudes acquises, mes goûts et ma volonté de réussir me gardèrent des égarements. Parti de loin, je dus courir plus vite pour rattraper les autres. Les enfants de professionnels, de marchands, de fonctionnaires, d'ouvriers avaient de l'avance. Citadins, familiers avec le milieu, ils n'avaient pas le handicap des campagnards (ils nous appelaient ainsi), obligés souvent de concilier le travail et l'étude. Je fus tour à tour barman, laveur de plancher, correcteur d'épreuves, gardien d'enfants les soirs de concert ou de spectacle, rédacteur de travaux et de thèses pour des cancres, répétiteur d'élèves en difficulté, servant de messe, etc. Pendant les vacances, j'assistais les ingénieurs qui surveillaient la construction de la route qui ceinture le lac Saint-Jean. Cent métiers qui m'apprirent qu'on fait sa chance et qu'on n'a pas le droit de gâcher ce que la famille et les premiers éducateurs ont bâti à coups de sacrifice et de renoncement.

Grâce à des contacts politiques et à des compagnons de faculté, je m'insinuai dans les familles de la « haute » à Québec ; je forçai des portes et m'activai dans les associations universitaires et interuniversitaires. Devenu directeur du journal *Le Carabin*, organe de l'Association générale des étudiants de Laval, je défendis des causes, mis de l'avant des valeurs qui me tenaient à cœur et pris des engagements sociaux qui me firent connaître et m'obligèrent à croiser le fer avec des pairs que j'allais plus tard retrouver dans la carrière. Je portais des coups et en recevais. Agressif et peu porté à m'en remettre aux autres, je forgeais les outils de l'homme d'action. Les études et les relations avec des intellectuels de qualité nourrissaient ma réflexion. J'assistais aux conférences publiques, nombreuses alors, d'écrivains et de penseurs français et canadiens : René Grousset, Henri-Irénée Marrou, Albert Béguin, André Latreille entre autres, sans oublier Charles de Koninck, le père Georges-Henri Lévesque, Richard Arès, Lionel Groulx, André Laurendeau entre autres. J'avais connu au cours de la campagne électorale de 1949 un journaliste, Bruno Lafleur, qui devint un ami et un guide. Cultivé, au fait des courants de pensée canadiens et européens, il m'alimentait en livres, en journaux et en revues : *Témoignage chrétien, Le Figaro littéraire, Esprit, La Table Ronde, Les Études, La NRF, Les Temps Modernes, L'Express,* et quoi encore. Avec lui je connus en profondeur les ouvrages de Mauriac, Gide, Malraux, Bernanos, Sartre, Claudel, Maritain, Gilson, Marcel, Daniel-Rops, Suarès, Valéry, Du Bos, Camus et de nombre d'auteurs importants. Nous étions un groupe d'habitués qui se rencontraient à son appartement du 2, rue des Remparts, où vivaient également le grand ethnologue et folkloriste Luc Lacourcière et l'écrivain Félix-Antoine Savard. Nous palabrions sur tous les sujets, commentant les événements de la vie sociopolitique du Québec et du Canada. Nous causions littérature, philosophie et religion. Lafleur était un chrétien libéré. Il dénonçait durement la mainmise des clercs sur l'éducation et la pensée québécoises. C'était un mystique anticlérical. Il m'initia à l'histoire du monachisme et m'amena chez les Bénédictins de Saint-Benoît-du-Lac.

Je restais fidèle à l'Église. Sous la direction de l'aumônier des étudiants de l'université, l'abbé Adrien Falardeau, j'essayais d'illustrer ma foi. Je subissais l'assaut des tentations. La division entre chair et esprit me tourmentait ; je n'acceptais pas ce divorce intérieur qui m'humiliait. Naïvement, je croyais que la prière et la volonté viendraient à bout de ces tiraillements. J'avais mal compris la vie des saints et ne savais rien de l'expérience des mystiques. Sans prétendre à leur élévation, j'osais me réclamer intimement de ces modèles. Je concentrais mes efforts sur la pureté extérieure sans m'occuper de l'amour de Dieu et du prochain. Plus pharisien que publicain, je me jugeais avec une certaine satisfaction. Après une période de tiédeur, je me rapprochai de Dieu par la messe quotidienne, par des pèlerinages, des sessions de prière et des actes de mortification. On organisait chaque année à Laval une grande retraite qui eut lieu, en 1952, à la Maison de Jésus-Ouvrier. J'y connus le père Victor Lelièvre, oblat de Marie Immaculée. Originaire de Vitré, en Bretagne, ce religieux s'occupait des travailleurs. Doté d'un charisme que je n'hésite pas à qualifier de miraculeux, ce prêtre prêchait la dévotion au Sacré-Cœur de Jésus. Il subjuguait les âmes en interprétant le Nouveau Testament d'une manière et dans un style qui faisaient sourire les théologiens et prédicateurs de métier. Mais l'Esprit parlait par la bouche de cet apôtre matériellement si démuni qu'il ne possédait pas autre chose que son Évangile dont, à défaut de papier, il arrachait les pages de garde pour écrire à ses disciples. Avant d'être littéralement terrassé par la parole de ce prophète, je jugeais avec l'orgueil de l'esprit ce dérangeur qui rassemblait, pour la fête du Sacré-Cœur à Québec, des milliers de personnes. Sans savoir qui j'étais, il m'interpella : « Toi, ma tête dure, tu vas comprendre ce que Jésus veut de toi. » Je sortis de cet exercice conquis et bouleversé. Le père Lelièvre m'avait purgé de mes prétentions savantes et de la conscience de ma supériorité.

Je recommençai à douter de mon orientation. Non que je fusse malheureux. J'aimais la vie universitaire, la complicité des compagnes et des compagnons, les moments de détente au cinéma ou au spectacle. J'eus la chance de connaître de près les recteurs et plusieurs professeurs, surtout les prêtres et les religieux. Je me sentais plus accordé à ces gens-là parce que je vénérais leur sacerdoce et qu'ils continuaient d'incarner à mes yeux l'état idéal. Je me ralliais naturellement, sans esprit critique, à leur point de vue et aux objectifs qu'ils défendaient. Nous vivions alors en chrétienté. Il y avait coopération étroite (que des adversaires qualifiaient de collusion) entre l'Église et l'État. Des laïcs avaient introduit dans le langage public les notions de *gauche* et de *droite* : celle-ci identifiée au conservatisme et à la tradition, celle-là à l'avant-garde et au progrès. Empruntés aux intellectuels de France, ces qualificatifs ne signifiaient pas grand-chose au Québec ; un certain clivage peut-être, sans frontières définies. Relisant ce qu'on écrivait alors, je ne vois guère de différence idéologique réelle. Il s'agissait plutôt de l'expression d'un malaise provenant du fait de l'autorité religieuse qui, forte de son omniprésence, nuisait à la promotion des laïcs et à leur prise en charge des responsabilités civiles qui leur revenaient. Des Français des deux tendances faisaient fond sur cette pseudo-division pour s'installer dans notre société. On ne prenait pas les agnostiques au sérieux. Le Québec en comptait un bon nombre. Ils ne s'affichaient pas. Administrateurs, enseignants, présidents de diverses associations, regroupés dans la presse écrite et parlée, ils attendaient leur temps. On verra plus tard qu'ils s'occupaient à miner les bases d'une communauté humaine cléricale qui commit l'erreur de croire à la pérennité de l'hégémonie de ses dirigeants. Des accrochages se produisaient, des événements sociaux catalysaient des forces contraires, mais on ne prêtait pas attention à ce qui constituait le prélude du chambardement qui s'amorçait à l'approche des années soixante.

À l'université, les professeurs faisaient moins de bruit que les étudiants. Ceux-ci, j'en étais, répercutaient l'écho des disputes de salon et de certains affrontements qui opposaient Jésuites et Dominicains, duplessistes et antiduplessistes, laïcisants et partisans du cléricalisme ambiant. *Le Carabin* servait de courroie de transmission. On lisait les quotidiens *Le Devoir*, refuge des nationalistes, et *L'Action catholique*, organe officieux de l'archevêché de Québec, la revue *Relations* dirigée par les Jésuites, influent organe politico-social, *La Revue Dominicaine*, plus littéraire et philosophique que politique. Devenue *Maintenant*, elle changera d'orientation. En 1951, paraît *Cité Libre*, qui regroupe des dissidents recrutés pour la plupart parmi les leaders des mouvements d'action catholique. Là s'affirment des chefs de file dont les écrits critiques annoncent le Mouvement laïque de langue française. Il est important de noter l'influence qu'eurent dans les collèges et les centrales syndicales la Jeunesse étudiante catholique et la Jeunesse ouvrière catholique. Conçue par des prêtres et des religieux européens, instituée par Pie XI, l'Action catholique s'occupait de rechristianiser les milieux que les prêtres et les religieux de là-bas ne pouvaient plus pénétrer. On la définissait ainsi : « La participation des laïcs à l'apostolat hiérarchique de l'Église ». Transposé au Québec, l'objectif perdait son sens parce qu'il ne pouvait y avoir de participation des laïcs à la direction de l'Église et à l'élaboration de sa pensée. Celle-ci occupait le domaine civil aussi bien que le champ de la religion. Ce qui n'empêcha pas les jeunes qui y militèrent d'acquérir une formation religieuse et sociale éclairée et dynamique et de se préparer à jouer un rôle prépondérant dans notre société. Parvenus à l'âge de l'engagement, ils ne pouvaient prétendre remplacer les prêtres et les évêques ; ils passèrent du plan mystique au plan politique. Ils prirent la tête des groupes de contestation de l'intérieur et de l'extérieur. Plus frustrés que d'autres, certains se convertirent à l'anticléricalisme agressif et destructeur.

Collectivement, le clergé s'était trompé ; il avait mobilisé la jeunesse et fait naître des espoirs qu'ils avaient trompés. L'Église paya très cher cette erreur. Elle y perdit prestige et autorité. Elle ne vit point qu'on la remplaçait dans la presse avant qu'on ne l'oblige à passer la main aux laïcs dans l'enseignement et dans les institutions hospitalières.

La laïcisation systématique remplaça l'impossible *participation des laïcs à l'apostolat hiérarchique de l'Église.* La grande débâcle commença.

Encore imbu de la doctrine nationaliste de *la langue gardienne de la foi,* je prenais part à tous les débats. Je ne voyais pas le risque que comportait la confusion du civil et du religieux. On faisait alors la guerre au gouvernement fédéral, qui grugeait l'autonomie des provinces, menaçant, comme on le croyait fermement, la survie du Québec et du Canada français. La majorité n'acceptait pas qu'on dissociât nationalisme et foi catholique. Par la médiation des évêques, Rome demeurait le terme de référence obligé. Pas un organisme qui ne comptât son aumônier. D'un côté comme de l'autre les croisés brandissaient les encycliques et distribuaient les anathèmes. Tout cela au nom du peuple que ne dérangeaient pas les propos de ses défenseurs officiels. Chaque clan tentait d'infiltrer les associations comme les chevaliers de Colomb, les clubs sociaux : Richelieu, Rotary, Lions, les chambres de commerce, les sociétés Saint-Jean-Baptiste, les Cercles de fermières, l'Union catholique des cultivateurs, la Confédération des travailleurs catholiques, la Corporation des instituteurs catholiques, le Conseil de la vie française, l'Association canadienne des éducateurs de langue française qui regroupaient les meneurs de la société québécoise. Mais peu à peu se défaisaient les mailles du réseau ; la ferveur allait décroissant ; on pouvait être patriote sans adhérer à l'Église.

Je ne fis jamais partie d'aucune association reconnue comme je n'avais pas été jéciste. Je tenais à mon autonomie. Il y avait beaucoup de présomption dans cette volonté de me passer des autres. Déjà accrédité auprès des chefs politiques, je ne sentais même pas la nécessité de fréquenter la Jeunesse de l'Union Nationale. Ce stade était pour moi dépassé. Je ne joignis que l'Ordre de Jacques-Cartier, société secrète fondée à Ottawa pour la promotion des Canadiens français dans la fonction publique fédérale et qui, au Québec, veillait à mettre à des postes de commande des nationalistes influents. Lionel Groulx, André Laurendeau, Pierre Laporte, François-Albert Angers, Michel Brunet y jouaient en quelque sorte le rôle de chapelains d'honneur. Cette allégeance me semblait compatible avec mes convictions religieuses. Dans cette atmosphère de lutte, ma foi évoluait ; à mon insu elle s'ouvrait au monde ; davantage à mes proches. Mon attrait pour l'état sacerdotal me sollicitait toujours, mais j'étais sûr que mon action s'avérait plus efficace parmi les gens que je côtoyais. Le siècle me prenait. Je brûlais mes énergies en des combats dont beaucoup m'apparaissent aujourd'hui sinon stériles, à tout le moins disproportionnés au regard de leur utilité. Je songeais comme il se doit à la parabole des talents que mes éducateurs avaient tant et tant de fois commentée.

Inscrit en droit, j'assistais fidèlement aux cours. Je deviendrais avocat comme les praticiens qui enseignaient et que nous suivions au prétoire pour connaître la profession. Nous y entendions des juges et des plaideurs de qualité, d'autres médiocres. Il fallait sans cesse essayer de retracer la notion de justice dans le dédale de la procédure, à travers les astuces des plus forts. J'avais misé sur mes relations avec des maîtres dont j'attendais beaucoup trop. Bien peu m'impressionnèrent ; non parce qu'ils étaient incompétents, plutôt en raison de leur manque d'intérêt à l'endroit des étudiants. Je n'éprouvais pas de désir profond de les suivre sur un chemin aride et tortueux. Cela manquait d'humanité et d'idéalisme. Je n'étais qu'un apprenti dans le siècle. Il me faudrait mûrir avant de m'engager dans un ordre professionnel qui ne suscitait chez moi ni admiration ni enthousiasme.

Je voyais souvent l'abbé Adrien Falardeau, et Bruno Lafleur. Ces relations amicales m'aidèrent à effectuer le passage de la vie de collégien à celle de l'adulte responsable. J'étais aussi soutenu par des amis étudiants : André Desgagnés et Marcel Blais en droit, André Boudreau et Jean de Margerie en médecine, Jean-Denis Gendron, Gilles Vigneault et Cécile Cloutier en lettres, André Clément, Pierre-Yves Paradis et Robert Labrie en philosophie, Eddy Slater de l'école de pédagogie, Lucie Bélinge et Jacqueline Coderre, avec lesquelles je travaillais dans les associations étudiantes. Une foi commune nous rapprochait. Nous rêvions d'un engagement social intense, imaginant des réformes à la mesure de nos aspirations chrétiennes. Même si je n'étais pas toujours d'accord avec eux, j'avais beaucoup d'estime pour Fernand Dumont, Yves Martin, Yves Coulombe (mort prématurément) des sciences sociales. Nous cherchions la vérité souvent les uns contre les autres, mais nous militions avec ardeur dans l'Église avec nos moyens, nos connaissances et nos carences. Si je nomme des intimes, je n'exclus pas les autres. L'Université Laval comptait en grand nombre des professeurs et des étudiants sincèrement attachés à l'Église et disposés à le demeurer. L'inconduite morale n'était pas la règle, au contraire ! Issus de collèges catholiques, les maîtres et les disciples se rejoignaient dans un effort mutuel de rayonnement des valeurs d'un humanisme chrétien. Il n'était pas difficile de vivre ses convictions et d'apprendre à user de sa liberté.

Quoi qu'on ait dit et quoi qu'on dise, personne ne nous brimait. L'autorité était stricte : l'université était de son temps dans le monde de ce temps-là. Elle imposait peut-être un modèle ; il correspondait aux mœurs de l'époque et à ses besoins, mais il y avait la règle et ses accommodements. On l'a accusée de conservatisme alors qu'elle s'appliquait à préparer les réformes de l'avenir. Ceux qui l'ont mise en procès, elle et l'ensemble des maisons d'enseignement du Québec, oublient que leurs prétentions politiques les faisaient tout mesurer à l'aune de leurs griefs souvent fondés, de leurs préjugés également et des idéologies qu'ils se donnaient mission de propager. Et ce n'est pas parce que le régime politique ne plaisait pas à tout le monde qu'il faut imputer des torts à une institution qui avait formé l'élite d'hier et s'employait à préparer celle des années qui viendraient. Les querelles de personnalités, les vues divergentes, l'appétit du pouvoir, la hâte intempestive, le goût du changement ont souvent empêché qu'on dresse avec équité un bilan juste et honnête qui tienne compte de sa jeune histoire et des avatars de son développement.

Je terminai mon droit et passai à la faculté des lettres, plus adaptée à mes aptitudes et aux intérêts que j'avais développés. Je garde le meilleur souvenir des Gaston Dulong, Roch Valin, Luc Lacourcière, Louis Morice, Félix-Antoine Savard, Gérard Morrisset, Gérard Dumouchel, Madeleine Doyon, Émile Bégin, Marcel Trudel et autres professeurs invités comme Auguste Viatte et Marius Barbeau, tous, à des degrés divers et selon leur discipline, des guides empressés et compétents. Petite par le nombre des étudiants, la faculté était une famille. Les professeurs avaient le loisir de nous recevoir et de s'intéresser à notre vie personnelle autant qu'à nos études ; nous les visitions ou mangions avec eux. Je devins un familier de ces maîtres qui m'accueillirent avec une grande générosité. Je ne pouvais en profiter comme je l'aurais souhaité. Toujours sans le sou, je commençai à enseigner à temps partiel à l'Externat classique Saint-Jean-Eudes, au Séminaire Saint-François et aux cours d'été de français de l'Université Laval. Encore une fois, au contact des religieux eudistes et capucins et des Messieurs du Séminaire, je fus repris par le désir du sacerdoce. L'influence du père Lelièvre, de l'abbé Falardeau et des pères et prêtres avec lesquels j'enseignais à mon tour me déterminèrent, en 1954, à demander mon admission au Grand Séminaire de Québec. À la mi-juin de cette année-là, j'assistai à une soirée au Collège des Capucins. Mes élèves de Rhétorique s'apprêtaient à entrer au Noviciat de Cacouna. Je leur parlai sans les informer de ma décision. Ce fut un moment de grâce quand, dans la chapelle, nous priâmes ensemble pour leur persévérance dans la vie religieuse. J'étais de tout cœur avec eux. Ils prenaient la route qu'en 1947 et en 1949 j'avais désertée et vers laquelle je me dirigeais à nouveau.

Quand j'essaie aujourd'hui de comprendre les raisons de ce cheminement sinueux, je reste perplexe. La seule assurance que j'aie, c'est d'avoir avec instance cherché le Seigneur. Sans doute là où il ne me voulait pas ! Qui me le dira ? La vie à l'université, les études, l'enseignement, la fraternité avec les compagnons et compagnes, l'engagement social et religieux, le secours des vrais amis, le ressourcement de ma foi, tout cela conjugué m'inspire de conclure qu'une Sagesse me menait vers je ne sais quel destin et que je n'en trouverai jamais le motif providentiel. En septembre 1954, le soir de ma prise d'habit dans la basilique de Québec, je croyais fermement que je quittais le siècle pour y trouver Dieu. Il m'attendait ailleurs. Je ne m'étais pourtant pas mis *en route avec un aventurier...*

X

Au pied de l'autel

Et j'irai à l'autel de Dieu, au Dieu de ma joie. J'exulterai, je louerai sur la harpe Yahvé mon Dieu. (Ps 45, 4)

LE SOIR où je revêtis la soutane pour commencer ma vie d'ecclésiastique, j'étais dans une grande paix. Il me parut que le Seigneur exauçait enfin mon vœu et que, joignant les lévites, je me tenais au pied de l'autel pour y monter un jour. J'avais peiné pour en arriver là. Passé de l'ombre à la lumière, je ne croyais pas que mon combat fût achevé, mais que mes difficultés intérieures m'avaient en quelque façon purifié et rendu digne d'aspirer en toute quiétude au sacerdoce. Des amis me dirent que j'avais beaucoup de mérite et que mon sacrifice les édifiait. Selon eux, je laissais tout. On se trompait. Au fait, que sacrifiais-je : j'étais pauvre et mon nouvel état m'assurerait le pain quotidien ; je commençais à peine à percer et le sacerdoce dans l'archidiocèse de Québec me fournirait bien des moyens de me distinguer ; j'avais amorcé une carrière d'enseignement et je pouvais présumer qu'il me serait aisé de la reprendre. Je misais sur des atouts qui m'avaient toujours fait défaut. Ce n'était pas un sacrifice que de m'engager sur une voie toute tracée. Abandonnais-je ma liberté ? En un sens oui, avec cette compensation : que d'autres abattraient pour moi les obstacles qui avaient entravé au départ mes aspirations et mes ambitions. Je ne me sentais pas généreux. C'est moi qui recevais. Je contractais une dette qu'il me faudrait rembourser en dévouement et en service pour le Christ et son Église. Je n'avais à offrir que les talents que je tenais de la bonté du Père. Rien ne m'avait coûté. Je rompais sans regret les liens avec le monde. À mon actif, il n'y avait qu'un vouloir ferme de moissonner dans les champs du Seigneur, comme je l'avais longtemps désiré. Ce que je dis ne dévalorise pas le geste de mes confrères qui, à la fin de leurs études classiques, répondaient à l'appel qu'ils avaient entendu. Ils se donnaient pour diffuser l'Évangile et servir l'Église avec la ferveur de leur jeune âge ; ils renonçaient à ce qu'ils n'avaient probablement jamais connu et acceptaient le poids de l'obéissance et de la chasteté. J'avais sur eux l'avantage de l'expérience et de la maturité qui rendaient mon choix plus exigeant. La responsabilité que j'assumais en connaissance de cause m'interdisait, une fois la main à la charrue, de regarder en arrière. C'est la foi qui m'incitait à prendre cette orientation et à demander la grâce de la fidélité. Je ne plongeais pas aveuglément, du moins le pensais-je. Il me faudrait faire un autre apprentissage en acceptant l'autorité que l'évêque avait déléguée aux prêtres du grand séminaire et en entreprenant sous leur tutelle l'étude de la théologie.

En terme d'organisation de la vie, le régime du séminaire ne différait guère de celui que j'avais connu au collège. Seule l'atmosphère différait en ceci qu'elle était plus immédiatement imprégnée de spiritualité et davantage axée sur la prière. Les relations maîtres-élèves étaient plus strictes, l'obéissance plus rigoureuse et la fraternité plus intense. Ce climat répondait à mon attente ; je retrouvais un encadrement dont j'avais besoin. La direction tint compte de ma situation particulière. On me permettait, par exemple, de me coucher plus tard et, à part les cours, d'aménager mes heures de travail à mon gré pourvu que cela ne dérangeât point mes confrères. J'en rends hommage aux autorités qui me traitèrent avec délicatesse et compréhension. On me refusait certaines sorties ; je n'en souffrais pas. Cela faisait partie d'un programme de formation éprouvé. Il était nécessaire de dompter les caractères et de créer les conditions favorables à l'expression des tendances et des goûts, des qualités et des défauts, de la souplesse et de la sociabilité. Destinés à la prêtrise, les séminaristes devaient subir dans le milieu même des tests qui révélaient leur aptitude à exercer plus tard des ministères variés. L'insistance mise sur la prière allait de soi : le prêtre est un priant, un témoin de la foi et un exemple de charité. On ne réprimandait personne en public. Le supérieur se chargeait de dire à chacun ce qu'il pouvait lui reprocher dans sa conduite, ce qui démontrait un respect de la liberté et de la dignité de la personne. On avait à s'accommoder des contrariétés inhérentes à un projet de vie conçu en fonction de l'excellence. Le séminaire avait ses traditions ; elles s'enracinaient dans un vieux fonds enrichi de siècle en siècle par les saints et les grands esprits qui ont constitué le trésor de la civilisation chrétienne.

J'ai entendu des ex-séminaristes et des prêtres en rupture avec l'Église décrier l'institution. Leurs griefs tenaient, en certains cas, à des carences réelles, à des travers humains ou encore à une incapacité à assumer les contraintes d'un mode de vie qui ne leur convenait pas. Or, personne ne les avait forcés à l'embrasser pas plus qu'on ne les avait retenus. Mais dès lors qu'ils s'étaient engagés en toute lucidité, après mûre réflexion, ils avaient tort de démolir ou mésestimer l'état qu'on ne leur avait pas imposé. Hélas ! c'est une faute commune que d'imputer aux autres ses erreurs ou ses échecs. Pour ma part, je manquerais à l'honneur et à la justice si j'attribuais au grand séminaire des torts parce que je l'ai quitté. En y entrant, j'ai agi de mon propre chef et fait de même quand j'en suis sorti. Il n'y a jamais eu d'équivoque dans mon esprit.

Je plongeai dans la théologie, cette science qui me fascinait. J'en savais déjà quelque chose mais ne me doutais pas qu'elle me captiverait autant et qu'elle deviendrait une nourriture quotidienne ; si bien qu'il n'est pas de jours que je n'y revienne comme à la source vivante de ma spiritualité. Elle garde aux yeux des profanes un caractère mythique qu'il faut éclairer. Premièrement, elle ne fournit pas réponse à tout et ne décrypte pas les mystères ; je n'en sais pas plus aujourd'hui sur la Trinité que je n'en appris à l'âge du petit catéchisme. Je comprends seulement mieux comment on peut concevoir ce triple visage de Dieu, ces trois personnes en une et différentes. Deuxièmement, la théologie se situe dans le domaine surnaturel ; elle cohabite avec la raison, mais cette dernière est impuissante à conduire à des certitudes scientifiques. Il y a peu de temps, un jeune, croyant, me demandait si la théologie ne me paraissait pas superflue dès lors qu'on a acquis de grandes connaissances et des habitus de pensée par la pratique de la philosophie. Je lui ai répondu que si la philosophie était un adjuvant, un outil indispensable, elle ne pouvait rendre compte du donné révélé parce que les principes qui la guident n'appartiennent pas au domaine de la foi et que, par conséquent, on ne peut aborder la théologie que si l'on pose au départ que son objet est substantiellement différent. L'une et l'autre utilisent des concepts analogues qui, appliqués au divin, acquièrent un sens beaucoup plus large. Le problème majeur réside, comme je l'ai dit dans le premier chapitre de cet ouvrage, dans le langage humain qui est de soi analogique parce qu'il procède toujours par comparaison avec ce que l'homme connaît et que celui-ci reconnaît à Dieu des attributs qui sont les siens : puissance, grandeur, beauté, bonté, miséricorde, etc. Jésus lui-même a usé du langage d'un peuple, il a parlé en paraboles ou en images pour que les gens appréhendent des réalités qu'ils n'eussent pas saisies autrement. La science théologique est celle de la Révélation et n'a d'appui positif que dans le Livre qui a consigné les actes de Dieu dans le monde. Le théologien qui s'en écarte ramène forcément son discours à celui de la philosophie et s'oblige à disserter sur l'indicible en s'appuyant sur la logique de la raison humaine. Qu'on lise, par exemple, la *Somme théologique* de saint Thomas d'Aquin, on verra que le discours est hautement philosophique, qu'il utilise toutes les règles d'une rhétorique qui fait appel à la raison, mais qu'il ne porte pas sur un sujet profane, d'où le rappel constant à l'Écriture, base et justification de l'argumentation. Le mystique qu'était l'auteur eut la grâce d'une illumination qui lui permit de traduire dans le langage de son temps des intuitions dont on n'a pas épuisé la richesse ni mesuré encore toute l'élévation. Des agnostiques ont devant moi tenté de réfuter la doctrine mise au point par ce grand docteur de l'Église ; je me rendais compte qu'ils ne l'avaient jamais lu et qu'ils reprenaient les propos ressassés des positivistes et de certains grands esprits aveuglés par leur confiance dans le progrès et la science naturelle. On peut admirer la puissance intellectuelle de saint Thomas, suivre et comprendre ses démonstrations pour finalement en rejeter les conclusions parce que c'est la foi qui les sous-tend et que sans elle elles perdent leur puissance de conviction. Ses ouvrages sont ceux d'un génie qu'on ne peut aborder qu'avec une humilité totale, avec cette *vertu du disciple* dont il faisait lui-même un préalable de la recherche théologique ; et si l'on compte les intelligences supérieures qui se sont, depuis des siècles, appliquées à analyser ses traités, on a tôt fait d'abandonner la prétention de s'en faire le critique.

Les maîtres qui m'ont, au grand séminaire, initié à la théologie possédaient cette humilité. Je pense notamment aux abbés Maurice Dionne, Louis-Albert Vachon (cardinal, ex-archevêque de Québec), Bernard Morrisset, Yvon et Lorenzo Roy, Laurent Noël (évêque de Trois-Rivières), Jean-Marie Fortier (archevêque de Sherbrooke), Armand Mathieu, Ernest Lemieux, Paul-Émile Crépault et les autres. Ils nous conduisaient prudemment aux sources de la vérité, sans dogmatisme autoritaire. Chacun avait sa méthode, son style ; je garde l'impression d'une ferveur consciemment retenue qui nous sollicitait d'entrer dans un monde qu'il est impossible de pénétrer sans recours à la réflexion assidue et à la prière. Nous avions d'autre part l'avantage d'entendre les homélies du futur cardinal Maurice Roy, alors archevêque, dont chaque texte méritait qu'on le méditât ; chez lui, le fond l'emportait sur le brio de l'expression ; mais à l'écouter, on découvrait sa science et le souci qu'il avait de communiquer simplement et de persuader sans contrainte.

La faculté de théologie dont nous suivions les cours était thomiste. Rome la voulait ainsi. Elle n'excluait pas les références à d'autres auteurs éminents, dont l'approche se distinguait à certains égards de celle de saint Thomas. Elle était dogmatique et morale ; on étudiait les dogmes et l'éthique qu'ils commandent. En théologie fondamentale, on s'attaquait aux problèmes du Dieu unique, de la Trinité, de la grâce, de la christologie, des sacrements et de l'Église ; on abordait la morale sous l'éclairage d'une pensée théologique qui comportait bien des obscurités. Nous n'étions que des apprentis qui reprenaient, reformulées de façon plus savante, les questions du petit catéchisme. J'insiste là-dessus parce que bon nombre de fidèles pensent que le savoir du théologien porte sur autre chose que sur ce qui est au départ de leurs connaissances en matière de foi et de morale, et que ce savoir est réservé à des esprits supérieurs et contient des vérités inaccessibles au commun des mortels. L'œuvre et la mission du théologien ne diffèrent pas de celles du plus modeste catéchiste ; elles visent à rendre accessibles les données primordiales de la foi. La méthode est plus rigoureuse, la terminologie plus abstraite, mais ce qui en fait la substance se retrouve dans le petit livre qu'on nous demandait d'apprendre par cœur à l'école. Il est bien évident que les savantes thèses des théologiens de métier échappent à l'entendement de la masse. Elles n'ont d'utilité que si elles servent à mieux comprendre l'essentiel et à préciser les notions qui rendent, toujours imparfaitement, compte du divin. La grâce, par exemple, a donné lieu à des disputes virulentes, à des prises de position catégoriques et a causé des divisions qui demeurent. Le cas de Jansénius, la querelle de Port-Royal et celle du *quiétisme* en administrent la preuve. Cela tient à la difficulté de concevoir l'assistance que Dieu donne aux hommes pour leur salut. On n'a d'ailleurs pas fini d'en discuter parce que chaque homme, à chaque siècle mis en face du même mystère, se pose les mêmes questions. À distance, des querelles théologiques se sont avérées n'être que des querelles de mots, des oppositions obstinées inspirées par l'orgueil et l'ambition. L'une des difficultés des études théologiques, c'est de se retrouver dans les écoles, dans les affrontements des pour et des contre, dans les raisonnements poussés à l'extrême de la subtilité et qui finissent par engendrer la confusion et le doute.

Nous avions aussi des cours de droit canonique (qui est le droit de l'Église), de liturgie, de chant auxquels s'ajoutaient les matières capitales de l'Écriture sainte, de l'histoire de l'Église et de la patrologie (assorties d'un cours sommaire de langue hébraïque). Je ferai ici des réserves sérieuses particulièrement en ce qui concerne l'exégèse ou science de l'interprétation de la Bible. Celle-ci requiert un énorme bagage de connaissances tirées de diverses disciplines qui portent sur l'homme et son évolution : archéologie, paléographie, paléontologie, anthropologie. On peut résumer le problème en disant que l'interprète des textes sacrés doit pouvoir les situer avec rigueur dans une perspective scientifique qui interdit les intuitions, les approximations et les conclusions péremptoires. Cela exige une méthodologie particulière du fait que, parti d'un fragment écrit ou d'une suite réunie il y a des millénaires, il faut parvenir à en déterminer le sens avec tous les risques que comporte la recherche des sources et leur sécurité. En l'espèce, rien n'est jamais définitivement acquis parce que le champ de l'invention reste ouvert. L'Église n'a cessé de statuer là-dessus ; elle a erré parce qu'elle est humaine et que ses conclusions provenaient de la connaissance de l'homme à un moment de l'état de la science. Si l'étudiant a des raisons d'accepter les conclusions sanctionnées par Rome, encore faut-il qu'on l'y amène en lui faisant faire le cheminement qui a conduit à conclure dans tel ou tel sens. J'éprouvais beaucoup de malaise en cours d'exégèse parce que je devais procéder à partir d'un décret alors qu'en toute logique j'aurais souhaité qu'on me laissât la liberté de retracer les étapes qui y aboutissaient ; je n'admettais pas qu'on réfutât à l'avance des objections légitimes et qu'on m'imposât une vérité comme on assène un coup.

Avant que d'entrer au grand séminaire, j'avais lu bien des auteurs qui traitaient de la délicate question de la science et de la foi, et je savais quels efforts l'Église avait faits (et à quel prix !) pour rattraper les savants, pour la plupart rationalistes, qui mettaient en cause les décisions des pontifes romains en une matière qui, au départ, ressortissait à la raison scientifique. Je connaissais les travaux des penseurs français et allemands, j'avais à l'esprit l'aventure de Renan, de Loisy, de Tyrrell et de leurs disciples laïcs, religieux ou prêtres qui rompirent avec l'orthodoxie catholique, l'histoire du *Syllabus*[1], le *Mouvement d'Oxford* et ses conséquences sur l'avancement de l'œcuménisme, la crise moderniste[2], l'influence des philosophes comme Bergson, Blondel, E. Le Roy, Lavelle, Jacques Chevalier, l'affaire du *Sillon*, les difficultés de l'abbé Henri Brémond (ex-jésuite), bref l'immense fermentation dans l'Église catholique et en dehors. La critique biblique, avec ses remous et ses déchirements, m'avait profondément bouleversé. Si je ne contestais pas le fond du débat, j'en con-

---

[1] Document annexe à l'encyclique *Quanta cura* du pape Pie IX publiée le 8 décembre 1864, le *Syllabus,* ou « catalogue des principales erreurs de notre temps », condamne d'une façon générale le naturalisme, le libéralisme, l'indifférentisme, le communisme, le socialisme et établit l'indépendance de l'Église vis-à-vis du pouvoir civil. Très élaboré, ce document, qui s'élève contre des hérésies connues, s'attaque surtout aux conceptions libérales de la religion et de la société y incluant la séparation de l'Église et de l'État et la liberté totale de culte et de presse. Pareil document ne pouvait que déclencher une crise dont l'Église aura à souffrir et divisera inutilement les catholiques eux-mêmes. Cette note est malheureusement très sommaire. Il faudrait, pour mesurer l'ampleur des conséquences du *Syllabus,* dépouiller les livres, revues, etc. qui ont traité le sujet et en ont fait l'histoire.

[2] Condamné par le décret *Lamentabili* du Saint-Office, du 3 juillet 1907, et par l'encyclique *Pascendi* de Pie X, le 8 septembre 1907, le modernisme, aux termes des documents précités, comporte 65 propositions dites contraires à la foi catholique, notamment l'idée que la Révélation ne serait que la conscience acquise par l'homme des rapports existants entre Dieu et lui ; la résurrection du Sauveur ne serait pas un fait historique, mais un fait d'ordre purement surnaturel indémontré et indémontrable ; les sacrements sont nés d'une interprétation faite par les Apôtres et leurs successeurs d'une intuition du Christ ; le Christ n'a pas voulu instituer une Église destinée à durer des siècles sur la terre ; le catholicisme contemporain est inconciliable avec la vraie science. À noter, d'une part, que la question moderniste est beaucoup plus complexe que les quelques propositions énoncées ici et a provoqué des disputes dont on retrouve les traces dans la théologie d'aujourd'hui et, d'autre part, qu'elle demeure sous-jacente dans toutes les discussions qui opposent encore foi, raison et science. Je suggère l'ouvrage de Claude Tresmontant, *La Crise moderniste,* Éditions du Seuil, 1979.

damnais intérieurement les méthodes parce qu'elles ne respectaient pas les principes d'une recherche des textes, de leur histoire, de leur authenticité et de leur interprétation. Le cas du père Lagrange, o.p., m'était particulièrement sensible ; j'avais étudié seul son ouvrage, *Les Évangiles,* et ne comprenais pas qu'on l'ait traité comme un suspect parce qu'il avait inauguré une méthode traitée de dangereuse et qu'on finira par réhabiliter. Je m'étonnais qu'on n'y fît pas référence. Fondateur, en 1890, de l'École pratique d'études bibliques à Jérusalem, encouragé par Léon XIII, il eut à subir les attaques d'adversaires pas toujours intellectuellement honnêtes, comme le père Fonck, s.j., et des savants réunis dans l'Institut biblique pontifical, fondé en 1909 par le Vatican et confié aux Jésuites ; même l'École biblique de Jérusalem et la *Revue biblique* subirent la concurrence d'une succursale du nouvel Institut biblique pontifical, établie aussi à Jérusalem. Interdit de publication, le père Lagrange ne pourra faire connaître son commentaire de l'Évangile de Marc et de la Genèse qu'après des années de tergiversations de Rome et d'opposition des spécialistes du Vatican. Le scandale de ces controverses, c'est qu'elles ont ralenti les recherches de ceux qui s'appliquaient, en usant des moyens scientifiques des adversaires rationalistes acharnés à nier l'historicité de Jésus et l'inspiration divine des Écritures, à réconcilier sans artifice la foi et la science [1]. Mon savoir

---

[1] Cette partie de l'histoire de l'Église qui met en présence les tenants d'une ouverture vers la science appliquée à la Bible et ceux d'une recherche plus étroitement rattachée à la tendance traditionaliste du Vatican exigerait des développements qui déborderaient le cadre de cet ouvrage. Je ne pourrais, de toute façon, traiter des sujets contentieux qui requièrent la compétence et l'autorité des spécialistes, exégètes ou historiens. Les termes eux-mêmes qui qualifient les écoles, les tendances et les mouvements devraient être explicités. Pour s'y retrouver, le lecteur peut recourir aux nombreux dictionnaires, encyclopédies et traités historiques.

était trop fragile pour que je contestasse l'autorité du professeur responsable des cours d'exégèse. Je ne trouvais donc pas aisé de me rendre aux arguments des commentateurs de saint Thomas qui me parlaient de Dieu, de ses attributs, de son œuvre et de sa présence sans que j'aie la conviction, fondée sur une solide connaissance de la Bible, que ce Dieu existât vraiment ; qu'on en trouvait des témoignages sûrs pour l'ensemble, malgré les obscurités et les déficiences. Parce que situés hors contexte, c'est-à-dire en dehors de l'histoire du peuple juif et de l'avènement de Jésus, les propos des théologiens, si brillants qu'ils soient, ne seraient que des constructions de l'esprit. Je n'éprouvais pas moins de mal à accepter le dogme de l'inspiration de l'Esprit dans les Écritures ; ce qui allait pour le fond ne s'appliquait pas nécessairement aux détails. Qu'on me pardonne cette présomption, mais je pensais comme Lagrange que « la Bible, écrite sous l'inspiration de l'Esprit saint, exprime également une pensée humaine dans un style humain, soumise aux lois d'interprétations applicables à tout autre écrit de l'Antiquité [1] ». Je comprenais qu'on ne pouvait, en quatre ans, refaire étape par étape l'itinéraire de tous les penseurs et chercheurs qui ont fouillé de façon systématique les textes sacrés. Je souhaitais néanmoins qu'on nous outillât de sorte qu'on pût poursuivre soi-même les études à peine amorcées auxquelles, d'ailleurs, on faisait à mon sens la portion congrue. Heureusement, la publication de la Bible de Jérusalem offrira à tous les chrétiens peu habitués dans leur Église à lire l'Écriture un instrument de connaissance inappréciable.

L'enseignement de l'histoire de l'Église ne me satisfaisait pas non plus. Ce n'était pas faute de compétence, mais le

---

[1] Cette formulation de la méthode de Lagrange se trouve dans Guitton, Jean, *Portrait du père Lagrange*, Robert Laffont, Paris, 1992, p. 48.

professeur ne disposait pas d'assez de temps pour rendre compte de deux millénaires chargés d'événements, de personnages, de transformations radicales qui, des commencements à nos jours, occupent une place considérable dans l'histoire de l'humanité. D'où les coupures, les résumés, les silences aussi. On restait sur sa faim. Dans ce cas, les ouvrages ne manquaient pas. Mais comment prolonger le temps de la lecture quand nous étions requis pour la messe, la méditation, la direction spirituelle, les nombreux cours, les travaux et tout ce que comporte la vie de séminariste où l'on doit aménager un horaire qui tienne compte de l'hygiène intellectuelle nécessaire à un sain équilibre ? J'acquis quand même le goût et sentis le besoin de continuer à m'instruire de l'histoire d'une institution dans laquelle je vivais et qui m'aidait à vivre. Mon expérience *dans le siècle* m'avait obligé à la défendre contre des intellectuels qui me jetaient à la tête l'Inquisition, la condamnation de Galilée, le martyre de Jean Huss, de Jeanne d'Arc, de Savonarole, les Juifs baptisés de force, les mœurs déplorables de certains papes, la vente des indulgences, les miracles et apparitions, les légendes comme celle de la papesse Jeanne, les schismes et quoi encore ! Je me rendis vite à l'évidence : saufs certaines personnes bien informées, ces gens étaient des ignorants qui dégorgeaient leurs préjugés et tentaient de justifier leurs abandons et leur rupture. Ils n'invoquaient en fait dans leurs procès expéditifs que les erreurs humaines et ne voulaient rien entendre de ce qui a fait la grandeur de l'Église et illustre son apport à la civilisation.

Sorti du grand séminaire, je m'adonnai avec passion à la lecture des grandes sommes, des monographies, des encyclopédies, des vies de saints, les écrits des mystiques ; j'y mêlais les ouvrages sur les autres religions, les travaux des anthropologues, des sociologues et des linguistes, les écrits des philosophes orientaux et occidentaux, ceux des mystiques chrétiens, les grandes encycliques, d'imposants ouvrages sur l'histoire de l'humanité, des papes et des conciles, celle des hérésies, des schismes et des personnages qui en furent les acteurs et, bien entendu, les publications sur la Bible et ses diverses versions sans oublier les commentaires sur les textes découverts à Qumrân (manuscrits de la mer Morte). Je devenais familier avec des penseurs et théologiens comme Bouyer, Congar, Carré, Chenu, de Chardin, de Lubac, Bultmann, Barth, Rahner, Vorgrimler, Steinmann, Tresmontant, Journet, etc. Bien des livres me secouèrent et firent naître des doutes sérieux. Mais, petit à petit, faisant la part des choses, j'acquis la conviction que l'Église était un lieu d'espérance. J'appris à en parler, refusant toutefois de prendre part à des disputes stériles sur des questions mineures et des objections qui n'avaient d'autre fondement que le préjugé. Dans les discussions de cette nature, je n'interviens que pour réfuter des allégations erronées ou corriger des erreurs de perspective : l'Église a une histoire ; si l'on évoque des faits, il faut les replacer dans la conjoncture du temps et n'en pas tirer des conclusions globalisantes. L'histoire de l'Église, c'est aussi celle de l'homme ; il n'y a rien d'étonnant dans le fait qu'elle porte la marque de son infirmité parce qu'elle est celle du Salut. Je n'allais pas au hasard : des amis, prêtres, religieux et laïcs, me guidaient et m'informaient des documents existants et des autres qui paraissaient. Nous en discutions abondamment. Je consacrais mes loisirs à un exercice qui se situait dans la continuité de mes études au grand séminaire.

Je regrettais de ne pas avoir abordé là les écrits des Pères de l'Église. Le cours de patrologie était sommaire ; il n'incitait pas à la fréquentation de ces piliers de l'Église, auteurs grecs ou latins qui ont pourvu les théologiens d'un immense corpus doctrinal conçu par ceux-là mêmes qui, après la mort de Pierre et de Paul, prirent charge de l'Église de Jésus et assurèrent la tradition de son enseignement. Avec les premiers pères, on se trouve aux sources mêmes du christianisme parce que, même s'ils ne furent pas des témoins directs, certains, parmi les plus anciens, connurent les contemporains des témoins et recueillirent la Parole des premiers chrétiens. Ainsi, Ignace d'Antioche, mort vers l'an 110, est très près de l'apôtre Jean, dont on date les écrits de 94 à 98; comme Justin et Clément de Rome, il utilise le quatrième évangile. Du IIe au Ve siècle, Justin de Rome, Irénée de Lyon, Tertullien, Clément d'Alexandrie, Origène, Hilaire de Poitiers, Basile de Césarée, Grégoire de Nazianze, Cyrille de Jérusalem, Jean Chrysostome, Ambroise de Milan, Jérôme, Augustin d'Hippone, Cyrille d'Alexandrie, Léon le Grand et les autres élaborèrent la pensée de l'Église, contribuèrent au développement de l'institution et dénoncèrent les hérésies qui trahissaient le sens du message des apôtres et des disciples de Jésus. Leur témoignage est capital parce qu'il rapproche les fidèles des racines de la foi et fait voir comment prit corps la famille spirituelle à laquelle ils se rattachent. Il faut, en toute honnêteté, faire la part des choses : l'étude de la théologie est si vaste qu'il n'est pas possible en un temps limité d'en approfondir tous les aspects. Il reste qu'un enseignement qui ne met pas l'accent d'abord sur les origines de la doctrine est tronqué, coupé de ce qui l'inspire et en constitue la base essentielle.

Le grand séminaire que j'ai connu préparait des jeunes au sacerdoce. Ceux-ci avaient des aptitudes et des capacités diverses. On y trouvait des étudiants inscrits à la faculté de théologie et d'autres qui suivaient ce qu'on appelait le cours *séminaristique* destiné à ceux qui, vraisemblablement, se consacreraient immédiatement au ministère. Cette distinction introduisait, sans qu'il y parût, la notion de haut et de bas clergé. Cela m'inquiétait. Je connaissais déjà des prêtres ordonnés depuis peu qu'on avait envoyés dans des paroisses où ils assistaient des curés vieillis et autoritaires qui ne leur laissaient guère d'initiative. Je requis l'avis de mon directeur spirituel. Après ma première année, on m'avait autorisé à donner mes cours d'été à l'université. Pendant les vacances de la seconde, je dus m'occuper, comme la majorité de mes autres confrères, des enfants qui fréquentaient les terrains de jeux. Je me pliai à cette exigence : elle faisait partie de ma formation. Je fus en mesure de constater que des vicaires, en raison du régime de l'époque, avaient à assumer des tâches qui ne les stimulaient pas. Ils me semblaient perplexes. Je m'interrogeais donc sur ce qui m'attendait après mon ordination éventuelle. Attiré par l'enseignement, je m'imaginais mal en dehors de ce qui était devenu l'élément où je m'épanouissais. Mon directeur spirituel me conseilla de tâter le terrain auprès de l'archevêque. Je pris rendez-vous et soumis mon problème. Après plusieurs semaines d'attente, je compris qu'on ne pouvait me donner de réponse ferme. Je soupçonnais que ma démarche pouvait être interprétée comme une sorte de résistance à l'obéissance que le prêtre doit consentir par vœu à son évêque. Psychologiquement troublé, conscient que les autorités, comme c'était leur devoir, m'observaient et surveillaient mon comportement et mes relations, je suivis les conseils de mon directeur et quittai discrètement le grand séminaire. Deux jours après, je reprenais mes études de lettres et recommençais à enseigner au Séminaire Saint-François.

Renonçai-je alors au sacerdoce ? Je puis affirmer que non. De toute façon, l'attrait persistait. Je connaissais suffisamment la fonction et les devoirs du prêtre pour ne pas m'illusionner et je ne m'éloignai jamais de ceux dont j'avais partagé la vie. Chaque rencontre avec ceux de l'université me réconfortait. De plus, le contact journalier avec les Capucins, collègues d'enseignement, me stimulait. Je rencontrais à leur monastère le père Albert, ex-curé de Limoilou, prédicateur et membre d'un organisme de l'Unesco qui s'occupait de l'enfance. Nous avions des conversations prolongées sur l'Église et son histoire. Ce religieux de grande culture me révéla divers visages de l'Église et me permit de mieux comprendre son évolution. Sous forme de blague, je disais que j'étais condamné à vivre avec des *curés*, que c'était là ma récompense et mon châtiment, ce dont je me trouvais fort bien. Vu dans la perspective de l'éducation de ma foi, le grand séminaire demeure une étape décisive de ma vie. En compagnie de prêtres et de condisciples fervents, mes aspirations religieuses se précisèrent ; l'enseignement de qualité que j'y ai reçu, même compte tenu des réserves que j'ai faites, me conforta dans les convictions de mon enfance tout en aiguisant chez moi le sens critique. Je fis aussi l'expérience d'une charité plus éclairée et plus ouverte. La discipline nécessaire ne me pesait point, elle était en fait moins contraignante que le poids des obligations dont, dans le monde, on charge son existence. Je considère comme une grâce l'avantage que j'ai eu de vivre en un lieu de prière et de réflexion qui, par la médiation des ecclésiastiques, rendait quasi sensible la présence du Seigneur. En tout état de cause, ce fut *le temps d'une paix*.

XI

La mèche qui fume encore

Il ne crie pas, il n'élève pas le ton, il ne fait pas entendre sa voix dans les rues. Il ne rompt par le roseau broyé, il n'éteint pas la mèche vacillante. (Is 42, 2-3)

O̲N̲ ̲N̲E̲ ̲S̲O̲R̲T̲ ̲P̲A̲S̲ sans blessure d'une période de sa vie qui a demandé un investissement d'énergies aussi considérable que celui que je m'étais imposé de 1949 à 1956. J'avais, comme on le disait, dompté mon caractère, retenu mon agressivité, essayé d'émousser les arêtes qui n'étaient que les signes de ma différence. Je me remettais d'un long jeûne au désert pour revenir m'insérer dans le monde. Roseau broyé, je fis face avec ce qui me restait d'illusions. Un pan de ma vie tombait ; il emportait bien des échafaudages ; il ne m'avait pas écrasé, mais je devais reconstruire dans la lumière obscurcie des jours sans joie. Le soir de mon départ du grand séminaire, je trouvai refuge chez Bruno Lafleur avec qui je commençai l'exploration de la terre nouvelle. J'étais libre et embarrassé par cette liberté. Optimiste de tempérament, pressé de marcher ailleurs dans le temps, je ne m'attardai pas sur ce que je venais de vivre. Demeurait une nostalgie indéfinissable ; je me consolais mal de n'être pas allé jusqu'au bout. J'eus un choc quand, me présentant au grand séminaire pour y revoir un ami, on me fit savoir sans ménagement que cela ne convenait pas. On éteignait la mèche qui fumait encore.

Ma foi n'en fut pas ébranlée ni mon attachement à l'Église. J'étais désormais du monde, dans le monde ; c'est là qu'il me faudrait m'accomplir. Je n'acceptai toutefois jamais la ségrégation qui isolait les clercs des laïcs dans un milieu, celui du Québec, où j'aurais bientôt l'occasion de combattre ceux qui porteraient aux prêtres et aux religieux les coups les plus sournois et les plus efficaces. L'enseignement me captiva. Les Capucins qui m'accueillirent sans réserve ni soupçon me redonnèrent une raison de vivre, et c'était toujours une consolation de rencontrer mes élèves. Fils de l'avenir, ils rayonnaient d'un idéal communicatif. Je repris contact avec mes compagnons d'armes de l'université et me passionnai pour les questions qui agitaient notre société. L'engagement politique me sollicitait et, en juin 1957, je participai activement à la campagne électorale fédérale (dans la circonscription de Roberval) qui fit passer le pouvoir des Libéraux de Louis Saint-Laurent aux Conservateurs de John Diefenbaker, mettant fin à un régime qui durait depuis 1935. Le nouveau Gouvernement était minoritaire. Il s'imposait que le premier ministre revînt à brève échéance devant le peuple. Ce qu'il fit en janvier 1958, remportant la victoire avec une majorité de sièges jamais vue. J'étais du nombre des élus.

Quelques mois seulement me séparaient du moment où j'avais abandonné le grand séminaire, et c'est en qualité de député que j'assistai à l'ordination de certains confrères et pris la parole au banquet de célébration de leur première messe solennelle. Mon ascension politique fut rapide, mais je ne réussis pas sans difficulté. Je dus vaincre cinq adversaires. Seul, après la défaite du candidat que j'avais aidé lors de la campagne de 1957, j'avais approché des leaders du Parti conservateur et m'étais rendu à Roberval rencontrer les organisateurs que je connaissais depuis le moment où, en 1948, j'avais fait mes débuts en politique aux côtés du député provincial Antoine Marcotte (décédé le 10 décembre 1955). Discrètement, on sondait pour moi le terrain. L'aventure me tentait, encore que j'eusse préféré me faire élire à l'Assemblée législative (aujourd'hui l'Assemblée nationale). Je décidai de consulter M. Duplessis. Il me dit dans son langage imagé : « Va à Ottawa, tu joueras dans la ‹ligue nationale›, puis tu reviendras et je te ferai élire à Québec. » Entretemps, des candidatures se préparaient. Je ne bougeai point et laissai les jeux se faire. J'arrivai à Roberval quinze jours avant l'assemblée d'investiture et l'emportai, malgré le grenouillage d'un *robin de province* qui, usant de moyens inqualifiables, essayait de convaincre les gens de l'incapacité d'un *intellectuel émigré* à représenter les citoyens.

Ma victoire fut un moment de fierté pour ma famille et pour moi. Mon père ne me voyait plus comme avant. Invité par moi à toutes les grandes assemblées, il avait rencontré des ministres et le premier ministre. Je n'étais plus à ses yeux le faiblard qui effectuait sans enthousiasme le travail de la ferme. Il pensait sans doute que l'intuition de ma mère avait été la bonne et qu'elle m'avait mis sur une voie qui devait lui paraître interdite. On avait pour lui des égards particuliers et il entretenait son vieil ami et voisin, M. Raoul Tremblay, de mes faits et gestes. Cette réhabilitation me réjouissait. Je puis dire que c'est à compter de ce moment que je sentis les liens du sang et découvris un homme rude par incapacité à s'exprimer, peu enclin à débourser de l'argent par insécurité et porteur du lourd atavisme des forestiers et des coureurs des bois. Même si j'avais beaucoup de traits de ma mère, j'étais à bien des égards son décalque : agressif, impulsif, colérique, déterminé jusqu'à l'opiniâtreté. Par sa mère, Mary Ann Kendall, mon père avait une proche ascendance anglaise (j'héritai ainsi d'un double tempérament). Doté d'un sens aigu de la droiture et de la justice, Il nous enseigna à respecter le bien d'autrui et n'acceptait pas que nous parlions mal des autres. Prudent, il me dit au début de ma carrière politique : « Fais confiance à tout le monde, mais ne te fie à personne. » Fidèle dans son amour pour ma mère, il ne songea jamais à se remarier. Vers la fin de sa vie, il me dit : « Je n'aurais jamais trouvé une femme comme celle-là. » Je garde ses lettres, peu nombreuses. Elles me sont précieuses parce qu'elles témoignent d'une affection et d'une confiance que je ne connaissais pas. C'était un être méditatif ; il se faisait du souci pour nous sans le dire. Souvent, ma mère, inquiète de ses silences prolongés, lui demandait : « À quoi penses-tu ? » Il répondait : « Je jongle. » Il aimait lire : des journaux, des revues, et des ouvrages que choisissait ma mère. Plus tard, il prenait dans ma bibliothèque des livres d'histoire et des biographies. Il n'extériorisait pas sa foi. Assidu à l'église le dimanche, il priait à la maison, mais si discrètement qu'il fallait le surprendre pour s'en rendre compte. Il gardait dans ses poches le chapelet que, de Sainte-Anne-de-Beaupré, j'avais envoyé à ma mère. Je l'ai recueilli de ses mains à l'instant où l'on fermait son cercueil en novembre 1962.

Mon père ressemblait à la majorité des hommes de son patelin. Élevés à la dure, peu scolarisés, ces pionniers gardaient les valeurs qu'on leur avait inculquées : l'amour du travail, l'audace dans les entreprises, la ténacité, le sens du devoir, le respect de la famille et de l'autorité. Gens de raison, fiers et indépendants, ils comptaient sur leurs moyens et n'attendaient pas de miracles de l'État. Fatalistes, ils ne cherchaient pas à échapper au destin qui avait été celui de leurs devanciers. Ils n'arrêtaient que pour mourir, saignés par le labeur ou renversés par la maladie. Ils tombaient, souvent au midi de la vie, déracinés comme les arbres qu'ils avaient abattus pour que la terre s'agrandît et que la semence levât. C'est de cette façon qu'ils firent de leurs mains un pays à la dimension du rêve qu'entretenaient de génération en génération des intellectuels et des meneurs installés dans le confort des villes. Gens de silence, ils ne se plaignaient pas. Accordés à la nature, ils mûrissaient une sagesse beaucoup plus riche que le maigre héritage qu'ils laissaient à leurs fils. J'ai vu mon père et ses voisins danser aux veillées de fête. De ce joyeux tourbillon resurgissait leur brève jeunesse ; la fantaisie pour un moment ressuscitée dessinait des figures qui traduisaient avec un art étonnant leurs amours et leurs espoirs. Puis, laissant la place aux jeunes, ils se mettaient à causer. Naissait alors cette mélopée dont les caprices des éléments, les instants tragiques de l'existence, et l'interrogation de l'avenir composaient le thème et les variations. La lueur de la lampe à l'huile montrait en clair-obscur leurs visages burinés de patriarches bibliques.

Ma tâche de député me fit entrer dans le secret de bien des vies car, une fois dissipée l'euphorie d'une conquête durement arrachée, il me fallut exercer un ministère de service. Je le considérai comme un devoir social. Ceux qui m'avaient permis d'accéder à la Chambre des communes firent preuve d'un dévouement inlassable et d'une émouvante générosité. Toujours prêts, ils ne ménageaient ni forces ni ressources financières. J'observai la même attitude dans le clan adverse ; certains avaient, certes, des intérêts et des attentes, mais je puis affirmer qu'ils n'œuvraient pas que pour des promesses. Les convictions politiques existent ; elles s'appuient sur un ensemble de valeurs qu'à un moment ou l'autre le peuple juge nécessaire de confier à d'autres mains. Il ne faut pas croire les sceptiques et les envieux qui subodorent en chaque représentant du peuple (et en chacun de ceux qui les aident) un agioteur assoiffé de pouvoir et d'argent. Il s'en trouve. Les autres, tirés du rang, conscients du devoir qu'on leur a imposé en les hissant dans l'échelle sociale, assument aussi bien qu'ils le peuvent une fonction qui n'a d'efficacité que s'ils ont la force de briser le mur dressé entre le peuple et ses mandatés par les fonctionnaires tout-puissants. Œuvrant dans l'anonymat, ceux-ci jouissent du privilège de n'avoir pas de comptes à rendre. On m'avait assuré qu'à Ottawa régnaient la loi et la justice. Je déchantai quand, incapable de faire prolonger l'itinéraire d'un secteur de la poste rurale afin de desservir une dizaine de contribuables, je fis appel à un sénateur qui me conseilla d'inviter à manger un directeur général et de ne pas oublier de lui faire porter discrètement une *bonne bouteille*. Outré, je portai le problème à l'attention du premier ministre qui prit lui-même la décision ; le titulaire du portefeuille n'avait jamais vu les lettres que je lui adressais ni les réponses qu'on signait à sa place. Je n'insiste pas ; j'aurai sans doute un jour l'occasion de m'expliquer ailleurs sur le sujet.

Je représentais une circonscription rurale. S'y trouvait aussi la réserve des Montagnais à Pointe-Bleue. À part la papetière de Dolbeau, quelques petites industries du bois, les entrepreneurs, les commerces, les institutions scolaires et hospitalières et le chemin de fer, c'est la terre qui nourrissait les gens. On avait recours à moi pour toutes sortes de problèmes dont une bonne part relevait de la compétence des autorités provinciales et municipales. J'étais plus confident qu'homme politique. Il me fallait parcourir de longues distances : la Capitale se trouvait à environ 750 kilomètres de mon bureau de circonscription. On me reprochait de ne pas assister à toutes les célébrations et manifestations ; on n'avait pas tort, sauf que j'avais à joindre plus de trente localités et que le travail parlementaire me laissait moins de deux jours par semaine que j'occupais à recevoir les citoyens et les corps publics. Le Parti comptait sur moi. Je prenais part à tous les débats majeurs. On me délégua aux Nations-Unies et à l'Otan. J'y passai des mois loin de mes électeurs. Je commençais à être connu, ce qui correspondait à mes ambitions. À la réflexion, je pense que je ne fus pas un bon député au sens où les gens l'entendaient là-bas. D'une part parce que le pouvoir fédéral est, de par ses champs de compétence, loin des besoins immédiats des gens ; il agit par le truchement de lois et de mesures dont on ne voit pas de prime abord les effets économiques et sociaux. Dans une circonscription comme celle de Roberval, on ne peut penser à la réalisation de grands travaux, sauf dans le domaine du transport ferroviaire, maritime et aérien. Je fis construire un aéroport qui ne servit à peu près jamais, refaire un brise-lames au bord du lac Saint-Jean, réparer un quai qui n'avantageait qu'une société papetière. Je demandai instamment qu'on supprimât un passage à niveau très dangereux. Le président des Chemins de Fer nationaux refusa catégoriquement au motif que c'était une dépense inutile. Or, un soir de Noël, un convoi heurta une voiture et causa la mort de cinq membres d'une même famille. Il y avait la poste ; j'obtins qu'on érige un bureau dans la petite ville de Mistassini. Les citoyens ne s'entendaient pas sur le choix de l'emplacement. Ils pensaient voir surgir un monument imposant, ils eurent droit à un modeste édifice. La réserve indienne eut la part du lion : un système d'aqueduc et d'égout, un pensionnat pour garçons et filles destiné à accueillir les enfants des réserves éloignées, plus la construction d'une quarantaine de maisons pour famille. L'assistance qu'un député pouvait accorder à des individus se résumait aux allocations familiales, à l'assurance-chômage, à la sécurité de la vieillesse et aux pensions pour vétérans et invalides.

Je constatai d'autre part que mon déracinement était plus profond que je ne l'avais ressenti ; je ne savais plus vivre avec les miens. J'admirais leur courage, j'appréciais leur bon sens mais, par orgueil, je me sentais supérieur ; leurs préoccupations me paraissaient mesquines et terre-à-terre. Je déçus vivement ces femmes et ces hommes qui m'avaient accordé leur confiance et que je servais mal. Au cours de la campagne électorale de 1962, un candidat trouva contre moi une formule : « Nous avons un bon député qui nous fait honneur, mais il est trop instruit pour nous autres. » Je perdis le siège de Roberval. Peu après, le gouvernement du Québec entreprenait sa réforme de l'éducation sous le thème : « Qui s'instruit s'enrichit. »

Novice, sans expérience, pas coulissier par tempérament, je m'en tenais aux lois. Je fus bien surpris, au tout début, par la demande d'un curé qui voulait obtenir gratuitement un véhicule de l'Armée (une Jeep) pour aller à son chalet de pêche. Je lui expliquai que les surplus de guerre étaient vendus au plus offrant par la Corporation de disposition des biens de la Couronne et que je ne pouvais intervenir. J'avais pourtant entendu des prêtres dénoncer le népotisme et le favoritisme. Quand on me présentait des requêtes, je n'essayais pas d'atermoyer. Quand le cas était clair, je disais tout de suite oui ou non ; là où il y avait doute, je soumettais l'affaire aux instances compétentes. Je constatais souvent qu'on venait me voir en dernier recours, quand il n'était plus possible d'agir : tel avait, par exemple, retiré en trop des prestations d'assurance-chômage, un autre avait obtenu sous de fausses représentations une pension pour invalidité, celui-là faisait le trafic d'alcool avec les autochtones, etc. On ne me trouvait pas complaisant... ni utile. J'acquis cependant une connaissance précieuse de la psychologie des groupes et des individus. Je connus les besoins du peuple et pris conscience des lacunes du parlementarisme et de la lourdeur de la machine gouvernementale. Travaillant avec des collègues de toutes les régions du Canada, je comprenais qu'il fût si difficile d'harmoniser les rapports entre des communautés culturelles différentes qu'isolait la barrière des langues. Mes contacts à l'étranger me firent découvrir le monde à un moment où sévissait la guerre froide avec ses dessous sordides, ses préjugés et ses menaces. L'Organisation des Nations-Unies était encore bien jeune et je pouvais jauger à son poids l'influence des marchands de canons et l'infirmité d'une diplomatie tordue.

N'ayant pas étudié au Petit Séminaire de Chicoutimi, je ne connaissais pas le clergé diocésain. Je rencontrais les curés à l'occasion ; je ne nouai aucune relation avec eux. Ils se tenaient à distance dans leur fief. Il arrivait qu'ils vinssent avec les représentants de municipalités ou d'associations. Ils gardaient encore, avec les religieux, la haute main dans les écoles et les hôpitaux où le gouvernement fédéral n'avait pas compétence. Je savais qu'ils nourrissaient des préjugés à l'endroit de la classe politique qui menaçait leur pouvoir. Je me rappelle un incident : le délégué apostolique était venu présider la bénédiction du séminaire de Métabetchouan ; il faisait en même temps une tournée du diocèse. Je le rencontrai à l'abbaye des Trappistes de Mistassini. Il me dit : « Je ne vous ai pas vu à la bénédiction du Séminaire. » Je lui répondis : « On ne m'y a pas invité ; vous devez savoir, Excellence, que les laïcs sont toujours aux souscriptions, mais rarement aux bénédictions. » Dans le village où se trouvait mon bureau, le curé m'arrivait sans prévenir, me sommant de faire emprisonner les trafiquants. Il survenait ainsi dans les maisons, allait dans les chambres pour débusquer les jeunes qui traînaient trop tard au lit et s'en prenait aux parents qui, selon lui, entretenaient les mauvaises habitudes de leurs enfants. Il prêchait à l'ancienne, beaucoup plus sur la morale que sur les dogmes. Une amie de Montréal eut un jour la surprise d'entendre en ma compagnie un sermon sur la modestie des femmes. Il avait expliqué que celles-ci avaient des parties *honnêtes*, des parties *moins honnêtes* et des parties *déshonnêtes* (on trouvait ce dépeçage dans les écrits d'un spécialiste du sexe, monseigneur Victorin Germain, auteur d'un petit ouvrage ridiculement puritain : *Le Point d'interrogation*). Il dénonçait comme une indécence les spectacles de ballet classique qu'on montrait à la télévision. Lors d'un mariage, au moment de commencer la cérémonie, il apostropha la mariée qui portait une robe à manches courtes au décolleté assez échancré. Je me souvins alors du curé de ma paroisse natale qui traitait de putain les femmes qui fumaient et usaient du rouge à lèvres. La femme était encore une cause de péché et la sexualité une obsession. À tout événement, je n'eus pas le loisir de visiter des prêtres ni de juger leur pastorale. Ils formaient une classe à part, même s'ils ne se privaient pas de régenter le domaine temporel.

Pendant ces quatre années, le séminariste ne parvint pas à mourir en moi. Je prenais ma part des jouissances du monde et me sentais coupable. Revenu à l'enseignement après une défaite que j'accueillis comme une délivrance, je fis, vaille que vaille, un bilan. Je n'osais pas approfondir le sens de mes actions et de mes omissions ; j'avais glissé, cela m'était évident. Des fréquentations sans suite, une sexualité ressentie comme une tare, l'absence d'encadrement et de conseiller spirituel contribuèrent à accentuer la distance que j'avais prise avec le Seigneur. Le milieu ne m'aidait pas : je découvrais l'humanité avec ses grandeurs et ses faiblesses ; j'en faisais partie et ne me consolais pas de ressembler aux gens de mon entourage. Trop longtemps protégé, cette révélation m'atterrait. Par orgueil, j'avais développé un état d'esprit négatif parce que je me croyais immunisé contre les tentations. J'oubliais que le

Christ était venu pour me sauver comme les autres que je méprisais. Et j'avais eu la témérité de me croire appelé à seconder le Rédempteur ! Si je maintenais la pratique religieuse, je ne priais guère, ou si mal ! Même la mort de mon père ne parvint pas à me secouer. Je marchais dans le vide sans que ma foi en fût affectée. La foi sans les œuvres, et rien qui m'incitât à descendre au fond de moi-même. Seule la mèche fumait encore. Dans mon désarroi, j'aurais pu m'écrier avec l'apôtre Pierre : « Seigneur, à qui irons-nous ? Tu as les paroles de la vie éternelle » (Jn 6, 68).

1943: Madame Marie-Élisabeth Tremblay, la mère de Jean-Noël Tremblay.

1934: Jean-Noël Tremblay à l'école du rang (debout à gauche, les bras croisés).

Jean-Noël Tremblay devant la maison paternelle.

Les finissants de la classe de rhétorique de Sainte-Anne-de-Beaupré.

1966 : Avec le premier ministre Daniel Johnson, conférence constitution-
nelle.

Présent dans le monde du travail.

Déjeuner offert par l'Université Laval à Petit-Cap, le 27 juillet 1967 : le général et Mme de Gaulle, son éminence le cardinal Maurice Roy et Mgr Louis-Albert Vachon, recteur de l'université.

Juillet 1967 : Avec le général de Gaulle et le premier ministre Daniel Jonhson sur le Colbert, le jour de l'arrivée du Général.

À l'exposition provinciale de Québec, avec le père Bernier, l'honorable Jean Marchand, ministre des transports, et Gilles Lamontagne, maire de la ville de Québec.

À la place des Arts de Montréal, avec la princesse Grace et le prince Rainier de Monaco, M. le maire Jean Drapeau et son épouse.

1972 : Avec M. André Desgagnés, recteur de l'Université du Québec à Chicoutimi, à l'ouverture des Jeux du Québec à Chicoutimi.

Réélection comme député de Chicoutimi en 1970.

En son appartement de Chicoutimi, en 1974.

Petit-Cap, 1967 : Dîner avec Mgr Louis-Albert Vachon, le président Senghor et le cardinal Maurice Roy.

Juillet 1980: Au bureau du président de la chambre des Communes, l'honorable Jeanne Sauvé.

À l'Ambassade du Canada, à Paris, avec le président Mitterrand et Mme le Gouverneur général.

Halte à Sainte-Famille de l'île d'Orléans avec le Gouverneur général Mme Jeanne Sauvé et son époux Maurice Sauvé.

Remise de la médaille de l'Ordre du Canada à Sœur Imelda Dalaire de la communauté des Sœurs Augustines de Chicoutimi.

Dîner à l'Élysée avec Carole Laure.

Concert à Rideau Hall, avec le baryton Jean-Clément Bergeron, la soprano Sonia Racine et la pianiste M. C. Bédard.

À la citadelle de Québec avec Mère Teresa et Mme Jeanne Sauvé.

Déjeuner à Petit-Cap, avec Mgr Marc Leclerc, M. le cardinal Vachon, et leurs Excellences Mme Jeanne et M. Maurice Sauvé.

Concert de l'Orchestre symphonique de Québec au Grand Théâtre avec la cantatrice italienne Renata Scotto et Mme le Gouverneur général.

Fête anniversaire du Séminaire Saint-François de Cap-Rouge.

Deux bons amis : M. Tremblay et Mgr Vachon.

À Rideau Hall avec le T. H. Brian Mulroney.

XII

Partir

À ma naissance, j'ai, moi aussi, respiré l'air commun, je suis tombé sur la terre qui nous reçoit tous pareillement, et des pleurs, comme pour tous, furent mon premier cri.(Sg 7, 3)

JE NE VOUDRAIS pas qu'il y ait maldonne et que ce que je dirai d'une ou de certaines conjonctures sociales, d'un ou de certains milieux ne soient point tenus pour une condamnation. Le réalisme exige parfois la cruauté du regard et l'on ne fouille pas impunément dans son passé. Il faut l'exprimer comme on se rappelle l'avoir vécu. J'affirme avec émotion que je ne renie rien de mes origines et de ma petite patrie ; que je garde à ces gens avec lesquels j'ai grandi toute mon admiration et mon affection. Mais un temps vint où il me fallut reconnaître ma différence, l'affirmer, la vivre ; fuir pour me trouver, pour m'épanouir ; corriger en quelque façon l'erreur du destin qui m'avait fait naître hors du monde que j'ai plus tard reconnu comme le mien, nécessaire, essentiel : monde des lettres et des arts, monde de l'activité politique, monde de la réflexion et de la recherche spirituelles. Le cas n'est pas inédit. Combien de confidences j'ai reçues de combien de personnes qui demeurèrent prisonnières de conditions qui les firent s'étioler dans le regret et le ressentiment !

Je passe sur ma naissance et ma petite enfance. Pour la bonne raison que je n'en ai rien retenu. J'ai surgi comme surgissent tous les enfants du monde ; j'ai vécu dans les limbes de ma propre histoire jusqu'au jour où j'ai, par conscience réflexe, appris à devenir un être autonome. Si je croyais au freudisme, je m'adresserais à ses disciples pour découvrir à quoi je jonglais dans le sein maternel. Il n'empêche que je souhaiterais vivement décrypter les arcanes de la génétique afin de savoir comment se déterminent les tendances, les goûts, les talents et comment s'oriente leur développement ; bref, tout ce qui en définitive qualifie l'être, le distingue et marque sa personnalité.

Toujours est-il que j'ai franchi cette étape, qu'on dit décisive, dans un rang du village de Saint-André, au Lac-Saint-Jean. Je viens d'un pays austère, dont les arbres, les eaux et le ciel ont une couleur crue et sans nuances. Dans son illustration de *Maria Chapdelaine*, Clarence Gagnon a capté l'aspect tranchant de cette sobre palette. Sur cette marche du Grand Nord, le temps est fantasque. Il écourte la belle saison, aménage au gré d'une humeur bizarre l'alternance des jours de grande chaleur ou de grand froid. Il compense par un soleil fidèle qui tantôt irise la neige, pénètre de son rude éclat le bleu sombre du lac ou délite le vert épais de la forêt. Il n'est guère de jour où ne souffle, de très loin, le vent purificateur qui traverse la toundra pour assaillir le cirque des montagnes érodées.

À l'âge de la conscience, j'ai délimité mon territoire et connu ses habitants : cultivateurs, colons, forestiers, petits commerçants, employés du chemin de fer, plus la trilogie : curé, médecin et notaire ; ces deux derniers empruntés du village le plus rapproché. Ce sont ceux-là qui renaissent de mon inconscient : mon père, mes frères, les voisins, hommes de silence et de travail que je découvrirai plus tard dans les livres. Comme nous habitions loin du premier voisin (quelques kilomètres), je n'eus pas de camarade de jeu. Initié très jeune – vers l'âge de sept ans – au travail de la ferme, je m'amusais en étudiant les oiseaux, en herborisant, en recueillant tous les cailloux dont j'aurais bien voulu qu'ils fussent d'or ou d'argent ; je collectionnais aussi des insectes pour lesquels j'éprouverais aujourd'hui la plus grande répugnance. Ma mère me munissait comme elle le pouvait de quelques brochures qu'offrait gratuitement le ministère fédéral de l'Agriculture. Il y avait en plus le *Bulletin des agriculteurs* ; ce mensuel, bourré d'informations sur tout ce qui touchait à la terre, publiait des contes et des nouvelles. Je fis grâce à lui connaissance avec Gabrielle Roy.

Mon père était abonné au journal *Le Soleil,* de Québec. Le service postal de l'époque en assurait la livraison tous les deux jours. C'était un beau sujet de guerre que ces deux numéros du journal que devaient se partager mon père, ma mère et les neufs enfants de notre famille. Il existait une sorte de hiérarchie bâtie sur les droits imprescriptibles de l'âge ; avec ce résultat que l'avant-dernier, moi en l'occurrence, attendait longtemps son tour. Je me rattrapais en essayant de lire par-dessus l'épaule de mon père ou de ma mère, d'un frère, d'une sœur, à condition que ma conduite ne m'ait pas attiré quelque rebuffade. À l'extrême, cela pouvait aller jusqu'à la confiscation pure et simple. Combien de fois ai-je dû demander à la cadette de mes sœurs ce qu'il était advenu d'un héros dont je suivais par la bande dessinée (appelée alors « comics ») les excitantes aventures ! J'éprouvais un grand appétit de connaître. Du journal, je gobais tout, même les annonces classées. Mais ce que je préférais, c'était les nouvelles. De tout genre. Je remplissais un cahier de coupures : photographies de rois, de reines, de princes (il n'en manquait pas encore), de chefs d'État, d'évêques, de prêtres, de monuments, d'accidents et de catastrophes. La chronique nécrologique n'échappait pas à ma boulimie. Aujourd'hui, j'y jette nerveusement un coup d'œil furtif ; en ce temps-là, je croyais, selon la savoureuse expression de mon ex-collègue, Jacques Flynn, que « ce sont toujours les mêmes qui meurent ».

Aux jours fastes, mon père ou mes frères achetaient *La Patrie* du dimanche. Pour leur part, mes sœurs aînées apportaient à la maison quelques éditions de *La Revue populaire* ou de *La Revue moderne.* S'y ajoutait de temps à autre *Le Samedi*; plus spécialisée, cette publication traitait de cinéma. Je lui dois d'avoir connu par la photographie les stars d'Hollywood de l'entre-deux-guerres. Comme le village ne disposait pas de bibliothèque publique, ma mère satisfaisait son insatiable faim de lecture en empruntant les livres d'un curé et d'un ex-séminariste. Cela me valut de lire, vers neuf ou dix ans, les *Confessions* de saint Augustin; ma curiosité me suggérait quelque plaisir défendu; je dus me contenter d'un style austère et de considérations absconses. Je me repris plus tard avec *Rebecca*, de Daphne du Maurier, et *Autant en emporte le vent*, de Margaret Mitchell. Ce sont au fait, si j'excepte les ouvrages de la comtesse de Ségur, ceux de Jules Verne et de Paul Féval, les deux premiers vrais romans que j'ai lus. Les biographies édifiantes ne manquèrent pas. Je les trouvais dans les revues religieuses que nous recevions : *Le Précurseur*, des sœurs de l'Immaculée Conception, et *Les Annales de la Bonne Sainte Anne.* J'entends des gens brocarder cette sorte de lecture. J'en fis (je le dis sans honte rétrospective) mes délices et je dois à nombre de pieux auteurs le goût des livres et l'éveil d'une ferveur mystique dont ma vie demeure à jamais imprégnée.

J'étais jeune, mon horizon ne portait pas loin. Habitant d'une région coupée des grands centres, j'étais, comme tous les miens, le citoyen d'une île. L'été, un chemin malaisé reliait les villages et traversait le parc des

Laurentides. L'hiver recréait l'isolement. C'était le beau temps du traîneau, de la carriole, tout le charme de ce que les citadins appellent encore le *sleigh ride*. Qu'ils me le vantent à moi le charme désuet de ces longues courses pour gagner l'église ou le magasin du village, frissonnant, les pieds gelés et l'onglée aux doigts, les équipées pour chercher le médecin, la marche à l'école à pied dans la poudrerie. Je veux bien qu'on en fasse des carnavals ; en ce qui me concerne, le culte passéiste ne va pas jusqu'à vouloir, à des fins de commerce, reconstituer ces lieux de misère et simuler cette souffrance-là. Il s'y trouve trop de solitude, trop de frustrations, trop de privations, trop d'attentes trompées, trop de vies cruellement amoindries !

En revanche, le chemin de fer constituait en toutes saisons un lien sûr entre Chicoutimi, une partie des petites villes et des villages du tour du lac et les grandes agglomérations de Québec et de Montréal. Il possédait de plus ce merveilleux pouvoir d'amener chez nous des « étrangers », avec tout ce que ce mot comporte d'intérêt, de magie, de mystère, voire de maléfice. L'arrivée du train de l'après-midi, et le départ, depuis Chicoutimi, de celui du soir étaient des événements. Filles et garçons s'y retrouvaient pour flirter, pour bavarder, pour se donner l'illusion d'un Orient-Express qui les mènerait loin des bornes de leur existence sans surprise. Sur moi, qui vivais dans un rang, c'est-à-dire loin de la gare, il exerçait une troublante fascination. Des voyageurs montaient et descendaient. Il semblait que l'univers était là tout à coup, car je voyais des inconnus, des militaires, des noirs (c'était les « boys » du pullman) ; j'entendais une langue insolite (banalement de l'anglais !...) ; on s'affairait dans un grand tapage de cris, de heurts, de roulements que scandaient les ronflements de l'immense locomotive. Le retour à la maison était triste : je suivais les voyageurs heureux, partis vers je ne savais quel monde enchanté. Revenu à la prison de la ferme, je rêvais de mon départ.

Oui, je souhaitais ardemment partir. Ma mère, élevée dans un milieu aisé, et qui subissait l'exil de la campagne, ne cessait de me répéter : « Il ne faut pas que tu restes ici. » Ses conseils, plus : ses avertissements, c'étaient mes voix à moi, celles qui finiraient par avoir raison et qui me pousseraient à fuir l'espace rétréci qui, à part les petites villes, ne dépassait pas les maisons rassemblées autour de l'église, et les autres disséminées le long des lents chemins caillouteux ou glaiseux. Quelques paysans transplantés et des intellectuels de ville ont chanté la beauté du terroir. Je devais les lire plus tard : Adjutor Rivard, Pamphile Lemay, Blanche Lamontagne-Beauregard, Marie-Victorin, Alphonse Désilets et *tutti quanti*. Je les ai lus à l'âge opportun : celui de l'innocence. Plus tard, s'il m'avait été donné de les croiser, je leur aurais demandé de traduire en vers le charme de la traite des vaches, les soirs torrides où les mouches pullulent, et qu'il faut se garer des coups de patte et du fouet de la queue, la beauté du « vert paradis » des champs de pommes de terre qu'il faut écheniller à la main, le remugle de l'étable et l'ivresse surannée de la course au cochon, cet animal sournois que, dans *Connaissance de l'Est*, Paul Claudel appelle noblement le porc, mais qu'il faut bien chasser du potager.

Je reviens à mon obsession : partir, oui, partir. N'importe où, pour étudier plutôt que de végéter et de croupir. Je me rappelle ce qu'évoquait l'expression « faire des études », qu'on employait à propos des filles et des garçons qui fréquentaient les collèges. Et si l'on précisait : « le cours classique », là, c'était, malgré mon ignorance, la promesse de l'inaccessible Éden ! À la fin de ma septième année à l'école du rang, j'obtins mon certificat d'études, mais je fus au même temps conscrit par le sort : trop pauvre, la commission scolaire n'autorisait pas dans mon rang les divisions de huitième et de neuvième année. J'étais prisonnier. L'école se terminerait là pour moi comme elle s'était terminée pour mes deux frères aînés. À distance, je revis ce jour de la rentrée où, malgré tout ce que j'en savais, je me rendis quand même à l'école. L'institutrice me dit : « Il n'y a pas de place pour toi. » Cela sonnait comme *La Dernière Classe* de Daudet. Je revins seul. Mon père m'arracha abruptement à mes songeries en m'expédiant au bout de la ferme, où mes frères, aidés d'un employé, coupaient le « bois de poêle » avant leur départ pour les chantiers.

Grâce à ma mère, ce qui devait être l'automne de la fin devint celui du véritable commencement. La loi de l'Instruction publique et les règlements n'interdisaient pas que des élèves étudiassent à la maison en suivant les programmes imposés. Ma mère, autrefois institutrice, nous pourvut, ma sœur Rachel et moi, des manuels nécessaires aux cours que nous ne pouvions suivre à l'école. Toute cette saison-là et l'autre, le soir à la lampe à l'huile, sur la petite table de ma chambre, Rachel et moi, nous « fîmes », selon l'expression, notre huitième et notre neuvième. Comme je n'avais jamais eu de cours d'algèbre, je fus obligé d'aller voir le maître d'école des garçons du village. Il s'appelait Jean-Jacques Bergeron ; je crois qu'il vit toujours. Gratuitement, le soir, vers cinq heures, après sa journée d'enseignement, il m'inculqua les rudiments d'une matière dont les filles étaient exemptées. Je me rendis là à pied (six ou sept kilomètres), cinq fins de journée par semaine pendant un mois. Les jours de grande pluie, ma sœur attelait le cheval et venait me conduire. En attendant, sous la véranda de l'école, elle « bûchait » ses propres matières. Nous passâmes les examens. Un matin de juillet, la poste nous apporta, tout reluisants, nos certificats d'études de neuvième année.

Il restait à gagner le collège, où les favorisés recevaient le cours d'humanités classiques. Ce fut un jeu de cache-cache entre mon père et ma mère. Comme je souhaitais vivement devenir prêtre, ma mère s'aboucha avec le curé. Au même moment, deux Rédemptoristes prêchaient une retraite dans notre paroisse. Je demandai à être admis à leur Juvénat de Sainte-Anne-de-Beaupré. Il me fallut patienter encore une année parce qu'au moment de la présentation de ma demande il n'y avait plus de places disponibles. Je ne me rappelle plus comment je vécus cet ajournement de mon projet. Peut-être avais-je été trop préoccupé par la maladie de ma mère, dont la santé déclinait depuis 1939. Ce qui s'impose à ma mémoire, c'est le départ de la maison au soir du 1er septembre 1942. Ma mère me dit à l'oreille, comme un secret, ce qu'elle attendait de moi. Son regard affaibli reflétait les images estompées de la vie d'une femme brisée ; il s'éclairait fugitivement à ce moment-là parce qu'elle voyait son fils réaliser son propre rêve abandonné : partir ! Elle restait.

Enfin ! Je montais à mon tour dans un wagon de chemin de fer ; j'allais vers mon destin. Je ferais des études, je quitterais l'entourage étouffant, je dériverais loin des rivages de cette île que fut toujours pour moi le pays du Saguenay, que j'aime pourtant, mais qui ne m'avait jamais donné ce dont allait me pourvoir le continent. Symboliquement, je franchis de nuit, à la manière d'un fuyard, la barrière de la forêt. Au petit matin, sous le soleil de l'été finissant, j'arrivai en ville. Ma vraie vie commençait. Je songeai à ma mère, qui amorçait la dernière étape de son itinéraire tronqué. J'étais trop jeune et trop égoïste pour m'arrêter à réfléchir sur le cruel paradoxe de l'échec et du succès, de l'espérance réalisée et de la déconvenue, de la clarté de mon commencement et de l'obscurité de son déclin. Elle mourut en 1944.

Tout cela s'est passé quand j'étais jeune. L'étais-je encore quand je commençai mes humanités ? Il me semble que non parce que ma fureur de vivre, ma rage de réussir, ma volonté de reculer toujours plus loin les frontières qui avaient retenu pendant si longtemps mes élans vitaux ne me laissèrent pas le loisir de musarder. J'étais voué à enlever l'excellence, à voler, non pas à marcher, à justifier le privilège (je le voyais alors comme tel) qui m'était donné d'aller où d'autres n'avaient jamais pu se rendre. J'ai étudié, j'ai écrit, j'ai dévoré des livres, j'ai voulu tirer le maximum du savoir qu'avec la plus grande générosité les professeurs nous dispensaient. Je sentais que j'aurais des dettes ; qu'on me demanderait des comptes. J'étais un pauvre dans un collège religieux où, par charité, on me gardait, parce que mon père ne payait pour moi que cent dollars par année. Quand arrivaient les grandes vacances, je craignais qu'on me priât de ne plus revenir. Dans mon patelin, je reprenais le collier désormais allégé. Une angoisse terrible m'assaillait à mesure qu'approchait la date du retour. Le père directeur écrivait à chaque élève pendant l'interruption des cours ; deux fois : une première lettre circulaire et une autre... L'autre, la capitale, celle à laquelle tenait l'avenir : l'avis de la rentrée. Comme j'ai pâti à l'attendre, celle-là ! C'est la bienheureuse missive qui me tirait chaque fois de mon île.

J'ai connu plus tard d'autres personnes, des confrères, des camarades, des amis qui ont vécu la même expérience et qui, face aux réactions de la jeunesse d'aujourd'hui se posent la question de savoir si, dans notre monde gâté qui cajole ses jeunes, il se trouve quelqu'un qui ose rappeler que dans notre province l'on a bâti dans l'humilité du quotidien ; que, pour une femme ou un homme qui est allé au bout de ses aspirations, il y en a eu des centaines de milliers qui ont dû refouler leur idéal, suivre le rang, payer la rançon de la pauvreté, reporter sur d'autres leur espérance trompée. Il n'y a rien de divertissant à évoquer le triste héritage des compatriotes mutilés, mais cela aussi fait partie du patrimoine commun. On m'a maintes fois dit : « Vous, vous êtes chanceux, tout vous a réussi. » Belle naïveté, singulière simplification ! Je devrais parler d'ignorance invincible parce qu'on ne peut jamais vivre le mal d'un autre.

Je dirai, pour finir, l'histoire de mon frère Frédéric. Premier des fils, intellectuellement très doué, il dut quitter l'école avant ses quinze ans. Mon père avait acheté au bout d'un rang une terre qui, parce que l'argent était rare et que n'existait pas encore la Loi du Crédit agricole, menaçait de nous échapper chaque année. Il fallait payer un créancier sans pitié. Mon frère gagna très jeune les chantiers forestiers. Là, d'une étoile à l'autre, mal nourri, dans des conditions d'hygiène déplorables, il passa les meilleures années de sa vie à abattre des arbres ; pendant des mois, sans congé depuis septembre jusqu'au printemps, sans même la consolation d'un Noël en famille, il peinait pour rapporter les quelque cents dollars qui, joints à ceux qu'on tirait de la ferme, servaient à payer l'annuité qu'on appelait le « terme ».

Rentré à la maison, entre la fin de la coupe du bois et le commencement de la drave, il s'occupait à préparer les semailles. Puis, il repartait ; alors, de nuit et de jour, il se battait avec les billes de bois qu'il fallait faire dériver sur les rivières gonflées.

Félix-Antoine Savard les a peints, ces draveurs. Inutile d'insister sur les dangers de leur métier. Il suffit de lire le passage tragique de la mort de Joson dans *Menaud, maître draveur*. Quand Frédéric revenait, toussant, crachant, rejetant « le méchant » des nuits sans sommeil, des jours exténuants, parfois dans l'eau glacée jusqu'à mi-corps, il n'existait pas pour lui de « loisirs organisés » : la terre attendait des bras.

Mon frère connut plus tard de meilleurs jours. Ils n'effacèrent jamais la douleur du sacrifice initial. Il avait renoncé à sa différence, à un orgueil, à une fierté, à des forces intellectuelles qui l'eussent projeté là où il regrettera toujours de n'être jamais allé. Un soir d'octobre 1976, il m'appela de son appartement de Chambord. Il s'inquiétait d'une grippe qui ne guérissait pas. Jamais auparavant il ne s'était plaint. Il me lançait un appel de détresse. À l'Hôtel-Dieu de Québec, on diagnostiqua un cancer. Suivirent vingt jours d'agonie dans les affres de l'étouffement. Et la mort. Il m'avait dit pendant un court moment de répit : « Tu sais, je n'ai pas été chanceux. » Rien d'autre. Cette phrase lapidaire, fataliste à la façon paysanne, résumait une vie. Il faut beaucoup de foi et d'espérance pour ne pas parler d'une vie ratée, d'un être gaspillé, d'une âme à jamais sacrifiée. Il avait payé pour les autres, pour moi peut-être plus encore. Je sus que ma mère avait rêvé pour lui aussi d'une existence à la mesure des plus beaux rêves. Un jour qu'il souffrait beaucoup et que je m'en affligeais visiblement, il trouva le mot qui liait le présent au passé et ce passé à l'avenir : « Ce ne sera plus long. Cette nuit, maman est venue ; elle m'a dit qu'elle ne me laisserait plus longtemps ici. » Par-delà le temps, la connivence renaissait.

Dans un journal personnel, il y a des pages qu'on ne relit pas sans peine. Ne vaudrait-il pas mieux les déchirer ? Je les livre afin de témoigner d'une souffrance qui appartient à l'homme et à Dieu. Qu'elle devienne rédemption, là est le mystère et le miracle. Je ne me consolerais pas de toutes les douleurs dont ma carrière m'a fait témoin si je ne croyais pas que tout cela a une signification et qu'il n'y a pas de destins absurdes.

XIII

Requiem pour une mère

Yahvé m'a appelé dès le ventre de ma mère,
dès le sein il a prononcé mon nom. (Is 49, 1)

JE PARLERAI de ma mère afin de cerner une partie de mon existence, la plus douloureuse peut-être, celle où j'ai ébranlé mon ancrage au « plat pays qu'est le mien », dirait Brel, avant la dérive passionnément voulue vers les lieux de mon accomplissement. C'est ma mère qui m'y a poussé ; c'est pour obéir à ses conseils que j'ai mené à terme cet exercice existentiel. Tout compte fait, je puis déclarer qu'elle avait raison de m'inciter à vaincre la médiocrité qui avait fini par la terrasser. Je devinais pourquoi elle souhaitait ardemment que j'échappasse au sort qui m'attendait si j'étais resté. Voilà des paroles dures ; mais elles ne jugent ni ne condamnent personne. Elles procèdent de l'observation et de l'expérience. Tous les destins sont divers ; il est des êtres qui les acceptent, d'autres qui les magnifient ; il s'en trouve qui les refusent : je fus de ceux-là. Pourquoi ? Je pourrais le dire rétrospectivement. Mais, au temps où cela s'est passé, je ne me rappelle que cette volonté qui m'animait de quitter mon habitat originel, de ramer contre le courant pour gagner je ne sais quelle terre où je vivrais d'une façon différente.

Ma mère m'avait instillé le besoin de l'évasion. Mystère des gènes, ma mère cadrait mal dans un milieu qu'elle dut subir sans jamais pouvoir s'en évader. Née de Madeleine Brassard et de Johnny Tremblay, dit « Émilien », à Sainte-Anne-de-Chicoutimi en 1888, son père, cultivateur et forestier, était analphabète. La famille comportait huit filles et deux garçons. Mes oncles commencèrent des études sans qu'elles les menassent très loin. Les filles furent mieux traitées, à ce qu'il me paraît aujourd'hui. Ma mère devint institutrice. Je me demande encore comment, pendant les dix-neuf années qui précédèrent son mariage, elle avait pu apprendre tant de choses et acquérir une culture qu'elle s'efforça d'accroître et de nous inculquer. Elle avait dû recevoir à la maison ou à l'école une éducation poussée qu'elle continua de parfaire, malgré d'exigeantes besognes quotidiennes et la vie dure qui lui fut imposée. J'ignore quelles furent ses éducatrices. Mais je puis affirmer que ses connaissances en toutes sortes de disciplines dépassaient de loin celles des femmes – j'ai pu l'observer – qu'elle allait coudoyer au long d'une existence qui laissait peu de loisirs et qui fut interrompue à cinquante-quatre ans après plus de cinq années de maladie.

Par ses manières, sa distinction, sa fierté et son intelligence, ma mère n'était pas comme les autres. Et quand il m'arrive d'y resonger, je ne pense pas que je m'abuse en la glorifiant. Ce que j'écris ici, je l'ai comparé à ce que j'ai déjà consigné dans mon journal à diverses époques de ma vie. Il n'y a pas d'embellissement, de mythe né de la distance chronologique et de l'affection. J'en suis d'autant plus sûr que, tout au long de mon cheminement intellectuel et spirituel, j'ai retrouvé des jalons et des assises hérités de ma mère. Cela m'est apparu au temps de mes études classiques : je découvris qu'on m'enseignait ce que j'avais déjà appris d'elle. J'ai toujours eu l'impression du déjà su et je ne pouvais le tenir que de ma mère. Mes études spécialisées m'apportèrent des richesses inconnues ; je les ai assimilées selon des principes et des méthodes qu'elle m'avait inculqués. Parti à la découverte, j'avais l'impression qu'on avait balisé le chemin devant moi. J'ai connu d'excellentes institutrices, ces modèles de dévouement qu'on trouvait dans nos humbles écoles de rang ; j'ai eu de grands maîtres au collège et à l'université ; mais ce que j'en ai tiré provenait des dispositions que l'influence de ma mère avait auparavant ordonnées. Mon besoin de connaître, mon goût de l'étude, ma sensibilité aux réalités du monde ambiant, je les lui dois, comme lui revient aussi cette différence qui me caractérise.

Je sais, quant à moi, que je suis le fils de ma mère, que c'est elle qui m'a modelé et que, s'il lui était donné de me voir aujourd'hui, elle reconnaîtrait l'enfant qu'elle a porté et dont elle a orienté les pas maladroits. Aussi loin que je remonte dans le passé et dans la mesure où la mémoire me restitue une image qui n'est pas trop altérée, j'ai la conviction d'avoir continué l'évolution psychologique et spirituelle amorcée sous sa conduite. Ce qui me frappe aujourd'hui, c'est la sollicitude dont elle m'a entouré, le soin qu'elle a pris pour me préserver des relations dangereuses et le besoin d'excellence qu'elle m'a imposé.

Perfectionniste, elle se distinguait par la correction de ses manières et de cette sorte de style que les envieux qualifiaient d'« aristocratique ». Elle était pourtant de condition modeste ; jeune, elle avait connu l'aisance, le confort à tout le moins, selon les normes du temps. Ce qui ne fut pas le cas après son mariage. Unie à un homme qu'elle suivit dans les chantiers et dont elle fut la compagne de travail au moment où il décida de s'ancrer sur une ferme, elle allait partager l'austérité et la pesanteur d'une existence de labeur ; démunie, sans budget personnel, elle dépendait de l'humeur de mon père pour toutes les petites commodités, comme le vêtement. Elle garda jusqu'à la fin une certaine coquetterie. Habillée sans apprêt, elle donnait l'impression de l'élégance. Son goût la guidait lorsqu'elle soustrayait pour elle quelque argent pour une robe, un chapeau, un manteau et des colifichets qui n'avaient rien des joyaux de la Couronne, mais qui l'aidaient à conserver la dignité qu'on lui reconnaissait d'emblée. Elle était pauvre ; elle le savait ; elle ne cherchait pas à imiter les mieux nanties ; elle compensait par le souci du détail. Consciente d'avoir à partager avec mon père et les neuf enfants de notre famille, c'est par un miracle renouvelé qu'elle parvenait à conférer à son habillement le style qui la faisait remarquer. Elle était bien loin de la haute couture ! Elle portait la griffe des pauvres, et je ne sais de quel effort d'ingéniosité elle sauvegardait cette forme de fierté.

Oui, ma mère était pauvre. Mais ce ne fut jamais d'une pauvreté sordide qui écœure ou repousse. Elle ne se distinguait pas à cet égard des autres femmes de son entourage. Elle tranchait quand même sur les autres. La conscience de sa différence et son élévation intellectuelle occultaient la tare rédhibitoire de la pauvreté. Je l'ai vue souvent diriger des conversations, animer des soirées, s'activer à l'occasion de mariages, de cérémonies ou de fêtes populaires. On l'entourait, on lui demandait conseil ; elle était une sorte de référence, et l'on n'hésitait jamais, hommes ou femmes, à requérir ses avis. Se vengeait-elle ainsi de la misère de sa condition ? Ce qui est sûr, c'est qu'elle ne renonça jamais.

On ignorait tout de notre gêne financière ; on ne savait rien des disputes et des crises que ma mère supportait quand elle réclamait pour elle et ses enfants un peu de l'argent rare que mon père investissait dans les instruments aratoires, dans la construction des granges et des étables ; cela parce que ma mère ne songeait pas qu'à elle. Elle souhaitait que ses fils et ses filles eussent leur part, qu'ils fussent bien vêtus et qu'ils gardassent cette hauteur qui la distinguait elle-même. Nous savons, nous qui avons vécu à ses côtés, qui l'avons vu disputer et pleurer, de quel prix et de quelles humiliations elle payait la pitance qu'à notre profit elle arrachait à un père souffrant d'insécurité, et qui ne comprenait pas que ma mère voulût nous donner le minimum, qu'il considérait comme une extravagance ou un luxe. C'est d'ailleurs à cette époque, pour ces raisons mêmes et pour d'autres, que j'éprouvai une profonde désaffection, voire une aversion pour mon père. C'est bien plus tard que, l'ayant connu et reconnu – ce qu'il fit lui-même –, je trouvai la raison de ses attitudes.

Si je parle de pauvreté, ce n'est pas pour apitoyer qui que ce soit. J'ai évalué depuis le degré d'indigence qui était le nôtre et qui n'avait rien de la terrible misère qui tue les peuples entravés, défavorisés, soumis à la guerre et à la dictature. L'organisation de la ferme et tous les produits qu'on en tirait nous préservaient du froid et de la famine, encore que j'aie connu des gens qui ne mangeaient pas à leur faim et qui vivaient dans des masures à peine chauffées l'hiver. Ce qui m'a frappé, c'est l'impossibilité où nous étions de sortir d'une condition qui fut fatale au développement de mes frères et sœurs enchaînés à un lieu circonscrit et voués à la médiocrité, sans espoir de retour. Ils n'étaient pas les seuls.

Les gouvernants, clergé en tête, exaltaient alors la mystique du terroir. Toute forme de salut venait de là. Embarrassés par le chômage, incapables d'inventer des systèmes et des structures industrielles, les pouvoirs publics se rabattaient sur la vocation rurale des nôtres. Ce qui explique qu'on a tout fait pour coloniser des régions impropres à l'agriculture. On connaît les échecs de ces entreprises qui consistaient à recruter des travailleurs sans expérience de la culture du sol et qu'on expédiait dans toutes les directions vers d'impossibles terres promises. Ceux qui y ont laissé leur santé et leur corps pourraient témoigner de l'irréalisme et de l'inconscience des fonctionnaires du temps et des effets pernicieux du nationalisme terrien entretenus par des propagandistes politiques et religieux qui voulaient bien laisser aux autres l'honneur de « faire le pays », pourvu qu'ils demeurassent, eux, dans le confort des villes. Ils ne sauront jamais combien de femmes et d'hommes ils ont sacrifiés ; combien de talents ils ont étouffés et de combien de situations sans issue et d'anéantissements ils furent responsables. Ce que j'ai pu constater, c'est la pauvreté à laquelle ils condamnèrent des générations de mes compatriotes. Seuls le courage, l'énergie et la ténacité des gens de chez nous eurent raison de cette détresse.

En écrivant ce requiem pour une mère, c'est à toutes les valeureuses que je rends hommage, à ces « créatures », comme les hommes les appelaient, qui, sans égalité de droits, menaient auprès de leurs « hommes » un combat féministe avant la lettre. On leur faisait la portion congrue ; pourtant, malgré la suite des maternités, les travaux les plus rudes, l'enchaînement à la maison, bon nombre d'entre elles palliaient (parce qu'elles étaient souvent plus scolarisées que les hommes) les insuffisances des quasi-illettrés qui dirigeaient les municipalités et les commissions scolaires. J'ai souvenir de plusieurs d'entre eux qui venaient à la maison pour que ma mère fît leurs calculs et écrivît les lettres aux gouvernements et aux citoyens auxquels il fallait adresser des documents officiels.

Ma mère devint une secrétaire universelle. Pour d'autres, elle déchiffrait les lettres reçues, répondait à celles que des garçons et des filles échangeaient, rédigeait les commandes à l'intention des compagnies qui traitaient avec les clients par catalogue, déchiffrait le Code municipal et la Loi de l'Instruction publique, interprétait le Code civil dans des cas de « chicanes de clôtures » entre les voisins. Bénévolat, bien sûr ; bien mal récompensé, car si on faisait appel à ses services, on ne lui pardonnait pas cette capacité, et ceux qu'elle cinglait à l'occasion par ses mots et ses répliques la traitaient de « bête instruite ». Remerciements à rebours dont, je pense, elle tirait vanité. Il fallait l'entendre quand elle discourait avec des amis de sa qualité, pour comprendre qu'elle était au-dessus de ces mesquineries. Elle trouvait sa satisfaction dans ces rencontres qui lui permettaient de se hisser au-dessus du terre-à-terre quotidien en discutant de politique, de science, de musique ou de littérature. À la voir ensuite s'acquitter des tâches domestiques et prendre sa part des épuisants travaux de la ferme, on ne soupçonnait pas qu'elle fût plus qu'une paysanne robuste et vaillante à la peine. J'ai connu d'autres femmes de sa trempe ; j'en ai connu de plus modestes, mais m'impressionnent encore les figures d'exception dont l'Ordre du Canada ne reconnaîtra jamais les mérites, mais qui furent, dans tous les coins de notre patrie, des bâtisseuses et des inspiratrices. Elles n'étaient pas esclaves des diètes ni consommatrices de cosmétiques ; elles suivaient le régime du cœur et de la générosité. Fidèles à la nature, elles s'abandonnaient à des usages et à une tradition, dont on peut de nos jours contester partiellement la validité, mais qui n'ont pas moins servi à donner à notre peuple la conscience de sa valeur et à consacrer sa distinction.

On ne s'ennuyait pas chez nous parce que ma mère, imaginative, essayait de faire de toute chose une célébration. Elle invitait, recevait : gens du patelin ou parents de Chicoutimi, de Jonquière, de Kénogami et d'Arvida. Oncles, tantes, cousins et cousines se succédaient. C'est alors qu'elle faisait des prodiges. La table était bien montée et garnie ; on briquait les parquets, on sortait les habits du dimanche ; il ne fallait pas donner à penser que nous avions du mal à payer la terre et à joindre les deux bouts. Nous sacrifions nos lits pour coucher dans les hangars ou dans la grange. Je pense à la corvée de lavage qui suivait. Avec mes sœurs, elle s'y attaquait dans un réduit où il fallait transporter l'eau du ruisseau à une centaine de mètres, la faire bouillir, étendre le linge au vent pour le séchage et repasser. En hiver, tout cela se faisait dans la maison de ferme, sans eau courante et sans électricité. Comment dire aussi ce que représentaient d'efforts la cuisine pour onze, quinze, vingt personnes presque à longueur d'années, le soin du potager, l'élevage des poules et autres volatiles, la tonte des moutons, le nettoyage du suint avant l'expédition à la filature pour le cardage de la laine et la mise en marche des besognes d'automne et d'hiver quand il fallait filer, dévider, ourdir, tricoter et tisser ?

C'est Marius Barbeau qui a parlé des « saintes artisanes », ces ménagères infatigables à tasser la trame pour fabriquer du drap, des flanelles, des étoffes, des couvertures laine sur laine ou des « catalognes » unies, rayées, avec ou sans motifs. J'ai mémoire de lentes soirées d'hiver quand ma mère, avec le petit catéchisme de la province de Québec appuyé au métier comme sur un lutrin, passait aller-retour la navette et me questionnait : « Qu'est-ce que Dieu ? Où est Dieu ? Combien y a-t-il de personnes en Dieu ? Qu'est-ce qu'un mystère ? Quels sont les commandements de Dieu ? Quels sont les commandements de l'Église ? », jusqu'à ce que je possédasse ce savoir usuel des premiers communiants et des confirmands. La lampe jetait son halo, il fallait de temps en temps couper les « cornes » de la mèche, essuyer la cheminée que la suie avait aveuglée et poursuivre jusqu'au coucher cette tâche de tisserande et d'éducatrice. Ce tableau, on aurait pu le contempler dans la plupart des foyers d'« habitants ». Les femmes empilaient ainsi les jours sur les jours et les soirs sur les soirs. Je ne savais pas pourquoi, à certains moments, ma mère s'arrêtait et pleurait ; cela arrivait quand elle avait reçu une lettre de mes frères aux chantiers ou de quelqu'un de sa famille à Chicoutimi. Peut-être souffrait-elle dans sa chair ou dans son âme à la suite d'une querelle avec mon père ? Que regrettait-elle ? Quel désir de retour la saisissait ? À quels rêves renonçait-elle, et pour combien de fois, tandis que diminuait l'écheveau et que s'épaississaient sur le rouleau les couvertures qui seraient l'abri de nos nuits ?

J'essaie de traquer l'image de ma mère, d'arracher aux rets de l'oubli ce qui m'aiderait à reconstituer son existence de femme transplantée. Je voudrais bien savoir pourquoi elle s'est liée si jeune à un être qui lui ressemblait peu ; si elle goûta longtemps à son premier bonheur. Installés d'abord à Sainte-Anne-de-Chicoutimi, mes parents coururent les bois ; ma mère suivait son mari là où se fixaient les entrepreneurs forestiers ; déplacés d'une saison à l'autre, ils besognaient pour élever les quatre premiers enfants. Fixé un temps à Val-Jalbert, mon père, qui craignait la conscription de 1917, décida de s'établir sur une ferme. Il avait grandi à Saint-Hilarion-de-Charlevoix, orphelin de père à deux ans, élevé à la dure, rudoyé par un oncle dont lui-même et son entourage m'ont décrit les méthodes et la sévérité. Il avait donc une certaine expérience de l'agriculture. Mais – je n'ai jamais pu me l'expliquer – mon père fit l'achat d'une terre située au plus loin d'un rang, à trois kilomètres du premier voisin, à six kilomètres de l'école et à près de neuf kilomètres du village.

Comment ma mère s'accommoda-t-elle de cet exil ? Tout ce que je sais, c'est qu'elle partagea avec son époux et les quatre aînés, deux garçons et deux filles, la charge de l'établissement et du développement de la ferme. Accablée par les fausses couches et les naissances, elle mena la vie des isolés. Elle se prenait quelquefois à exprimer tout haut son désir de rejoindre le village, de desserrer l'étau, comme elle le disait, de «vivre comme l'autre monde». Comme la mère Chapdelaine, elle avait la nostalgie des «beaux villages»; elle supportait tant bien que mal l'exiguïté de la cellule sociale qui ne satisfaisait pas son besoin de voir des gens et d'entretenir avec eux le dialogue qui l'eût aidée à s'épanouir. Très sensible, artiste à sa façon, elle végétait dans un monde clos qui ne lui offrait pas la possibilité d'assouvir son besoin de connaître et de partager les idées que lui inspirait sa réflexion sur l'univers dont elle observait de loin l'activité.

Du curé, du médecin et de quelques femmes de ses amies, elle empruntait les livres et les revues qu'elle ne pouvait se payer. Elle aurait souhaité échanger, discuter, relancer sa méditation. Les soucis de la famille et la peine qu'elle se donnait pour nous élever l'obligeaient à garder pour elle ses impressions et ses regrets. Ce n'est que plus tard qu'elle trouva dans l'une de mes sœurs une interlocutrice; je devins moi-même assez vite le réceptacle de ce que son intelligence et sa culture produisaient. Je ne pouvais pas tout comprendre, mais j'absorbais. Plus tard, j'ai récupéré, présentées avec toute la rigueur de la méthodologie classique, les notions que depuis longtemps j'avais reçues de ma mère. Je pus alors apprécier ce que m'avait légué une femme de cultivateur accablée par les tâches serviles mais qui avait conservé cette capacité de s'élever au-dessus de sa condition.

Cela se voyait quand survenaient des étrangers ou certains membres de sa famille. Je reste étonné de la variété des sujets qu'elle abordait et de la pertinence de ses analyses, de ses critiques et de ses vues. On l'invitait partout. Je l'ai très souvent suivie. Je garde le souvenir de la déférence qu'on lui manifestait et du cas qu'on faisait de ses opinions.

Les femmes de cette époque ne tenaient pas salon ; elles se retrouvaient à l'occasion des baptêmes, des mariages et des funérailles ; elles organisaient des corvées de filage, de tricotage ou de mise en conserve des viandes, des légumes et des fruits. On s'inquiétait de savoir si ma mère en serait. Je la revois, prêtant son concours, dirigeant la conversation avec une aisance qui subjuguait, prodiguant les conseils et clouant le bec à celles qui se complaisaient à gruger la réputation des autres. Ces soirées se terminaient par des sauteries. Il s'y trouvait toujours un violoneux, un accordéoniste, un joueur d'harmonica. Ma mère menait le bal, dansant, chantant de sa voix de soprano dramatique des airs d'opéra et des chansons populaires. Car ma mère avait une voix ; une grande voix, m'a-t-on dit. Je l'ai entendue. Je ne puis, d'aussi loin, juger. J'ai rencontré à Chicoutimi des personnes âgées qui se rappelaient encore l'avoir écoutée à l'église ou dans des salons. L'un d'eux m'a dit : « Tu sais, ta mère, avec sa voix, elle faisait courir tout Chicoutimi et les environs. » Sans accompagnement, elle chantait en travaillant, interprétant pour le seul auditoire de ses enfants les arias et les chansons que nous lui réclamions. Il s'en trouvait qui me fascinaient. Je demandais : « Chantez-nous l'Oranger. » C'était : « Connais-tu le pays où fleurit l'oranger ? », cet air de Mignon d'Ambroise Thomas que je retrouverais plus tard sur les lèvres des plus illustres cantatrices. Il y avait dans cette romance un exotisme qui excitait mes fantasmes. Le chant fut, en tout état de cause, mon initiation à la musique. C'est pourquoi la voix humaine demeure pour moi le plus beau des instruments.

Ma mère fut-elle une femme malheureuse ? Sans me substituer à elle, je puis, me fondant sur ses confidences, affirmer qu'à mesure que le temps avançait ses charges et ses peines s'alourdissaient. Elle s'inquiétait de l'avenir de ses enfants ; elle se rendait compte qu'elle ne pourrait plus s'arracher à un milieu aux horizons rétrécis. Elle se faisait beaucoup de souci pour mes sœurs en particulier. On l'a dit souvent, en ce temps-là, les filles de la campagne devaient trouver mari ou quitter la maison ; sans instruction, elles n'avaient que la ressource de s'engager comme domestiques. Les plus audacieuses, celles qui en avaient assez, quittaient le village afin de dénicher en ville des emplois et des maris. Quand j'étudiais à l'université, j'ai rencontré bon nombre de « déserteuses » ; j'ai recueilli leurs confidences. Il y avait beaucoup de serveuses de restaurant, de femmes d'hôtel ou de chambre. Il y avait aussi toutes celles que la misère et l'impossibilité d'en sortir obligeaient à faire le trottoir. Phénomène sociologique troublant qui en dit long sur la condition de la femme. Mes sœurs échappèrent à cette cruelle destruction. Mariées, elles s'appliquèrent à créer pour leur famille les chances qu'elles avaient ratées.

Quant à ma mère, prisonnière de son état, elle dut accepter son lot. Elle nous a confié qu'elle avait aimé un homme, propriétaire d'un commerce. Elle se risquait alors à évoquer ce qu'elle eût pu devenir. En ces moments-là, je fabulais, m'imaginant fils d'un père à l'aise et donc capable de me pousser vers les études qui m'obsédaient. Je ne savais pas encore que le destin est fonction de la génétique et que cet hypothétique père auquel ma mère pensait peut-être encore eût engendré d'autres êtres. Je suis ce que je suis, issu du mariage de tel père et de telle mère. Je n'aurais pas existé autrement. Ce que j'ai retenu par contre, c'est que ma mère était désillusionnée. Avant qu'elle ne tombât malade, elle me confia qu'elle songeait à quitter la maison et à se remettre à sa profession d'institutrice. Cet aveu échappé aux heures d'accablement est un constat. Ma mère en avait assez. Eût-elle réussi à secouer le joug, à braver l'opinion, à se lancer dans une aventure dont il n'était pas aisé de prévoir les conséquences ? Je ne crois pas, en connaissant ses convictions religieuses, qu'elle se fût jamais décidée à briser son contrat.

La vie familiale ne comportait pas que des jours sombres. L'atmosphère se détendait à certaines périodes quand les préoccupations matérielles relâchaient de leur tension. Il y avait des heures de joie. Ma mère les provoquait. Elle nous faisait la surprise d'un vêtement neuf, d'un chandail de laine tricoté, d'une écharpe ou de mitaines bariolées ; j'aimais les chandails rayés, à carreaux ou à losanges avec beaucoup de couleurs ; elle les fabriquait en secret, quand nous étions absents ou couchés. Elle s'efforçait d'habiller mes sœurs avec une certaine élégance. Le budget était petit : il consistait en l'argent qu'elle retirait de la vente des poulets à l'automne ou des travaux de couture et d'aiguille qu'elle exécutait pour les femmes du village. Nous y ajoutions les gains de la cueillette des fraises sauvages, des framboises, des bleuets, des groseilles et des noisettes. Ingénieuse, elle trouvait les moyens d'embellir notre vie. On annonçait dans *Le Soleil* des vêtements usagés. Elle prit l'habitude de commander de Québec, à une compagnie du nom de Assh (qui doit exister encore), des ballots de linge d'occasion. Nous avions hâte d'ouvrir les colis. Il y avait de tout : robes, manteaux, costumes. Avec mes grandes sœurs, elle désinfectait, lavait, décousait, taillait et recousait. Il en sortait du neuf. Comme la famille était nombreuse, les vêtements passaient de l'un à l'autre. Ma mère rafistolait, retaillait, agrémentait. Moi, je portais les vêtements recoupés de mes frères et de mon père. J'eus, à seize ans, mon premier costume acheté au magasin. Il avait été commandé par la poste chez Eaton ; je n'en ai pas porté depuis de plus précieux. L'habit de tweed bleu quadrillé fit le moine : j'étais devenu un « monsieur ». Le bonheur est simple ; ma mère le comprenait ; ces gestes-là illuminaient nos jeunes vies. Quand l'isolement nous pesait, que nous avions épuisé les ressources des jeux de cartes, des devinettes, du découpage des modèles de catalogues Simpson, Eaton et Dupuis & Frères, il fallait bien inventer quelque autre divertissement. Ma mère disait : « Si on faisait du sucre à la crème ou de la tire... » Je n'oublie pas le temps des fêtes, les réjouissances avec les parents et les voisins, et les cadeaux. Le budget était mince et le Père Noël paraîtrait plutôt pingre aux gavés d'aujourd'hui. Ma mère consultait mon père. Je dois dire que celui-ci tenait à ce que nous eussions quelque chose. Il achetait une bonne quantité de bonbons et de chocolats contenus dans des chaudières dont nous aurions bien voulu percer le fond à défaut d'y puiser sans ménagement. Nos bas suspendus à la rampe de l'escalier contenaient une pomme, une orange (une rareté !) et des friandises ; s'y ajoutait un jouet, un livre à lire ou à colorier ; j'eus, une année, un camion citerne en acier, peint d'un rouge éclatant. Il a fait partie de mes possessions jusqu'à ce que j'en fisse cadeau à un neveu. Les fêtes apportaient des jours inaccoutumés. Mais nos frères nous manquaient. Retenus dans les camps de bûcherons, la distance les empêchait de joindre le foyer. Ma mère s'en désolait. Elle leur envoyait par un courrier rare et irrégulier les petites douceurs qu'elle confectionnait.

On parle de grâce d'état. Ma mère la possédait certainement. Elle n'eût pas autrement sublimé l'ingratitude de sa vie. Son caractère religieux, sa mystique intime, sa foi chrétienne ne fléchirent point. Elle croyait en Dieu. Sa plus grande souffrance – elle l'a tant de fois répété ! –, c'était d'habiter loin de l'église. Nous fréquentions l'ancien temple de Saint-André ; un bâtiment du style des constructions qu'on voit à l'île d'Orléans ou sur la côte de Beaupré ; une église en bois, comme celle de Laterrière, et qui recelait, dans sa simplicité, ce qui m'apparaissait comme un trésor. Bien modeste : un autel blanc et or surmonté d'un retable où s'alignaient des chandeliers d'argent, une statue de l'apôtre André avec sa croix en X, une Vierge du Perpétuel Secours, un saint Joseph, et un saint Gérard Majella, souvenir d'une retraite prêchée par les Rédemptoristes qui furent au collège mes maîtres estimés. Nous avions un banc dans la première rangée du jubé, ce qui me permettait de suivre dans le détail le déroulement des cérémonies. Je les aimais toutes : messes, saluts du Saint-Sacrement, neuvaines, retraites, quarante heures, processions. J'exultais et harcelais ma mère avec mes questions. Cela répondait à un instinct fondamental en moi. Il n'a rien perdu de son acuité. Ce besoin, ma mère l'a discerné, elle l'a cultivé ; il a gagné en inquiétude et en profondeur ; il reste pourtant substantiellement ce qu'il était quand ma mère m'a amené la première fois à l'église, quand elle m'a préparé à ma première communion, à la confirmation et à ma profession de foi. Il s'est exprimé tout au long de ma course dans un inextinguible désir du sacerdoce. Ce qui eût comblé ma mère ! Elle m'avait catéchisé ; elle m'inculqua ses dévotions : à la Vierge et à la voyante de Lourdes. Le prêtre tenait une place privilégiée dans la vie de ma mère ; elle ne le voyait pas dans le rôle que l'incurie des pouvoirs publics l'obligea à remplir. Il était marqué à ses yeux d'un signe qui le rattachait au divin. Il résumait en sa personne un credo auquel elle avait adhéré et qui fut au cours d'une longue maladie sa seule consolation et son seul appui.

Ma mère aimait le cycle liturgique, les fêtes, les rites, la solennité des offices qu'elle commentait pour nous; elle devait bien entretenir quelques super-stitions; ce qu'elle m'a laissé, c'est la conscience du surnaturel, et si j'ai cru longtemps au retour des cloches le samedi saint et à l'eau de Pâques, ce legs poétique n'a pas alourdi le fonds vital qui constitue, certes, mon plus bel héritage.

Le 12 février 1944, le père directeur du Juvénat de Sainte-Anne-de-Beaupré me fit mander, tôt le matin, à son bureau. Je craignis qu'il ne me signifiât mon congé. Angoissé, je pensais à tout ce que ma mère avait dû souffrir pour m'envoyer au collège. Le directeur me demanda: « Êtes-vous prêt à faire un grand sacrifice ? » Avant que je pusse répondre, il enchaîna: «Votre mère est morte ce matin à l'Hôtel-Dieu de Chicoutimi. Prenez le train ce soir et rendez-vous dans votre famille. » Je ne me rappelle pas avoir pleuré. C'était le dénouement prévisible d'un drame qui pesait depuis plus de cinq ans sur nous tous.

Ma mère était affligée d'un goitre. Elle portait des robes ou des blouses à col haut pour cacher cette excroissance qui l'humiliait. C'était à une époque où l'on ne se risquait guère à pratiquer des interventions chirurgicales dans ces cas-là. Elle subit cette infirmité sans jamais se plaindre. Mes sœurs et moi avons souvent pleuré à l'école parce que nos camarades désignaient notre mère par cette expression qui me fait mal encore: « la grosse gorge ». Sans cesse à la besogne, indifférente à bien des malaises, ma mère commença en octobre 1939, après le mariage de ma sœur Jeanne, à sentir de la fatigue. Elle se reposait à la sauvette pour n'alarmer personne. Elle se prit à tousser; des quintes violentes, interminables, déchirantes. Elle se rassurait à sa manière: « C'est une bronchite, c'est un mal de famille. » Elle respirait difficilement; combien de fois l'ai-je vue, penchée, les mains appuyées lourdement sur la table, cherchant son souffle. Le médecin du village de Chambord conclut à un cas d'asthme et prescrivit je ne sais trop quel médicament. Plus tard, il essaya des fumigations de teinture de benjoin ; puis une pompe avec laquelle, aux moments de crise, ma mère vaporisait dans sa bouche un liquide appelé Dyspnée-Inhal (une marque de commerce). La solution miracle venait de Clermont-Ferrand en France, ce qui n'allait pas sans ajouter à la magie du remède. Elle ne prenait plus de plaisir à quoi que ce soit, indifférente, même quand je lui montrais mes résultats scolaires. Elle vivait des périodes de rémission, brèves et de moins en moins fréquentes. Elle commença à craindre la mort et se faisait souvent conduire chez ma sœur, celle dont j'ai parlé plus haut, pour être plus près du médecin et du prêtre.

Elle s'alita finalement. Suivirent de longues semaines d'attente. Je me hâtais de revenir de l'école avec l'espoir de la trouver debout, vaquant comme autrefois à ses occupations de mère de famille. Il fallut se rendre à l'évidence : maman était sérieusement malade. On dut penser à l'hospitaliser. À quel prix ? Il n'y avait pas d'assurance-santé et l'assistance publique ne payait pas pour les propriétaires de ferme, des richards, présumait-on. Elle partit quand même à Chicoutimi. Ce fut pour nous tous une dure absence. Elle avait emporté avec elle l'âme de la maison. Nous restait l'espoir de son retour prochain et de sa guérison. Je m'en faisais une fête. Un matin, mon père nous apprit qu'il se rendait à la gare de Chambord pour y accueillir ma mère, qui débarquerait dans l'après-midi. J'étais exalté : les beaux jours revenaient ; revenait surtout celle qui était ma raison de vivre. Je quittai vite l'école ce soir-là. L'ombre de la nuit d'automne sculptait les contours des arbres, des clôtures et des étables ; la lumière des lampes trouait les fenêtres des maisons. Je rentrai pour attendre. Nous entendîmes les sonnailles du traîneau. Nous sortîmes à la course. Mon père aidait ma mère emmitouflée à descendre. Quand elle eut ôté son manteau et son chapeau, je la regardai. Émaciée, les joues creusées, les yeux ternis, ses cheveux blancs collés aux tempes, les lèvres bleuies, je ne la reconnus pas. C'était un fantôme, une ombre qui flottait dans ses vêtements trop grands, une apparition qui me dit : « Bonsoir, viens m'embrasser... » Je m'enfuis à l'étable pour pleurer.

La suite ne fut pas moins pénible. Allers et retours à l'hôpital ; séjours à la maison, asthénie, étouffements, détresse et toujours ces quintes de toux qui, la nuit, réveillaient toute la maisonnée. J'en vins à souhaiter qu'elle mourût. J'ai dit qu'à l'annonce de sa mort je ne savais pas si j'avais pleuré. Je le fis pendant les trois jours de la chapelle ardente dans le salon de notre maison, aux funérailles aussi, par une tempête qui ensevelit avec elle mon attente trompée. Je pense aujourd'hui que sa mort m'allégea. Je ne pouvais plus supporter cette lente décomposition, cet assaut imparable des forces de destruction lâchées contre un être humain rompu et résigné.

Je ne me suis pas complu à écrire ce requiem. J'ai voulu buriner les traits de ma mère. Parce que je l'aime toujours, parce qu'une mère, c'est unique et que ce qu'elle nous donne, elle est la seule à pouvoir le faire. Sa vie ne fut pas exceptionnelle ; son sort et ses souffrances non plus. J'ai connu en ce pays du Saguenay beaucoup de femmes qui en ont enduré tout autant. Je les associe à la mémoire de ma mère. Il y a de par le monde des souffrances plus poignantes et des destins plus tragiques. Mais chaque être s'accomplit dans le petit espace du temps qui lui est ménagé. Il n'y a pas de possibilité de reprise ; de sorte qu'une vie saccagée, c'est une vie qu'on ne peut reprendre et réaménager à son gré. La foi m'enseigne que tout a un sens ici-bas. J'attends dans l'espérance l'instant où je saurai pourquoi la vie de ma mère fut celle dont j'ai tenté de faire voir l'ombre et la lumière.

XIV

Comment devenir laïc ?

Il n'y a qu'un Corps et qu'un Esprit comme il n'y a qu'une espérance au terme de l'appel que vous avez reçu ; un seul Seigneur, une seule foi, un seul baptême ; un seul Dieu et Père de tous qui est au-dessus de tous, par tous et en tous. (Ép 4, 4-6)

C'EST la question que je me posais en 1962 après l'intermède de mon épreuve à Ottawa. Épreuve ! Le mot n'est pas trop fort pour désigner ce temps où je crus perdre pied parce que je ne savais pas comment et pourquoi me résigner au laïcat. Je portais les stigmates que d'autres m'avaient infligés et ceux qu'intérieurement je creusais moi-même en refusant l'état auquel je me croyais condamné. Dans l'obscurité du drame que je n'inventais pas, que je vivais seul, je cherchais je ne sais plus quel Dieu qui m'avait parlé d'un monde devenu interdit. Tout était doute, tout était faute et rien qui fût semblable à ce que je construisais hier dans ma demeure secrète. Je remis mes pas dans les traces qui restaient de mon errance ; elles aboutissaient aux lieux que j'avais fréquentés : la basilique de Québec, la chapelle des Jésuites, rue Dauphine, celles des Missionnaires du Sacré-Cœur, rue Sainte-Ursule. Devais-je pousser les portes ? Qui donc pouvait m'y recevoir ?

Je rouvris les vantaux. La lampe brillait toujours : il était là, dans le silence. Il m'attendait comme il attend tous les humains. J'unis ma voix au murmure des priants, ne sachant quoi dire. J'avais trop de fois demandé la grâce de devenir prêtre. Je m'accrochais à la confession, à la messe et à la communion. La prière vocale, trop mécanique, me lassait. Je demeurais prostré, sans un mot ; je compris que Dieu avait un langage que je ne connaissais pas. Je m'en rendis compte quand, revenant de l'église, je me sentis moins lourd, pacifié, au bord de la joie.

Je fis dès lors dans ma vie la part de Dieu et la part du monde. Force m'est d'évoquer le milieu où j'ai vécu et les tâches que j'ai accomplies. La politique y tient une assez large place ; je ne peux éluder les événements dans lesquels je me suis trouvé engagé ; j'en rends compte dans la mesure où leur gravité m'a forcé à prendre parti, à agir comme laïc dans l'Église qui est un corps vivant constitué d'êtres incarnés et non pas une pure réalité surnaturelle. J'avais déjà fait mes armes, en dilettante, à la surface des choses, dans les luttes idéologiques qui occupent d'ordinaire les stratèges en cabinet.

De 1962 à 1973, monté au front, je connus le terrain où se livrait une bataille décisive pour l'avenir de la foi, à côté et contre des humains qui se réclamaient du même credo. Tel qui me vit me dresser pour défendre des principes et des idées, frapper sans charité sur les adversaires, ne savait pas que je menais un combat dont, je le croyais, ma condition dans l'Église m'imposait le devoir. J'apprenais à devenir laïc. Je le faisais à un moment où les coups de boutoir des adeptes de la laïcisation de l'État portaient surtout sur l'enseignement et dans les autres domaines où les prêtres, les religieux et religieuses avaient, avec des laïcs, assumé depuis les origines de notre pays une responsabilité de suppléance sans laquelle le Québec et les minorités francophones hors de son territoire n'eussent pas survécu comme communautés culturelles distinctes.

Qu'on réclamât des réformes me paraissait pleinement justifié. Mais qu'on sacrifiât toutes les institutions pour instaurer un système qui ne faisait aucune distinction entre l'instruction publique et l'éducation me paraissait exorbitant. Qu'on voulût établir un réseau d'hôpitaux régis par l'État ne m'aurait pas inquiété si je n'avais su qu'on s'en prenait encore là par la bande aux religieuses (propriétaires et gestionnaires de la plupart des établissements) qui, dans des conditions souvent héroïques, avaient soigné les malades et accompagné les mourants de notre société. Le Mouvement laïque de langue française avait suffisamment montré son jeu pour que je n'eusse point d'illusion sur ses desseins. On en voulait d'abord à la religion. Mon appartenance à l'Église m'obligeait à lutter contre ce qui pouvait l'affaiblir et la réduire à une mythologie dépassée. On pouvait invoquer tous les principes de la démocratie, de l'égalité des chances et de la liberté individuelle et collective ; personne ne les contestait. C'est la manière sournoise dont on s'y était pris qui comptait à mes yeux, car la façon démagogique dont on jouait avec les idées les plus respectables ne laissait pas de doute sur la débâcle qu'elle devait entraîner.

Il est une question que j'ai toujours hésité à poser publiquement : pourquoi les évêques, les prêtres et les dirigeants des grandes communautés de femmes et d'hommes ont-ils si peu parlé ? Comment ont-ils pu se laisser dépouiller comme ils l'ont fait et n'ont-ils pas, avec les nombreux laïcs qui voyaient venir la catastrophe, tenu contre la vague qui les a emportés ? Au moment où, en 1960, s'annonçait la tempête, l'Église était forte, les clercs très nombreux, les institutions florissantes et les croyants, même ceux qui nourrissaient des griefs, demeuraient fidèles à leurs pasteurs. L'Église savait qu'on minait son autorité, que dans les médias comme à la radio et à la télévision d'État on ne se cachait plus pour l'accuser d'ignorance, de conservatisme et de refuge des éteignoirs. Sans aller jusqu'à déclarer qu'elle avait fait son temps, on la jugeait encombrante ; il fallait l'écarter parce qu'elle bouchait l'horizon de la liberté. On ne sait trop pourquoi elle n'a jamais mobilisé ceux qui pouvaient la défendre.

La forteresse tomba en moins de cinq ans. Je me rappelle fort bien la situation de 1966. M. Daniel Johnson avait pris le pouvoir. Je devins ministre des Affaires culturelles. Il avait réuni un soir quelques membres de son cabinet et des conseillers. J'étais là. Il nous exposa comment il était possible de sauver un certain nombre de collèges classiques. Il tenait à ce que les citoyens eussent le choix entre l'enseignement privé et celui qu'on donnait dans les écoles publiques qu'on créait hâtivement et à grands frais. Il s'était d'ailleurs formellement engagé à subventionner des établissements privés. Mais déjà les collèges classiques se vendaient au Gouvernement, qui les transformerait en cégeps, et la Fédération des collèges classiques s'était, à toutes fins utiles, sabordée. Au reste, l'une de mes premières tâches comme député de Chicoutimi fut de régler au nom du Gouvernement l'achat du petit séminaire. Combien de laïcs avaient servi de conseillers ? Et lesquels ? Mais qu'il s'agît des collèges de filles ou de garçons, on n'en compterait bientôt plus que de rares unités. Ce sont des monuments qu'on avait détruits, une tradition humaniste, des programmes et des cours conçus en fonction de la formation générale des futurs citoyens. On les remplaça par des laminoirs qui, prenant le relais des écoles dites polyvalentes, appuyaient leur objectif sur un ensemble d'options qui visaient à faire des jeunes des spécialistes avant même qu'ils eussent atteint l'âge des choix réfléchis et fussent munis des connaissances de base, mêmes élémentaires. Pour faire face à ce déferlement de la clientèle scolaire, on fabriquait en vitesse des maîtres à rabais. La création de cinquante-cinq commissions scolaires régionales éloignait les parents des centres de décision et leur enlevait en fait leur autorité. On arracha les enfants de leur milieu naturel en les transbahutant dans les autobus scolaires sans ordre ni surveillance. Ce fut le temps heureux des levers hâtifs dans les matins obscurs, le règne de la «boîte à lunch» et les retours tardifs des jeunes déracinés. Un ministre avait lancé une phrase célèbre: «L'autobus, elle *(sic)* a un rôle social à jouer.» On ne sut jamais lequel, sauf qu'«elle» remplaçait en bonne partie le foyer, promenait les écoliers sur de trop longues distances et ramenait chaque soir son contingent de petits forçats épuisés.

Ce grand dérangement préludait aux expériences engendrées dans les officines de l'État devenu soudainement éducateur. Il fallait changer programmes, cours et manuels; les méthodes se succédaient l'une après l'autre au gré des faiseurs et vendeurs de livres qui, on le devine, ne pouvaient tolérer qu'on usât de ceux qui, avec leurs imperfections, avaient quand même permis à des générations d'accéder au savoir, y compris celles des réformateurs. On s'en prit notamment aux catéchismes et aux livres de lecture qui, disait-on, faisaient la part trop grande aux exemples «pieux» (on y ajouta plus tard le reproche de *sexisme* parce qu'on y montrait d'ordinaire la femme réduite aux tâches de la maison). On changea le vocabulaire. Le *catéchisme* devint *catéchèse*, ce qui n'était pas malin. Les choses se gâtèrent quand on se demanda quoi mettre dans cette catéchèse. Dogme, morale, religion, pastorale, éducation sociale? Où loger cela dans la grille des horaires? Combien de temps consacrer à cette matière? Devrait-elle être obligatoire ou optionnelle? On fit tant et si bien que des générations ont passé avant qu'on ne trouve des accommodements qui, à la rigueur, peuvent servir à l'éducation de la foi. J'ai vu d'excellents ouvrages de catéchèse. Je connais des animateurs de pastorale fervents et bien préparés. Mais je connais peu de gens formés selon la nouvelle philosophie de l'éducation qui aient une idée exacte de la religion et de l'éthique qu'elle commande.

L'erreur vient de ce qu'on confondit instruction publique et éducation. Si l'État a le devoir d'organiser l'instruction publique, c'est aux parents et aux familles que revient la tâche primordiale de l'éducation, qui est un mode de penser et de vivre conformément à des principes et des valeurs qui répondent à l'idée qu'ils ont de l'homme et de sa vocation. La religion intervient en l'espèce parce que les parents qui ont des convictions ont le droit de les transmettre à leurs enfants; ce qui implique que l'État, au nom de la liberté de conscience, doit créer les conditions nécessaires à la transmission d'un patrimoine philosophique, théologique et moral. Je n'objecte rien au concept d'un État laïque, mais je ne puis admettre que tel État ne prenne pas en compte le consensus d'une majorité qui réclame les moyens financiers d'assurer l'enseignement de la religion autrement que par des concessions assorties de tracasseries administratives.

On prit soin au départ de ne pas alerter les parents. On institua le rite de la consultation et du dialogue. Il serait édifiant de faire le bilan des rencontres, séminaires, congrès et autres cérémonies de la parlote. Cela n'empêchait pas le Gouvernement d'aller de l'avant. Des associations de parents protestèrent hautement. Leur voix fut vite couverte par celle des missionnaires du changement. Quand, en 1964, on donna suite au rapport de la commission Parent (du nom de l'éminent prélat de l'Université Laval qui la présida), par la loi portant sur la création du ministère de l'Éducation, qui remplaça le vétuste Conseil de l'Instruction publique, on confondit, cette fois de façon institutionnelle, instruction publique et éducation, avec la bénédiction de l'archevêque de Québec et primat de l'Église canadienne qui, dans un document écrit adressé au premier ministre Lesage, disait ne rien voir dans le document législatif qui menaçât l'enseignement de la religion. Il y avait la lettre ; mais on ne prit pas garde à l'esprit.

Professeur à l'Université Laval, je devins l'un des conseillers du futur premier ministre Daniel Johnson. À sa demande, je multipliais les conférences et les interventions publiques. Mon inquiétude était de voir la société québécoise, manipulée par tous les prophètes de la permissivité, s'affadir et abandonner le terrain aux artisans de la laïcisation. Je ne m'opposais pas à la séparation de fait de l'Église et de l'État ; je demandais simplement que celui-ci respectât la liberté de quiconque et son droit à faire donner à ses enfants l'éducation de son choix. Toute tentative dans ce sens valait à son auteur d'être classé dans la catégorie des gens de *droite*. Et la *droite*, c'était l'ignorance, le refus du progrès, l'agiotage, la magouille et les malversations politiques. Celui qui osait évoquer le passé devenait coupable de tout ce qu'on reprochait aux dirigeants du Québec d'avant 1960 ; et plus : suspecté de vouloir instaurer un régime plus noir encore que ceux qu'on avait sans réserve voués à l'enfer. Bien des citoyens et des groupes prenaient le risque de se voir ainsi condamnés. Pour ma part, je recevais des lettres de prêtres me félicitant de défendre les « positions » de l'Église. Je leur répondais de me dire quelles étaient ces « positions » et pourquoi ils ne les exposaient pas eux-mêmes. Pour être juste, il faudrait verser au dossier les textes de toutes les interventions de l'époque. On constaterait que la confiance qu'on gardait aux évêques et au clergé catholiques était telle qu'on les croyait capables de parer les coups et de maintenir leur utilité, sinon leur légitimité de leaders religieux. Dire qu'ils n'ont pas parlé serait une calomnie ; prétendre qu'ils l'ont fait mollement ou maladroitement n'est qu'une médisance. Je tiens pour ma part qu'ils ont mal compris la situation générale et que, surpris par l'ampleur et la profondeur de l'événement, ils n'ont pas su organiser à temps la résistance : « Je frapperai le pasteur et les brebis du troupeau seront dispersées » (Mt 26, 31).

À leur décharge il importe de rappeler que les prêtres, religieux et religieuses furent l'objet d'une attaque rageuse, de critiques venimeuses et qu'on leur fit un crime d'avoir imposé leur autorité et leurs convictions. N'ayant jamais eu à se défendre, attaqués sur tous les fronts à la fois et, quelques années plus tard, minés de l'intérieur, ils répondaient mal aux campagnes systématiquement orchestrées. Peut-être comptaient-ils sur les laïcs pour organiser une contre-attaque efficace ; ceux-ci, relativement peu nombreux dans la direction et le personnel enseignant des collèges classiques, croyaient probablement le clergé mieux organisé ; et certainement parce qu'ils n'avaient jamais été requis de le faire ils se trouvèrent incapables d'opposer une réplique cohérente et agressive. Au reste, les assurances que donnait le Gouvernement et, il faut bien le reconnaître, la satisfaction d'un bon nombre de laïcs qui dénonçaient l'hégémonie cléricale expliquent le peu d'enthousiasme qu'on manifesta à l'endroit d'une puissance dont l'État accélérait le déclin. Les laïcs éclairés savaient peu de chose des réactions du clergé qui s'efforçait, en adoptant une attitude conciliante, d'éviter le plus grand mal. Les déclarations fusaient de part et d'autre, et tel groupe qui défendait ce qu'il croyait être la pensée de l'Église se voyait remis à sa place par les soins de prêtres et de religieux *progressistes*.

Quant au peuple, on l'avait anesthésié en lui vendant l'idée de la gratuité de l'école et en entretenant à ce sujet une équivoque pernicieuse. La gratuité devait entraîner l'égalité des chances et favoriser l'accessibilité des études au plus grand nombre. L'objectif était inattaquable, sauf qu'en insistant trop sur la gratuité on convainquit les gens que l'école ne coûterait plus rien à personne. Il va de soi que les pouvoirs publics et leurs porte-parole ne s'exprimaient pas de cette façon ; il s'agissait de redistribuer équitablement les fonds de sorte que les moins nantis reçoivent les services que leur situation financière ne leur permettait pas de se payer. Ainsi l'école ne serait pas gratuite, mais chacun pourrait en profiter grâce à la péréquation dont les gens à plus haut revenu assumeraient les coûts. C'était là une forme de justice distributive trop longtemps ignorée, encore qu'il ne faille point prendre au pied de la lettre l'accusation grossière d'élitisme faite aux collèges classiques. On prétendait, à l'encontre des statistiques, qu'on n'y acceptait que les enfants de parents à l'aise. On ne se donna pas la peine de compter les fils et filles de cultivateurs, d'ouvriers, de petits commerçants qui faisaient instruire leurs enfants à coups de sacrifice ; on ne parla point de ceux dont des prêtres, des religieux et des bienfaiteurs payaient la pension et les cours et les autres que des associations et des clubs sociaux aidaient à accéder à ce niveau supérieur des études. On oubliait de dénombrer les élèves des écoles d'agriculture, des instituts familiaux, des écoles normales et des établissements d'enseignement technique.

Pour parvenir coûte que coûte à l'objectif de la réforme globale proposée dans les recommandations du rapport Parent, il fallait démanteler le système, abolir des structures sans trop s'attarder à montrer comment on remplacerait l'ancien édifice. D'où les tâtonnements, les erreurs d'aiguillage et les coûts astronomiques qu'ils entraînèrent. Les contribuables qu'on taxa s'aperçurent vite que la nouvelle éducation ne serait pas *gratuite* !

Pour rendre justice aux réformateurs, il faudrait relire les documents officiels et retracer dans la presse l'interprétation qu'on en faisait. Chacun disait son mot, les contradictions se multipliaient, on s'affrontait sur toutes les tribunes, la clameur montait qu'amplifiait la rhétorique électoraliste. Les laïcs engagés attendaient des signes d'une Église dont il était de plus en plus difficile de percevoir la voix. Avec bien d'autres, je défendais une cause perdue. J'avais cru devoir entrer dans la mêlée parce que je croyais, comme j'y crois toujours, à la nécessité de maintenir des écoles catholiques. Elles existent encore de droit; de fait on ne peut compter sur elles pour reprendre à pied d'œuvre le travail de l'évangélisation. Les clercs qui reprirent du service dans les nouvelles écoles se trouvèrent dispersés et bientôt mis en minorité. Suspectés, ils ne jouissaient plus de la considération que leur avait value leur ascendant. On les avait jugés, eux et leur œuvre, selon des critères qui ne tenaient pas compte du passé et notamment de l'absence voulue de l'État dans les domaines qu'ils géraient. Toute l'injustice est là. Le procès de l'école, à tous ses niveaux, fut celui de leur apostolat avec ses grandeurs et ses faiblesses. On traita de la même manière les institutions hospitalières et les associations caritatives. Le recours aux préjugés fut tel que le peuple oublia que, pendant plus de deux siècles, des femmes et des hommes avaient, sans salaire, instruit la jeunesse, soigné les malades et secouru les miséreux. Une nouvelle conjoncture sociale demandait des réaménagements et des réformes, mais ne justifiait point la célérité et la désinvolture qu'on manifesta en répudiant sans respect une importante période de notre histoire commune. C'est sur la base de cette injustice qu'on créa le mythe de *la grande noirceur* qui jette sur les bâtisseurs du Québec une ombre d'autant plus néfaste qu'elle occulte haineusement les mérites de ceux et celles qui s'employèrent à faire naître une société accordée aux exigences de la modernité. Quand Gustave Cohen publia son ouvrage *La Grande Clarté du Moyen Âge*, il s'attaquait à une somme de mensonges, d'occultation des faits et de préjugés qui avaient masqué les réalités de la France et de l'Europe d'avant la Renaissance. Son audace fut le point de départ d'une résurrection des valeurs spirituelles de ces temps anciens et d'une illustration de l'œuvre de l'Église. Toutes proportions gardées, il s'imposerait qu'on remette en lumière l'héritage de *notre* Moyen Âge ; on y trouverait autre chose que les fables inventées par des agents politiques et des ignares déterminés à reléguer aux oubliettes l'immense apport des institutions créées par l'Église québécoise et canadienne à la vie et au développement de notre société. Certaines études ont commencé à paraître qui remettent en question les condamnations qu'on a multipliées depuis trente ans. Il est heureux que d'autres générations aient décidé de se rendre compte par elles-mêmes de la validité des procès instruits par des mercenaires dont l'avantage résidait en ceci qu'ils furent sans vergogne juges et parties [1].

---

[1] Je suis bien conscient des insuffisances de ce raccourci. Je mets le lecteur en garde contre la tentation des procès d'intention. Je ne condamne pas péremptoirement les instigateurs de la réforme de l'enseignement québécois (non plus que la réforme elle-même dans son ensemble et à tous égards). Les ayant assidûment fréquentés, je me dois de dire qu'ils étaient pour la plupart de bonne foi et fidèles à l'Église. Je tiens à noter que le climat intellectuel et social de l'époque fit que les commis de l'État ne mesurèrent pas toujours exactement la portée des actes d'un gouvernement qu'on avait convaincu de l'urgence de procéder. Celui-ci, composé d'une forte majorité de croyants, se trouvait lié par son programme électoral : il avait promis un changement radical de l'administration et de ses structures. On peut lui reprocher d'avoir, dans les domaines scolaire et hospitalier, fait preuve de vision à court terme et de ne pas avoir pesé toutes les conséquences d'un bouleversement qui aboutit au dérapage au sujet duquel s'interrogent aujourd'hui quelques-uns des premiers inspirateurs de l'entreprise de réforme. Je ne prétends pas qu'il y ait eu complot au sens strict du terme ; je veux bien tenir compte de l'effet d'entraînement. Je ne peux toutefois passer sous silence l'action systé-

Il y aurait beaucoup à dire sur l'entreprise de démolition réalisée au Québec et qui a drainé hors de l'Église bon nombre de croyants et justifié à leurs yeux leur infidélité. Le but et l'esprit du présent ouvrage ne s'y prêtent pas. Mais je ne puis taire la douleur que j'ai ressentie toutes les fois que je me suis arrêté à réfléchir sur l'inertie et la désertion des clercs comme des laïcs. Je suis trop autonome pour être un bien-pensant, ce qui ne m'interdit pas de m'interroger sur mon action dans l'Église et sur la tiédeur de ma foi. Ai-je assez fait pour contrer les assauts qui l'ont ébranlée ? Ai-je surtout donné l'exemple d'une allégeance sans équivoque ? Mon vécu intime m'obligerait sans doute à déclarer, en mon âme et conscience, que je fus maintes fois un sépulcre blanchi. C'est là la part réservée, le contentieux de ma relation avec le Seigneur. Je puis affirmer que j'ai prêché à temps et à contretemps et que j'ai souvent mis, sans qu'on le vît, ma tête à prix dans le combat contre l'agression de l'école confessionnelle. Éducateur, je pouvais voir que c'est à l'école que se monte la trame d'une vie et que c'est de là que proviennent maintenant chez nous les signes de l'espérance. Je ne souhaite pas la résurrection de l'Église que j'ai connue, j'appelle de tous mes vœux la renaissance de la foi. J'entends des prophètes ; leur voix est encore lointaine ; elle a toutefois assez de force pour inquiéter et rallier.

Je ne veux pas revenir – sinon incidemment à des fins d'éclairage – sur ma carrière politique dans l'arène provinciale. De 1966 à 1973, je connus le pouvoir et l'opposition. Je n'ai pas de bilan à présenter. Tout ce que je retiens, c'est que le contact plus rapproché avec les citoyens m'a sensibi-

---

matique du Mouvement laïque de langue française qui, grâce à l'infiltration de ses agents en des secteurs stratégiques, parvint à ses fins, soit : la laïcisation de l'instruction et de l'éducation au Québec.

lisé aux maux qui affligent les plus faibles de la société. J'essayais d'aider des gens que je rejoignais dans leur aise à vivre ou dans leur « difficulté d'être » et que je reconnaissais cette fois comme miens ; ils me révélaient mes insuffisances et l'inanité d'une action qui ne tire pas son sens de l'amour des autres. À part les discours obligés où je devais faire état de ce que j'accomplissais, mes propos étaient beaucoup plus ceux d'un prédicateur que d'un politique. J'en vins à détester l'état où me gardaient la fidélité à une équipe et la confiance de la population. Je fis à contrecœur la campagne électorale de 1973. Le peuple me redonna ma liberté.

Plus d'un an auparavant, un prêtre, camarade de collège, était arrêté un matin à mon bureau et m'avait sans précaution posé la question : « Pourquoi ne deviens-tu pas prêtre ? » Je méditai là-dessus et pris contact avec l'évêque de Chicoutimi, monseigneur Marius Paré. Nous eûmes de longs et fréquents entretiens. J'admirais ce pasteur qui, en pleine crise, était parvenu à arrêter la saignée du clergé et, par la *grande mission*, avait revivifié la foi dans son diocèse. Homme de prière, il savait que son Église souffrait et qu'il ne pourrait pas retenir tous ses fidèles. Il avait, à l'encontre de maints avis, maintenu le grand séminaire, qui comptait plusieurs aspirants au sacerdoce. Il m'y accepta. J'y passai un an, vivant dans un immeuble avec quatre prêtres et un autre séminariste. Inscrit aux cours de théologie de l'Université du Québec à Chicoutimi, je prenais mes repas dans une grande maison habitée par des prêtres professeurs ou affectés à d'autres ministères. J'eus la grâce d'être guidé par l'évêque et de reprendre mes études d'Écriture sainte avec un exégète de grande envergure, l'abbé Marc Girard. Je ne dirai jamais assez combien son enseignement me fut une illumination. Son approche scientifique et ses convictions m'ouvrirent la voie d'une recherche personnelle qu'intensifièrent plus tard mes entretiens avec le père

Beaucamp et un remarquable cours sur saint Paul de la théologienne Olivette Genest. En juin 1975, Mgr Paré m'institua lecteur et je retournai à Québec pour y suivre les cours d'été de la faculté de théologie de l'Université Laval.

Ma décision d'aspirer de nouveau au sacerdoce fut diversement commentée. L'évêque m'avait prévenu. La confiance qu'il m'accordait n'était pas à tous égards partagée, surtout par les jeunes prêtres qui ne voulaient pas voir en moi autre chose qu'un politicien qui avait âprement combattu le parti qu'ils appuyaient. Un seul eut le courage d'aborder le sujet avec moi. On me traitait avec respect ; mais au cours de l'année que je passai à Chicoutimi, hormis les prêtres qui logeaient dans le même immeuble que le mien, personne de ceux avec qui je prenais mes repas ne m'invita, ne serait-ce que pour causer un moment. N'eût été des curés que je connaissais et de plusieurs religieuses qui devinrent des familiers, je n'aurais pas eu l'occasion de connaître le clergé diocésain. Mgr Paré le leur fit savoir. Je ne m'en formalisais pas le moins du monde. Cela faisait partie de mon apprentissage. Je n'éprouvais pas de mal à concevoir qu'on eût des réserves à mon sujet et que mon *revirement* en étonnât plus d'un. J'avais pris un risque calculé en choisissant la région où m'avait conduit à deux reprises la carrière politique. J'obéissais au besoin de compenser mon précoce désintéressement à l'égard du milieu dont m'avaient éloigné mes études classiques et universitaires. Je me serais senti seul si je n'avais eu grand besoin de silence et de réflexion et si je n'avais pas reçu les encouragements dont me gratifiait le premier pasteur du diocèse. Quant à savoir ce qu'on ferait de moi, si je devenais prêtre, je ne m'en préoccupais pas, assuré que j'étais du discernement de Mgr Paré. Je refaisais ma théologie dans la perspective de Vatican II, m'imposant pour le reste une austère discipline. L'institution du lectorat me valut une publicité que je n'avais pas cherchée. La presse était là ; je n'y pouvais rien : la vie publique comporte cette rançon. Je sus qu'un jeune prêtre était intervenu en assez haut lieu, déplorant que je fusse l'objet de tant de *célébrité (sic)*. Ma famille assistait à la cérémonie. Ce fut un jour de joie. Je crus pour de bon que j'allais être prêtre.

Réinstallé temporairement à Québec, je logeais chez le curé Jean-Marie Brochu, dans son presbytère de la paroisse Saint-Charles-Garnier. L'atmosphère était cordiale et stimulante ; je tirais grand profit de l'entourage qui comptait entre autres un diacre du diocèse de Québec qui poursuivait des études bibliques. Nous engagions de longues discussions qui m'éclairaient sur la méthodologie de l'exégèse, de l'herméneutique et de la sémiologie. Je suivais les cours avec enthousiasme, même si je ressentais déjà les atteintes de la dépression qui me frapperait durement quelques années plus tard. Le médecin me prescrivit finalement un repos prolongé. Tout cassait encore...

Je pris un appartement en ville, où je menai une vie oisive et débilitante. J'allais chaque jour à la messe à l'église Saint-Cœur-de-Marie. Mes espoirs raccourcis, je m'obstinais quand même. Je fréquentais des laïcs ; je me coulais avec peine dans le monde. Pourquoi ne m'y sentais-je pas heureux ? Le serais-je davantage dans le clergé ? Et le clergé n'était-il pas dans le monde ? Ma réflexion changea de cours. Sans y consentir pleinement, je résolus de chercher la paix là où je me trouvais. Je dus m'avouer pour cela que je m'étais toujours considéré comme un être à part, destiné à je ne sais quoi de plus élevé et qui ne pouvait être vraiment chrétien que dans une autre condition. Orgueil, vanité, présomption ? Et Dieu dans tout cela ? Ne pouvait-il être servi que dans un seul état ? Ne m'avait-il pas accompagné depuis mon entrée dans sa création ?

J'en vins à la conclusion que, tout laïc que j'étais, je me conduisais comme appelé et, par conséquent, hors du commun. Si ma volonté de devenir témoin était réelle, rien n'empêchait que je l'appliquasse à l'œuvre du salut, où que je sois et comme j'étais. Je pensais au salut à propos des autres, beaucoup plus que pour moi-même. Il y avait les autres, et moi ; et ce moi était investi d'une mission. J'avais prétentieusement campé mon personnage et défini son rôle : il me situait à distance de la communauté de mes frères et sœurs dans la foi. Je ne m'avisais pas de ce qui me paraît désormais une évidence : me croyant mandaté au nom de je ne sais quelle autorité, je vivais en marge, dans une Église fermée aux autres jusqu'à ce que je devienne, par la vertu du sacerdoce, disposé à travailler auprès des membres de l'Église commune. Dans mon cheminement, je m'étais enlisé. Le fait est commun. Le plus difficile, c'est de reconnaître qu'on s'est fourvoyé et qu'on a perdu beaucoup de temps à se débourber. Peut-être m'a-t-il été imposé de parvenir à ce prix au temps de la purification qui libère, pour laisser la place au Seigneur et à sa grâce.

Bien jeune, j'ai lu *L'Histoire d'une âme,* ce journal de Thérèse de l'Enfant-Jésus ; il y était question de *la petite voie.* J'avais essayé la plus haute, la plus compliquée, la plus méritoire, selon moi. Je repense à ma mère, à mon père, à mes frères et à mes sœurs ; je revois les visages des gens de mon village natal, de ceux et celles avec qui j'ai travaillé et celui de tous les anonymes que j'ai croisés : ils suivirent *la petite voie.* Elle les a menés au Dieu de leur baptême, jusqu'à ce sommet réservé aux humbles. Je cherchais des modèles : Charles de Foucauld, Alphonse de Ratisbonne, le père Damien, apôtre des lépreux, saint Maximilien Kolbe ; il s'en trouvait tout près de moi. L'obscurité de leur vie occultait à mes yeux leur foi et leur sainteté. Visant l'excellence selon le degré que je lui fixais, je n'avais pas encore compris que l'Église est une *assemblée,* une communauté et une famille qui regroupe tous les humains que le Christ a rachetés avec le même amour pour les conduire vers la même lumière. Je voulais bien être de cette société, mais au-dessus d'elle, comme un chef prédestiné. Je ne songeais pas à occuper la place du publicain, pécheur et qui le reconnaît et se défend de juger les autres ou de se tirer du rang. Je prétendais aimer mon prochain, à condition que je le domine au lieu d'être celui qu'on aide et qui reçoit la grâce par la médiation des plus humbles. Combien de fois avais-je répété les paroles du symbole des apôtres : « [...] je crois à la communion des saints » ? Je devais vivre cette communion comme un échange : du plus pauvre au plus riche et du plus favorisé au plus démuni. Inconsciemment, je m'étais rangé dans la catégorie de ceux qui donnent et ne supportent pas l'humiliation de recevoir ; d'où cette persistance à vouloir joindre les pasteurs. Je n'avais aucun titre à diriger le troupeau ; j'étais une brebis comme les autres, comme les prêtres le sont également dans l'Église universelle. L'appel entendu dans mes moments de ferveur, en des circonstances inattendues, n'était-ce pas l'appel à la perfection qui hante toutes les âmes à la recherche de Dieu : « Voici que je me tiens à la porte et je frappe ; si quelqu'un entend ma voix et ouvre la porte, j'entrerai chez lui pour souper, moi près de lui et lui près de moi » (Ap 3, 20).

Je ne pense pas avoir erré en identifiant cet appel à l'autre, à celui que Dieu destine plus spécialement aux êtres qu'il choisit partout et de toutes les manières. Son intensité m'inclinait à l'interpréter dans ce sens. Et si le Seigneur s'y était pris de cette manière pour me garder dans le bercail, lui qui me connaît de toute éternité ?

Je n'invoquerai pas d'excuse, mais pour un laïc de ma génération il n'était pas facile de découvrir le moyen d'œuvrer autrement qu'en qualité de pasteur dans l'Église : nous étions les clients de ses faveurs et les spectateurs de ses rites. Qui n'était pas marguillier, sacristain, gouvernante de presbytère, organiste (là où il y en avait un), maître chantre devait se contenter d'assister aux offices et de payer son dû. On enrégimentait les enfants dans les *Croisés*, les filles dans les *Enfants de Marie*, les femmes dans les *Dames de sainte Anne*, les hommes dans la *Ligue du Sacré-Cœur* ; on inventa, pour le service d'ordre, la *Garde paroissiale* avec ses hommes en uniforme dressés comme des militaires ; à part cela, selon les régions, existaient les Tiers Ordres franciscain ou dominicain, l'Association de saint Joseph, la Société Saint-Vincent-de-Paul (organisme caritatif de grand mérite) ; en certains diocèses les guides, les scouts, l'œuvre des terrains de jeux, les mouvements d'action catholique et d'autres associations de piété. Un aumônier chaperonnait d'office tous ces groupes dont l'autonomie dépendait de la volonté du curé. On aurait pu croire que l'Église n'avait pas besoin de ceux et celles qui se rassemblaient assidûment dans les lieux du culte. Le *bon paroissien* assistait à la messe, faisait ses Pâques et payait dîme et capitation. Les fidèles avaient d'ailleurs peu d'exigences. Il leur suffisait que le curé prêchât bien (c'est-à-dire pas trop longuement), ne demandât pas trop d'argent et fût *bon des malades*. Il n'y a rien là de caricatural. L'Église était beaucoup plus une institution qu'une communauté de cœur et d'esprit. Elle exerçait un monopole religieux et son prestige en faisait au civil un arbitre ou, à tout le moins, un puissant conseiller. Qui pouvait l'aider ?

La réforme de l'éducation dont j'ai traité plus haut ne causa pas au départ de remous, surtout dans les petites collectivités. On se fiait au curé, aux frères et aux religieuses. On n'imaginait pas qu'ils disparaîtraient bientôt du paysage. Ils avaient instruit les enfants. On pensa que leurs remplaçants feraient de même. Les commissaires d'école ne se rendirent pas compte tout de suite qu'on les dépossédait de leur autorité. On accepta tant bien que mal la fermeture des petites écoles et les regroupements ; cela ne laissait pas d'inquiéter les plus vigilants. Des parents organisèrent des manifestations pour protester. Ils ne mobilisèrent que le petit nombre. En prenant l'école en charge, l'État délestait les parents d'une lourde responsabilité ; les méthodes et les manuels nouveaux les rendirent en grand nombre incapables de suivre les études de leurs enfants. Et comment exercer une surveillance sur ceux qui, avec l'âge, rejoignaient les passagers des autobus scolaires ? Un fossé commença de se creuser et l'on vit apparaître l'expression « conflit de générations ». Il fallut bien admettre que les nouveaux maîtres avaient une idée différente de la discipline et de l'autorité ou que, débordés, obligés eux-mêmes de se recycler, ils ne pouvaient traiter les élèves comme on le faisait auparavant ; on dut au même temps compter avec la syndicalisation des enseignants, dont on sait qu'elle eut une influence souvent négative sur le fonctionnement des écoles et sur l'enseignement d'État.

Alors que naissait le nouveau système d'éducation, j'étais député et ministre. Je devais recevoir les doléances des responsables, accueillir les prêtres et les religieux désireux ou obligés de vendre leurs collèges et couvents, m'entremettre avec les dirigeants des écoles, me garder des interventions trop directes, car le clergé avait entretenu une telle méfiance à l'endroit de la classe politique qu'un laïc avait du mal à se poser en défenseur des intérêts de l'Église qui étaient aussi les siens ; je voyais, en tout cas, les choses comme cela. De 1962 à 1966, on me louait de défendre la religion : je n'étais qu'un laïc sans titre ni pouvoir. Parvenu au Gouvernement, on me percevait autrement. En raison du travail, de l'atmosphère de combat, des impasses à dénouer, des obligations de ma charge de ministre, je consacrais bien peu de temps, même pas du tout à la méditation ou, selon la vieille formule, *au salut de mon âme*. Certains jours, je croyais faire mon devoir de chrétien; en d'autres, je me découvrais bien loin de mon idéal d'antan. Je n'arrivais pas à m'ancrer dans le rôle du laïc militant. Me revenait à l'esprit l'expression : *faire son devoir d'état*. Mais quoi, où et comment ? J'étais sur le chantier avec comme seul outil ma bonne volonté. J'observais les prêtres aux prises avec les embrouilles de leur vocation et le réaménagement de leur apostolat ; à Chicoutimi et à Québec, j'en voyais qui se taillaient des carrières ; d'autres venaient m'informer de leur volonté d'abandonner le sacerdoce et me demander de leur trouver un poste dans la fonction publique. Mes collègues, surtout celui de l'Éducation, faisaient face au même lobbying. Nous blaguions sur les vocations dans *nos diocèses* laïques. Je rencontrai un jour un ministre fédéral qui se vanta amicalement de diriger un *clergé* plus important que le mien...

Intérieurement, je souffrais de mon impuissance à servir l'Église soudain tombée dans un tel embarras. Cela dura aussi longtemps que je fus inapte à comprendre qu'il ne m'était pas demandé de faire des actions d'éclat, de mériter des éloges et de m'assurer la reconnaissance publique. J'avais, comme tout chrétien, le privilège d'entrer en contact intime avec Dieu et de me laisser guider sur ses voies. Je devais rentrer dans l'Église, y recevoir en plénitude sa grâce et, lié sans réserve aux autres baptisés, rayonner avec mes pauvres ressources. J'avais pensé commandement, je devais servir dans l'anonymat ; je voulais une charge, le Seigneur me proposait l'effacement ; je me voyais apôtre, il me fallait être disciple. Cette conversion radicale s'imposait pour que je devinsse un témoin crédible. Dans l'Église que j'avais choisie, tout se trouvait à l'extérieur ; c'est dans son intériorité que je devais pénétrer pour renouer avec l'esprit d'enfance ; si je n'avais pas à refaire connaissance avec Dieu, je devais, pour m'abandonner à lui, décaper son visage, débrider ses plaies et me soumettre à l'épreuve de son authenticité. L'intellectualisme m'avait enfermé dans la prison des concepts et les bornes de la raison. Je m'étais trop longtemps astreint à donner à l'esprit la prééminence pour consentir d'emblée à laisser à la chair sa place et m'abandonner à l'exultation qui est le signe de la santé spirituelle. Léon Bloy a écrit que « la grande tristesse, c'est de n'être pas des saints ». J'avais fait mienne cette réflexion pessimiste ; elle éloignait la joie et lui substituait le tourment de la contrainte qui paralyse l'élan vers le Seigneur. Il est triste de n'être pas un saint, mais il y a du bonheur à s'efforcer de le devenir et, comme Bernanos le fait dire à son petit curé de campagne, « tout est grâce ». J'eus besoin de ce rappel pour me réinstaller dans l'Église de tout le monde et me contenter de la place que j'y occupe. Je m'étais bien peu préparé à l'ascèse, c'est-à-dire l'ensemble de « tous les efforts auxquels doit s'exercer le chrétien, dans cette lutte qu'il doit mener contre ce qui, en lui ou en dehors de lui, s'oppose à la réalisation de l'idéal de la perfection chrétienne proposé dans le Sermon sur la montagne [1] ». J'étais plus enclin à faire le Sermon qu'à l'écouter. Mon ascèse consistait à garder l'état de grâce comme on se prémunit contre tout ce qui menace la santé. Héritier d'une formation puritaine, *je ne faisais pas* et m'en trouvais bien. Je mesurais les risques à l'aune de mes craintes religieuses et ne m'avançais qu'en terrain sûr. Je ne puis affirmer que je jugeais les autres avec condescendance, mais il m'arrivait de penser avec satisfaction aux écarts que j'avais évités. J'étais pour tout dire un chrétien renfrogné, difficile d'approche et d'une générosité calculée. Je voulais faire le

---

[1] Bouyer, Louis, *Dictionnaire théologique*, Éd. Desclée, 1963, p. 80.

bien sans courir l'aventure de cette ouverture du cœur qui m'eût fait m'avancer au lieu d'attendre qu'on vienne vers moi. Je me tenais dans le sanctuaire étroit de ma relation avec Dieu et n'avais pas encore fait l'effort de me mêler à ceux et celles qui marchaient vers le parvis ou qui, loin des lieux où se complaisent les *bons chrétiens*, se portent au-devant des égarés, des suppliciés, des affamés, des assoiffés et des malmenés par la vie sans même savoir qu'ils actualisent les Béatitudes.

Je ne veux pas noircir à dessein le tableau. Mes années d'enseignement dans les collèges et à l'université me fournirent l'occasion d'éprouver mon souci des autres. J'aimais le métier, les matières que j'enseignais et les étudiants. Disponible en tout temps, je passais des heures en dehors des périodes de cours à recevoir les filles et les garçons qui sollicitaient mon assistance. Je m'aperçus vite qu'ils en appelaient souvent plus au guide qu'au professeur ; je ne cachais pas mes convictions religieuses ; je ne les imposais pas, mais j'avais maintes occasions de m'entretenir avec eux des problèmes de la foi, de la conduite morale et de l'engagement social. Leurs questions et leurs inquiétudes me ramenaient au temps où, comme eux, j'exploitais les ressources de mes maîtres. Je m'épanouissais en leur compagnie parce qu'ils me forçaient à me dépasser et à m'oublier. Je me demande aujourd'hui si l'enseignement n'était pas ma vocation naturelle. Tout compte fait, je fus certes plus utile en ce domaine qu'aux affaires publiques. Je ne me sentais pas tiraillé ni insatisfait. Chaque semestre, j'anticipais la joie de découvrir de nouveaux visages et de nouvelles personnalités ; je relevais un défi ; je tentais une nouvelle conquête. Ma vie religieuse s'imbriquait sans heurt dans ma carrière et je ne me posais pas alors la question de savoir comment un laïc peut servir son Église et ses coreligionnaires. À l'instar du père ou de la mère de famille, je regrettais, d'une étape à l'autre, le départ de ceux et celles que je traitais comme des fils et des filles. Je les suivais de loin et ce m'est, encore aujourd'hui, un plaisir d'en rencontrer et de savoir comment ils ont fait leur chemin. Enseigner, c'est partager, c'est distribuer la nourriture à ceux qui ont faim, c'est exercer une paternité spirituelle, pourvu qu'on y voie un état de vie et qu'on en fasse l'instrument de sa propre perfection, car on est sans cesse remis en face de soi-même et de ses insuffisances. Conçu de cette façon, ce n'est pas une tâche, mais un échange gratifiant. Je dois pour ma part à plusieurs de mes élèves d'avoir évité la routine et de m'être fait imposer de salutaires recommencements.

※ ※ ※

Comme il me fallut à nouveau gagner ma vie (j'avais une pension parlementaire insuffisante), je cherchai un emploi. Un poste administratif s'ouvrait à l'Université Laval. Je fis acte de candidature. Le recteur du temps m'informa par téléphone que j'avais *un caractère trop fort pour l'équipe (sic)* qu'il présidait. Je lui demandai de me confirmer sa décision par écrit... J'attends encore ! Je frappai vainement à d'autres portes. J'avais le tort d'être un politique mis au rancart. Or, notre société n'est pas tendre pour ceux qu'elle renvoie comme des serviteurs déshonorés. Élus, chacun leur demande des miracles ; vaincus, ils perdent leurs vertus de thaumaturges. De guerre lasse, je m'adressai au premier ministre Bourassa qui, sans égard au fait que j'avais combattu son parti, me nomma conseiller aux relations avec les minorités francophones au ministère des Affaires intergouvernementales. J'eus à peine le temps de m'y mettre. La victoire du Parti québécois en 1976 me valut d'un néoministre un renvoi brutal : j'étais *insupportable* à la *base* de la formation politique qu'il avait jointe, m'expliqua-t-il ; il me fit sentir que je n'étais pas du cortège des vainqueurs... et pour cause, j'en conviens. Je redevins administrateur de ma solitude, jusqu'au jour où Mme Jeanne Sauvé m'invita à travailler à son cabinet de ministre des Communications du Canada.

Cette période de ma vie m'apprit deux choses. Premièrement que je ne m'étais jamais préparé à vivre en laïc dans l'Église ; deuxièmement que je ne savais pas comment un laïc peut s'y comporter. J'étais dans les deux cas victime de mon ignorance et de mon aveuglement : ignorance (en grande partie de mon fait) de ce qu'est l'Église, et aveuglement quant à mon état. J'avais pourtant lu le remarquable ouvrage publié au début des années cinquante par le père Yves Congar, dominicain : *Jalons pour une théologie du laïcat* [1]. Outre que les audaces de Congar le rendirent suspect, il y avait le fait que l'Église ne semblait pas pressée d'intégrer les laïcs dans son action pastorale. L'Action catholique en donnait chez nous la preuve. Compte tenu de ma formation cléricale, je n'avais à cette époque pas de raison de m'interroger sur le statu quo ; je n'y perdais rien parce que, vraisemblablement, je ferais partie du clergé de cette Église. Celle-ci devait bientôt connaître une crise majeure : amorcée au moment de Vatican II, elle l'obligera, à la lumière des débats conciliaires et de leur suite, à s'ouvrir aux laïcs et à déterminer leur rôle, pour les associer plus clairement et plus largement à son apostolat. En raison des mutations de notre société, d'un vent puissant venu du large, elle comprendra la nécessité de rajeunir et de préciser la doctrine afin de montrer comment il est possible de l'adapter aux conditions imposées par les bouleversements sociaux. Ce temps d'épreuve – qui n'est pas fini – a laissé des blessures dont je ne suis pas le seul à ressentir la douleur.

---

[1] Collection « Unam Sanctam », n° 23.

XV

Souffrances d'une double épreuve

Personne non plus ne met du vin nouveau dans de vieilles outres : autrement, le vin nouveau fera éclater les outres, et alors il se répandra et les outres seront perdues. Mais le vin nouveau, il le faut mettre en des outres neuves. (Lc 5, 37-38)

Avertissement

Je lie ici deux événements : celui du concile Vatican II et de la Révolution tranquille. Ils sont d'une nature différente et ont produit des effets également distincts. Il y a d'une part un profond changement dans l'Église, et de l'autre un brutal retournement social. Mais parce qu'au Québec ils ont été à peu près simultanés, il est difficile de distinguer ce qui, dans la transformation des mentalités et des mœurs, est essentiellement de l'un et de l'autre. Dans la conjoncture de l'époque, il apparaît qu'il y a eu conjugaisons des causes et des effets. La Révolution tranquille, en bouleversant les structures sociales, a trouvé appui et justification dans ce qui se passait dans l'Église; par ailleurs, les applications intempestives de ce qui constituera la remise à jour de la doctrine chrétienne et la discipline de l'institution qui en a la garde étaient interprétées dans le sens que souhaitaient les commandos de la laïcité. Laïcs et membres du clergé, en grand nombre, ne savaient pas ou ne tenaient pas à faire la distinction, utilisant en bien des cas, pour promouvoir la révolution religieuse comme la révolution sociale, ce qui correspondait à leurs aspirations ou à leurs intérêts. Le peuple, mal informé, victime d'une propagande orchestrée, ne pouvait voir dans les multiples et rapides altérations du tissu social ce qui relevait distinctement du for civil et du for religieux. Il y avait combat sur les deux fronts, et l'interaction des facteurs a animé une dynamique dont il n'est guère possible d'extraire et de dégager les éléments efficaces. À supposer qu'on eût vécu de façon nette deux révolutions, chacune contenue dans un champ clairement délimité, on pourrait, sans risque d'errer, mettre en lumière les conséquences propres à chacun des événements. Or, l'enchevêtrement traditionnel du religieux et du civil au Québec ne permettait pas de situer avec précision la portée des coups et qui, de l'Église ou de la société, en subissait les dommages les plus graves. J'avais intitulé ce chapitre «L'épreuve du Concile»; j'ai cru nécessaire de modifier ce titre en l'appelant «Souffrances d'une double épreuve» pour qu'on n'aille pas croire à un refus du concile et au rejet de ce qu'il a généré pour le bien de l'Église. Il reste que, dans les réflexions qui suivent, il n'est pas aisé de dissocier les effets et les causes et de démontrer quelle cause a produit tel effet. Je rends compte de ce que j'ai vécu: une grande confusion, une angoisse, une perplexité qui, même à distance de temps, me tourmentent encore. Je sais que Vatican II n'a pas été, ailleurs au Canada, perçu de la même façon et qu'on ne l'a pas exploité aux mêmes fins; je ne me crois pas pour autant dispensé d'en parler comme je le fais et d'user du terme «épreuve».

LE MOT « épreuve » a le sens de malheur et de souf-france (il signifie aussi expérience et test). Le concile Vatican II prit pour moi cette double acception : malheur, parce qu'il fut l'occasion d'une débandade dans l'Église du Québec ; souffrance, parce qu'il me sortit du confort religieux et me fit découvrir le visage de l'Église nouvelle. Je ne saurais juger des répercussions d'un pareil événe-ment à l'échelle de l'Église universelle ni même à celle du pays ou de la province. Je n'ai rien ni personne à con-damner. Je ne puis que témoigner de tout ce que m'imposa ce temps de conversion et du malaise de ce pas-sage tempétueux. Je n'ai pas sans peine obéi au mouve-ment du ressac qui aurait pu me submerger. Je connaissais un peu l'histoire des conciles et les suites mal-heureuses qu'entraînèrent certains d'entre eux. La série s'arrêtait à l'an 1870, alors qu'on avait décidé de l'infailli-bilité pontificale en matière de foi et de morale ; le *ex-cathedra* (ce que le pape proclame d'autorité comme une vérité) gardait un caractère équivoque et demeurait peut-être davantage à notre époque un sujet de litige. Quelle serait l'orientation des « états généraux » que Jean XXIII annonça le 25 janvier 1959 ?

Je fus invité, quelques jours après cette déclaration, à m'entretenir avec des jeunes qui se préparaient au sacer-doce dans un monastère de la ville d'Ottawa. Nous causâmes longuement de la décision surprenante et de ses promesses. J'insistai personnellement sur l'espérance qu'elle comportait pour le monde contemporain. Nous ne connaissions des motifs du pape que l'idée d'une mise à jour *(aggiornamento)* de la mission de l'Église et celle d'un retour à l'unité des chrétiens. Cette rencontre m'avait apporté beaucoup : j'avais senti la ferveur des étudiants et m'étais réchauffé à leur foi communicative. Je m'interrogeais en même temps sur le genre d'apostolat que devraient pratiquer ces jeunes dans une institution encore peu sensible aux vents qui soufflaient dans notre société et dont on pouvait présumer qu'ils secoueraient un jour notre vieille maison catholique. Il y avait des crises chez les laïcs et l'on entendait des récriminations. Mais la sécurité de l'Église ne laissait au-dehors rien présager qui ressemblât à ce qui se passait ailleurs. En 1943, les prêtres Godin et Daniel avaient, dans leur pays, posé la question capitale en publiant un livre retentissant : *France, pays de mission ?* Ému et troublé, le cardinal Suhard, archevêque de Paris, permit quelques années après que des prêtres se fassent ouvriers pour pénétrer les milieux déchristianisés [1] ; entreprise discutée à laquelle Pie XII mit un terme en 1954. On ne pouvait évidemment concevoir ici une initiative de cette nature. L'Église était forte et puissante ; elle alignait fièrement ses bataillons de prêtres, de missionnaires, de candidats au sacerdoce, de religieux et de religieuses soutenus par la puissante arrière-garde des laïcs ; elle manifestait plutôt une pitié certaine pour ces vieux pays qui n'avaient pas conservé la foi qu'ils avaient implantée chez nous. J'ai souvent entendu l'exclamation : « Pauvre France ! si elle n'avait pas fait la Révolution de 1789... »

Si les gens d'Église savaient ce qu'est un concile, la masse des pratiquants ne connaissaient pas vraiment ce que représentait la grande réunion d'évêques appelés à Rome par le pape pour discuter d'affaires religieuses. Je présumais que le clergé du Québec en avait instruit les

---

[1] Le cardinal Suhard, archevêque de Paris, avait publié en 1947 une lettre pastorale, *Essor ou déclin de l'Église ?*, où il exprimait ses inquiétudes de pasteur sur la présence de l'Église dans la masse ouvrière en croissance constante.

fidèles. Pour ma part, voyageant régulièrement, j'assistais à la messe, d'un dimanche à l'autre, dans des paroisses différentes ; je ne me rappelle pas avoir entendu des curés ou des vicaires expliquer de quoi il s'agissait. Ce dont je me souviens, c'est qu'on demandait de prier pour le succès du concile.

Entre le moment de l'annonce de cette grande assemblée et son ouverture solennelle, le 11 octobre 1962, on consulta et l'on mit en branle une imposante organisation où les évêques et les théologiens de tous les pays préparèrent les documents d'étude ou les schémas. L'Église canadienne ne fit pas défaut. Tout cela demeurait, pour le simple laïc que j'étais, assez loin et obscur. Des prêtres m'informèrent que des religieux interdits d'enseignement, comme les pères de Lubac et Congar, siégeraient dans les commissions malgré les réticences de la Curie (organe chargé d'assister le pape dans le gouvernement de l'Église), qu'on inviterait des observateurs des autres confessions chrétiennes et que des laïcs catholiques agiraient comme consultants. Je perçus peu à peu une fièvre qui montait à mesure qu'on approchait de l'inauguration de cet important rassemblement. La presse faisait régulièrement écho à des déclarations, à des opinions et à des prises de position. On insistait sur l'opposition entre les traditionalistes et les progressistes. Il m'apparut alors qu'on attendait beaucoup du concile. En leitmotiv se précisaient des attentes que ne pourraient pas satisfaire les pères conciliaires. Je l'exprime en réunissant des bribes de jugements et de critiques qui se recoupaient : enfin ! l'Église allait lâcher du lest, elle adoucirait les règles de la morale, réduirait le nombre des péchés et débarrasserait le paysage spirituel des éléments inquiétants comme la faute originelle, Satan, le purgatoire et l'enfer ; faisait constamment surface le désir de voir disparaître les contraintes en matière de sexualité. Les préoccupations s'avéraient plus morales que dogmatiques ; s'y greffaient également un ensemble de souhaits reliés à la structure de l'institution et à ses règles disciplinaires. Une mentalité se développait que je qualifierai – j'hésite à user du mot – de malsaine et que conforteront les attitudes de pasteurs trop pressés qui, devançant les conclusions du concile, autoriseront assez vite des profanes à conclure en raccourci : *il n'y a plus de péché, et toutes les religions sont bonnes.*

Pour moi, l'épreuve a commencé avec le renouveau de la liturgie. Vers la fin de son pontificat, Pie XII avait procédé à des modifications significatives : utilisation des langues nationales dans le rituel des sacrements, réaménagement de la vigile pascale et de la semaine sainte, autorisation des messes du soir, adoucissement du jeûne eucharistique, etc. Tous changements excellents de nature à mettre l'Église à l'heure de notre temps. Le premier schéma étudié au concile fut celui de la liturgie qui, de latine qu'elle était, s'adapta aux coutumes locales. Cela déclencha la série des changements qui, l'un entraînant l'autre, aboutiront à des extravagances et à une sorte de désacralisation des lieux du culte et de ce qu'on y célèbre. Le latin du rituel parti, les chants en cette langue disparurent peu à peu : près de quinze siècles de musique religieuse furent ainsi remplacés par des « créations » qui, sauf exception, n'ont pas encore à ce jour trouvé le ton et fait participer les fidèles. Les orgues se turent à leur tour avec les chefs-d'œuvre qu'on connaît. Elles durent céder la place aux guitares, percussions, saxophones et instruments électroniques. On s'attaqua ensuite aux lieux eux-mêmes. Il fallait faire oublier la richesse de l'Église... et tombent les baldaquins, les retables, les chaires, les chandeliers et les statues ! Apparaissent alors, sur des autels de fortune, des coupes et des assiettes en verre, en céramique, en poterie tandis que les vases précieux sont cachés ou trouvent preneurs chez les antiquaires. J'achetai à Sherbrooke, au prix de dix dollars, mon premier calice ; il portait sous le pied une inscription : « Don de généreux bienfaiteurs aux Pères Blancs, Québec, 1908 » ; le vendeur y buvait sa bière. Progressivement, les fidèles eurent droit à des messes « yé-yé », aux premiers accords de ce qui est devenu une invasion polluante, le rock, aux chansons de Léo Ferré, Brassens et consorts, à des ballets dans le chœur au moment de l'élévation avec danseurs et danseuses en collant, à des messes célébrées par un prêtre (portant simplement l'étole pardessus son vêtement laïc) avec un bon *gros rouge* et une corbeille de pain *baguette* sur la galerie d'un chalet, en présence de croyants en tenue simplifiée. Et je ne parle que de ce que j'ai moi-même vu et entendu. Ces pratiques n'étaient pas courantes, mais elles étaient assez visibles pour que, l'écho s'en propageant, beaucoup de fidèles décident, comme moi, de « magasiner » afin de trouver des messes sans accompagnements de bruits de bar ou de salle de danse, dans des églises qu'on n'avait pas vandalisées. On prenait ses aises avec le rituel ; des prêtres adaptaient les textes de l'ordinaire de la messe selon les circonstances et ne gardaient que les paroles sacramentelles. Une fin d'après-midi, dans une chapelle de la ville de Québec, je participai à une messe éclair : pas de *Confiteor*, de *Kyrie* ni de *Gloria*, une lecture, un évangile version brève, un offertoire avec pain et vin (déjà versé dans le calice), pas de lavement des mains, un *Agnus Dei* escamoté, un renvoi sous forme de « bonsoir la compagnie », le tout en quinze minutes : un vrai *fast food* eucharistique ; plus expéditif que cela et l'on se retrouvait au *self service* !

Dès les débuts, les pères du concile, reprenant la tradition de l'importance donnée à la Parole de Dieu, indiquèrent que toute réflexion sur le Christ et son Église était inséparable des sources de cette Parole. On redonnait à la Bible sa place. La lecture du Livre ne pourrait plus être suspecte comme s'il recelait des passages interdits aux esprits présumés faibles. On restaurait la primauté du témoignage écrit sur les dissertations théologiques. Cela était nouveau dans l'Église dont j'étais membre. On nous parlait d'habitude de la Bible sans nous fournir les moyens de la connaître autrement que par les commentaires, sous forme de sermon, des textes fixés selon les exigences du rituel (bien peu de fidèles possédaient des missels) et accordés au cycle de l'année liturgique, alors que la prédication mettait l'accent sur le Nouveau Testament. On relierait enfin les temps de l'histoire de Dieu dans le monde, celui des patriarches, des prophètes et de Jésus.

En 1938, Pie XI avait marqué le lien essentiel entre le judaïsme et le christianisme en déclarant : « Nous sommes spirituellement des sémites. » Cela consacrait notre parenté avec le peuple *déicide*, avec tous les Juifs du monde, cette race « perfide » comme on la nommait dans les prières de la Semaine sainte. Jeune, j'avais pour cette race-là le mépris auquel la vouaient nos milieux catholiques ; s'y ajoutait l'antisémitisme larvé dont peu de sociétés peuvent se déclarer exemptes. Mes études m'avaient purgé de cette haine latente et je lisais depuis longtemps l'Ancien Testament ; ma prédilection allait à la Genèse, à Isaïe, à Job, au Sage et aux Psaumes ; je ne comprenais pas que l'Église catholique, qui faisait grand usage des psaumes, n'accordât pas plus d'attention dans sa catéchèse à la première partie du Livre inspiré et n'organisât pas, de façon accessible, plus de cours sur la Bible. Le concile remettait les choses en place. D'un extrême on passa à l'autre et la Parole prit le dessus. On se mit à parler de la Parole, tant et tant qu'il n'y avait plus de silence dans les célébrations ; on expliquait la Parole et l'on expliquait en prime les explications sur la Parole. Je dis un jour à un aumônier de l'Université Laval que j'en avais assez de cette démangeaison de la parlote; j'y voyais une sorte d'antidote à un long état de mauvaise conscience engendré par la prudence avec laquelle ils avaient pendant trop longtemps manipulé les textes de la Bible.

Le thème changea quand le concile aborda la question de l'œcuménisme cher au pape Jean XXIII. Il n'était plus question que de nos frères séparés et de l'unité des chrétiens. Avec la meilleure volonté du monde, on faisait dans l'actualité. La morale disparut des sermons qui prirent le nom d'homélies; elle n'y est à peu près pas revenue, pas plus que le dogme d'ailleurs, pourtant revu en profondeur dans les documents conciliaires et tout récemment exprimé dans le «nouveau» catéchisme. À la vérité, les thèmes de la Parole et de la réunion des chrétiens étaient relativement faciles, à la portée de tous les prêtres, théologiens savants ou pas, comme ceux de la prédication sociale qui se contentent trop souvent de diviser les hommes en riches et en pauvres, en exploiteurs et en opprimés; à croire que le Christ ne s'est incarné que pour les miséreux, lui qui a donné sa vie pour sauver tous les humains, sans distinction. Je simplifie aux fins de rappeler la fâcheuse tendance de l'esprit à établir des catégories et à s'y tenir. Tous les sujets que je viens d'évoquer ont un mérite indéniable; le tort consiste à les banaliser au point où ils deviennent des rengaines. Je dois aussi faire cette réserve que ce ne sont pas tous les pasteurs, et partout, qui ont donné dans le travers d'une surexploitation des idées véhiculées par les penseurs de Vatican II; on leur en prêtait d'ailleurs à volonté, sans nuance et sans avoir vérifié l'authenticité de leurs propositions.

Le plus déplorable effet du changement de cap des prédicateurs, c'est qu'il étonna d'abord les fidèles pour les convaincre ensuite de ceci que : si l'on ne parlait plus des dogmes et, surtout, de la morale, c'est que la religion était en train de changer. À partir de là, libre à chacun de se constituer une doctrine et de ne retenir que les thèses les moins rigoureuses. On faisait de l'éclectisme, c'est-à-dire un choix de ce qu'on jugeait le meilleur, selon ses humeurs et ses embarras ; on en viendra au syncrétisme qui consiste à mélanger des doctrines et des systèmes, privilégiant les théories les plus attrayantes (très souvent les plus complaisantes) des autres religions. Avant que les sectes ne divisent l'Église du Québec, des chrétiens se passionneront pour les extraterrestres, la parapsychologie ou la réincarnation, entre autres. On en vint à ne plus faire de différence entre doctrine, discipline et liturgie de l'Église. Le rétablissement de coutumes anciennes et des innovations heureuses comme la vigile pascale, l'adoucissement des règles du jeûne, la messe dominicale le samedi soir, le changement du rituel qui raccourcissait la messe, la célébration face au peuple, la communion dans la main, la permission donnée aux laïcs de toucher les vases sacrés, la communion sous les deux espèces, donnaient à penser que les dogmes avaient changé eux aussi.

Je pense que ce qui fit défaut, outre l'attitude de certains prêtres qui accommodaient la liturgie à leur guise, c'est qu'on passa d'une rigueur excessive et tatillonne à ce qui ressemblait à du laxisme, à un relâchement qui scandalisa les pratiquants. Alors qu'on considérait à juste titre l'église comme la maison de Dieu, voici qu'on pouvait s'y comporter à son gré, s'habiller comme on le voulait pour y entrer (finis les habits du dimanche !), et que des groupes bruyants envahissaient le chœur ; c'en était assez pour ancrer l'idée que la religion catholique n'avait pas l'exclusivité du sacré et qu'elle était, somme toute, une religion comme les autres.

Je ne comprendrai jamais pourquoi, afin, disait-on, d'attirer les jeunes à l'église, on conçut pour leur usage des messes qui rebutaient les gens habitués aux formes classiques de la liturgie. Et pourquoi servir à ces jeunes la musique qu'ils pouvaient entendre partout à la radio ou dans les bars et discothèques ? Résultat : on n'eut pas les *jeunes* et on perdit les *vieux* ! C'était cela le rajeunissement de l'Église ? Des amis à moi abandonnèrent la pratique parce qu'ils ne se retrouvaient plus dans des assemblées désordonnées où des *animateurs* voulaient les mener à la baguette et ne leur laissaient plus un moment pour réfléchir, en plus de les forcer à mémoriser chaque dimanche des chants sans mélodie. D'autres décidèrent d'accomplir le précepte dominical en choisissant un jour de semaine. D'autres encore ne supportaient pas que de jeunes célébrants à la mode utilisent, pour parler de Dieu, dans son église, un langage débridé, « joualisant » et vulgaire. J'ai entendu de mes oreilles, dans la paroisse Saint-Albert-le-Grand de Jonquière, un père oblat vanter les trouvailles *(sic)* du concile en disant : « C'tait l'temps q'ça change, y avait trop d'conneries dans l'Église et trop d'emmerdements. » Quelques mois après, il se réduisait à l'état laïque et dénonçait sa communauté. On dira que tout cela était accessoire et ne dérangeait pas l'essentiel. L'erreur fut justement de ne pas voir que les gestes extérieurs étaient liés aux croyances intimes et qu'en bousculant tout, on a créé l'impression que le vieux fonds de la doctrine révélée s'altérait.

On n'a pas compris non plus que la piété a besoin d'un support sensible, que la beauté de la liturgie, même dans les églises les plus humbles, attirait les croyants, qu'elle leur apportait apaisement et consolation après la longue semaine de travail. Ce qui n'interdisait pas la nouveauté ; tout fut dans la manière et la précipitation. J'en veux pour preuve la réaction qui suivit la diminution et la quasi-suppression des dévotions particulières. J'ai connu des fidèles qui se désolaient de ne plus voir les statues des saints qu'ils invoquaient à la maison comme à l'église, la disparition des vêpres, des neuvaines, des actes cultuels qu'étaient les quarante heures ou le salut du Saint-Sacrement ; on leur confisquait ce qui soutenait leur foi ; et cette foi n'était pas de la superstition ni de la religiosité sentimentale : les manifestations de la piété populaire expriment l'attachement à des croyances issues d'une éducation.

Oui, l'éducation : il faut toujours y revenir. Or, tandis que l'Église faisait sa révolution, la *Révolution tranquille* minait l'Église. On récupérait les adultes désireux de s'affranchir, on ménageait les autres qu'on jugeait irrécupérables ; la stratégie s'appliquait aux jeunes des écoles. Soumis aux inventions de la catéchèse, obligés d'assimiler un vocabulaire nouveau inconnu de la plupart des parents, orientés dans le sens d'une perception aventureuse de la foi, les jeunes se trouvaient dans l'impossibilité de communiquer avec leurs parents qui, désarmés par la terminologie, ne pouvaient plus dialoguer avec eux ni répondre dans les mêmes termes aux questions reliées à la doctrine et à la morale. On proposait à des enfants la pratique du libre arbitre en des matières dont ils n'avaient même pas les rudiments ; on leur inculquait un sens de la liberté et de leurs droits qui portaient atteinte à l'autorité des parents ; comment ceux-ci pouvaient-ils exiger qu'ils les accompagnent à l'église, qu'ils prient en famille quand des maîtres insistaient sur le droit à l'autonomie des jeunes ? Du reste, les parents eux-mêmes étaient ébranlés par les répliques de leurs enfants ; ils doutaient d'autant plus qu'on menait sur les ondes une campagne orchestrée contre l'enseignement traditionnel de l'Église. On ne procédait pas par la voie d'émissions substantiellement antireligieuses ; on multipliait plutôt les tribunes où s'exprimaient les progressistes ; on y invitait des tenants d'une religion plus exigeante, mais on prenait soin de les encadrer de telle sorte que leurs objections fussent carrément réfutées et ridiculisées ; on le faisait si bien que les auditeurs et les téléspectateurs avaient raison de s'inquiéter de la faiblesse des défenseurs d'une orthodoxie aussi mal exprimée et défendue. L'indifférence, voire l'hostilité, ne pouvait manquer de naître des critiques, certaines fondées, d'autres truffées de préjugés obtus, de mensonges, de demi-vérités et d'une hargne mal dissimulée. Ainsi, profitant du flou doctrinal de l'Église elle-même, invoquant la raison controuvée de sa métamorphose, ils firent leurs les arguments spécieux dont on les gavait par manque de discernement ou parce qu'ils y trouvaient une excuse à leur tiédeur ou la justification de leurs propres errances. Bien des foyers vivaient le paradoxe des enfants devenus éducateurs de leurs parents ; par mollesse et manque de conviction, ceux-ci ne contrarièrent plus leur progéniture ; ils démissionnèrent et désertèrent l'Église.

Tous les motifs étaient bons pour laisser l'Église à elle-même : politiques parce qu'on l'associait au bouc émissaire obligé : le régime Duplessis, moraux parce qu'on lui reprochait sa sévérité, personnels parce qu'on en voulait à ses prêtres, frères et religieuses que, de mauvaise foi, on traitait sans réserve d'intolérants et d'ignorants. Par rancœur, on acceptait toutes les fables. Je me rappelle le cas d'un homme d'âge mûr qui en voulait encore à un collège dont il avait été renvoyé pour avoir fumé malgré une interdiction stricte. Ceux qui montaient en épingle ces incidents (dont certains révélaient un grave manque de jugement et de justice) ne voulaient à aucun prix tenir compte des mœurs de l'époque, ni reconnaître qu'ils avaient été traités avec la même intransigeance dans leur famille. À l'heure des règlements de comptes, on ne s'embarrassait pas des nuances ; les gens qui devaient leur savoir aux maîtres exécrés démolissaient les institutions qui posèrent les bases de la société québécoises en regroupant et en stimulant les soixante mille vaincus de 1760. Des gens de ma génération et de la suivante me disent, effrayés : qu'est-ce qu'est devenue la jeunesse, pourquoi est-elle aussi réfractaire à l'ordre et à l'autorité, pourquoi ne croit-elle plus en rien, pourquoi la violence, le décrochage, la fuite dans le sexe, la fainéantise, le vagabondage, la pornographie, l'alcool, la drogue et le suicide ? Je fais d'abord la mise au point suivante : qu'ils généralisent et que les jeunes que je rencontre et observe, non seulement ne me désespèrent pas, mais qu'ils sont un motif d'espérance ; que leur approche des grands problèmes de société est saine et novatrice et que, du point de vue religieux, je découvre chez eux une grande soif d'absolu et de vérité ; levain dans la pâte, ils ont beaucoup de mérite à affirmer leurs convictions devant la masse des professeurs et des condisciples qui ne *veulent rien savoir* et les ridiculisent. Je souhaite à ces hérauts de moissonner *en chantant* ce qu'ils *sèment dans les pleurs* (Ps 126, 5). Puis je réponds, en m'incluant : qu'avons-nous fait pour empêcher le démantèlement du système d'éducation, l'éclatement des familles, la permissivité généralisée, la corruption des mœurs, le nivellement par la base, l'éloignement du foyer, l'éducation sans morale et le désintéressement à l'égard de la religion et de ses valeurs ? Nous sommes-nous élevés contre les réformateurs en délire, la licence institutionnalisée, les avorteurs assassins et la compromission avec le Mal ? Avons-nous protesté contre la faiblesse des gouvernants, l'extravagance des dépenses pour les équipements sportifs, les abus de la presse et de la télévision qui publient ce qu'ils veulent ? Nous sommes-nous jamais posé la question de l'équilibre entre les droits et les obligations, du rapport entre la liberté individuelle et collective, des limites de la liberté ? Quand avons-nous dénoncé les excès du syndicalisme, les grèves dans les écoles, les hôpitaux et les services publics ? Avons-nous cessé un instant de demander toujours plus aux gouvernements de tous les paliers ? Quel cas faisons-nous de l'exploitation du sensationnel et du respect de la vie privée ? Avons-nous la lucidité et le courage de rétablir les faits quand on attaque l'Église, sa hiérarchie et son clergé ? Nous employons-nous maintenant, après avoir évalué l'ampleur de la catastrophe, à restaurer et à consolider ce qui est resté debout ? Et là où l'on a peine à retracer des vestiges, cherchons-nous avec nos pasteurs à déterrer les vieilles et solides fondations ? Se poser à soi-même ces questions-là est un exercice ardu, culpabilisant, car, face au miroir de la conscience, il n'est pas possible de se mentir. Deux générations ont péché, ou par action ou par omission. Illusionnées par des mirages, elles ont troqué l'acquis contre des nouveautés dont l'expérience révèle maintenant qu'elles n'ont pu, à ce jour, remplacer le vieil humanisme. Il n'y a pas à s'étonner que ces générations hallucinent devant le vide. La condition des jeunes les consterne ; que ne songent-elles à leur dire qu'elles se sont trompées ? Pour ma part, je ne désespère pas du tout : il y a toute une jeunesse qui a la foi ; c'est elle qui rallumera l'espérance, et sa lumière dévoilera nos trahisons.

Le concile prit fin le 8 décembre 1965, moins de dix ans après l'annonce de 1959. Or, cela coïncide à peu près avec ce qu'on a appelé ici la Révolution tranquille. Les évêques du Québec eurent-ils le temps de suivre les délibérations qu'on tenait à Rome, d'en informer leurs ouailles et de s'occuper de parer les coups qui ont sapé les bases de notre société ? Les circonstances les obligeaient à faire face à deux défis : celui du rajeunissement de l'Église universelle et celui de la sauvegarde, dans une nécessaire remise en question, de l'Église québécoise et des valeurs qu'elle avait développées.

J'ai déjà affirmé, à l'Assemblée nationale, au cours d'un débat sur la restructuration scolaire de l'île de Montréal, que nos évêques nous avaient laissés vivre dans l'Église du silence; j'interrogeais alors, en commission parlementaire, monseigneur Lafontaine (qui n'était pas encore évêque) appelé à exprimer (je le présumais) les vues de l'épiscopat sur le projet de loi à l'étude, dont certaines associations de parents catholiques prétendaient qu'il mettait en péril l'enseignement de la religion dans les écoles; j'avais demandé au président de l'Assemblée de convoquer les représentants de la hiérarchie catholique, protestante et ceux de religion juive. Seule l'Église catholique délégua un représentant; il se contenta de rappeler la substance du mandement (ou instruction) que l'archevêque, monseigneur Paul Grégoire, avait fait circuler avant son départ pour un synode à Rome. Du projet de loi il ne sut rien dire. Peut-être devrais-je regretter l'impétuosité dont je fis montre; mais je ne pouvais plus me fier (et plusieurs collègues de même) aux témoins qui prétendaient défendre les *positions* de l'Église; je voulais entendre de la bouche d'un représentant mandaté par elle quelles étaient ses *positions* officielles. J'en fus quitte pour ma peine; sauf erreur, la presse ne parla pas de cette comparution d'une éminente personnalité religieuse. Laïc engagé, je suivais de près l'évolution des comportements d'une collectivité qui devait se re-situer dans une nouvelle conjoncture sociale et trouver les voies et moyens du vécu de la foi sous l'éclairage qui provenait du concile par les éclairs furtifs d'une information sommaire. Je ne veux pas alourdir le dossier, mais comment taire la douleur que je ressentais en voyant l'Église, battue en brèche, se culpabiliser, se confesser d'avoir fait ceci ou cela, admettre des torts grossis ou imaginaires, convaincre à la fin ses fidèles qu'elle avait erré ; s'il lui fallait, en toute objectivité, rétablir des faits, corriger des erreurs, créer un nouvel esprit, il n'était pas nécessaire qu'elle passât pour cela du triomphalisme au misérabilisme. À travers son corps vivant, même aux heures les moins glorieuses de son histoire, la grâce du Christ n'avait cessé de la soutenir et de sanctifier ses membres ; elle-même sacrement, elle demeurait le signe sensible de la Présence éternelle. Les grands textes du concile, *Lumen gentium* (constitution dogmatique sur l'Église), *Dei Verbum* (constitution dogmatique sur la Révélation) et *Gaudium et spes* (constitution pastorale « L'Église dans le monde de ce temps ») le rappelleraient instamment. Je connais bien des catholiques qui, outrés par la persistance de l'Église à faire son auto-accusation, souhaitaient qu'elle abandonnât la prostration du *Confiteor* pour se dresser et entonner un vibrant *Gloria*.

J'étais moi-même bouleversé par le passage brutal de la chrétienté à la laïcité. Avant d'accepter ou de refuser les changements, j'aurais eu besoin d'un temps de réflexion que ma carrière ne me permettait pas. À propos de la réforme sociale, un ministre en vue avait déclaré : « J'sais pas où on va, tout c'que j'sais, c'est qu'on y va vite ! » Il n'y avait pas là de quoi éclairer et rassurer autant les timorés que ceux qui, conscients de la nécessité des réformes, n'avaient pas tort de redouter les effets d'un traitement choc. Simultanément, j'observais la désintégration rapide des valeurs sociales et l'affadissement des valeurs religieuses. Prêtres, religieux et religieuses regagnaient le monde sans qu'on sût pourquoi ; ils reniaient des vœux solennels et reprenaient leur parole ; j'ai vu des fidèles se rendre le dimanche à la messe pour apprendre que leur curé les avait quittés sans avertissement. Certains suivaient la procédure du retour à l'état laïque et s'effaçaient discrètement ; d'autres n'attendaient pas et prenaient publiquement l'Église à partie. Les femmes sorties des couvents étaient beaucoup plus discrètes. Les fidèles se scandalisaient surtout quand un prêtre épousait une ex-religieuse. Le port généralisé de l'habit civil les agaçait grandement aussi. Les signes extérieurs du changement dérangeaient, mais ils ne rendaient pas compte du trouble intérieur profond qui tourmentait les prêtres, religieuses et religieux en instance de rupture de ban. Personne n'a, en l'espèce, le droit de juger ; chaque cas est particulier et Dieu seul connaît les raisons qui ont provoqué cette douloureuse désertion. On peut quand même trouver un commencement de réponse dans le fait que le clergé, les religieux et religieuses comptaient dans leurs rangs des vocations sérieuses et éprouvées, alors que d'autres, germées dans un milieu croyant, avaient quelque chose de la recherche d'un moyen de vivre et d'un statut social. Il faut distinguer ici les ordres et congrégations des œuvres qu'ils accomplissaient. La création du ministère de l'Éducation et de celui des Affaires sociales faisait en quelque sorte disparaître la raison d'être des responsables de l'enseigne-ment, des soins hospitaliers, des crèches, des orphelinats et des maisons de redressement. De bonne foi, beaucoup d'entre eux eurent le vertige : qu'allaient-ils devenir dans un monde laïcisé et quel cas l'État ferait-il de cette main-d'œuvre ? Ils se découvraient plus attachés à leur fonction sociale qu'à l'appartenance à une communauté et à l'esprit des fondateurs ou fondatrices qui en avaient doté l'Église. Cette explication ne rend évidemment pas compte de tous les facteurs sous-jacents à cette saignée. Il n'empêche que les croyants habitués à vénérer les prêtres et les membres des ordres et congrégations ont eu des réactions vives qui ne furent pas étrangères à leur propre désaffection à l'égard de l'Église et de la pratique religieuse.

Au départ, ce phénomène ne me posa pas de problèmes sérieux. Je constatais, en me disant que cela n'était pas inédit et que je n'avais pas le droit de tirer des conclusions générales. Mais à mesure que je dénombrais les absences, je prenais conscience de l'ampleur du gouffre qui s'ouvrait. Je devins perplexe et mal à l'aise quand des laïcs, en grand nombre, me posèrent des questions. Quoi répondre ? De quel droit condamner quelqu'un au for interne ? L'affaire m'affligea pour de bon quand j'entendis des gens mariés prétexter de ces abandons pour justifier leur divorce, ce qui a éloigné des sacrements des milliers de croyants. Leur raisonnement a une certaine logique : si une personne engagée par vœu au service de l'Église brise son contrat, pourquoi des laïcs ne pourraient-ils pas se défaire des liens matrimoniaux ? Le reste, contraception, avortement, union libre, mariage à l'essai, etc., vient avec dès lors qu'au nom du libre arbitre on fait son choix parmi les préceptes moraux et les règles disciplinaires. La jointure en l'occurrence, c'est la foi. On adhère ou on n'adhère pas. Dans l'affirmative, on s'engage à accepter une loi et à la respecter. Mais comment réagir quand le doute touche même les personnes *consacrées* ?

La fin de l'unanimité dans l'Église québécoise se manifesta clairement quand, en juillet 1968, Paul VI publia l'encyclique *Humanæ vitæ* sur la régulation des naissances ; on sait qu'elle divisa l'Église universelle elle-même. Elle devint chez nous un sujet tabou. Des moralistes ne pouvant, de bonne foi, se résoudre, laissèrent décanter ; d'autres critiquèrent en privé le document. Le cardinal Suenens n'avait-il pas parlé à propos de la décision du pape d'un *exercice non collégial du gouvernement de l'Église* ? Nul besoin de dire que je n'ai pas compétence pour juger au fond. Je donne cet exemple pour montrer comment les fidèles avaient du mal à se retrouver dans l'Église postconciliaire et quelles armes on pouvait tirer de ce déchirement d'une institution considérée comme inébranlable dans l'expression de sa doctrine. Les croyants frileux accusèrent le coup tandis que ceux qui avaient déjà fui le bercail trouvèrent, dans ce qu'ils appelaient l'extrémisme de Rome, une justification parmi d'autres.

À l'extérieur, on avait beau jeu de dire aux croyants : voyez quel cas vos pasteurs font de vos inquiétudes et des problèmes de la société contemporaine. Que font-ils de leur Église ? Et qu'en disent les évêques ? Cette dernière interrogation est capitale : je n'ai pas le droit d'affirmer que la hiérarchie s'est tue ; informée, consciente de ce qui se passait, elle a parlé, mais en des termes peu convaincants ; les croyants étaient en droit de s'attendre à ce qu'elle prît la tête d'une vigoureuse croisade ; elle n'a pas misé sur sa force d'attraction, sur la puissance de l'exemple et sur le dynamisme de l'entraînement. Je ne puis m'empêcher de citer ici Pascal : « Le silence est la plus grande persécution : jamais les saints ne se sont tus[1]. »

Voulait-elle prévenir un plus grand mal quand elle laissait des prêtres tenir des propos condamnables que reprenaient à l'envi des adversaires qui n'en demandaient pas tant. S'est-elle énergiquement, publiquement et sans équivoque opposée à la volonté des pouvoirs publics, non pour défendre le statu quo ou des privilèges, mais pour affirmer la doctrine ? Peut-être se disait-elle que les ministres, députés, fonctionnaires et conseillers formés par elle, dans les établissements que dirigeait le clergé, verraient eux-mêmes à ne pas dépasser les bornes. Si tel est le cas, on peut parler d'aveuglement, car il y avait déjà longtemps que le tonnerre grondait et qu'on savait d'où venait le

---

[1] *In Pensées*, XIV, 920.

bruit annonciateur de la tempête. Peut-être comptait-elle aussi sur les réservistes, tous ces laïcs qui lui obéissaient depuis plus de trois cents ans. C'était surestimer leur force, en oubliant qu'elle ne les avait pas préparés à défendre leur territoire spirituel. Parce que ceux d'entre eux qui parlaient furent traités d'*intégristes*, craignait-elle, en les encourageant, qu'on la jugeât de même et qu'on la déconsidérât? Parce que des maladroits plaidèrent mal la cause, eut-elle peur qu'on la ridiculisât et qu'on lui fît reproche d'ignorance et de débilité? Trente ans après, ces questions demeurent pour moi sans réponse. Comme à ce propos je n'ai pas d'inhibitions à liquider, j'ai pour les évêques, les prêtres, les religieux et religieuses la même estime et la même confiance, et je sais que c'est avec eux qu'il me faut continuer de grandir dans la foi et de la confesser.

Mis ensemble, la *Révolution tranquille* et les débordements du concile ont fait plus qu'ébranler l'Église du Québec: ils en ont causé le délabrement. Je n'associe pas les deux événements qui, essentiellement, ne sont pas du même ordre. Mais au plan existentiel, c'est-à-dire le vécu quotidien, la conjugaison de ces deux facteurs pesa lourd dans la transformation de notre société. On peut objecter que le concile aboutit à la promulgation de seize textes capitaux, les uns réaffirmant la doctrine héritée du concile de Trente, les autres indiquant la voie à suivre pour diriger l'Église dans sa démarche contemporaine et surmonter les obstacles qui naissent d'une nouvelle organisation du monde. Mais, à part les prêtres, les religieux, les religieuses et les laïcs engagés directement dans la pastorale active, qui les a lus et étudiés? Qui plus est: comment les a-t-on diffusés et commentés? On a organisé des cercles, des groupes, des sessions d'étude à cette fin. Pour qui? Pour les fidèles au sens strict du mot, pour le *petit reste* des pratiquants.

Quand, guéris de la fièvre des expériences hasardeuses, des pasteurs ont voulu faire le bilan et exploiter les ressources immenses générées par le concile, les églises s'étaient vidées. Au moins une génération de jeunes parents et leurs enfants étaient portés absents.

Faut-il en conclure que le concile fût, en ce qui concerne le Québec, inutile, voire néfaste ? Dire oui serait proférer une énormité. Cette grande consultation, ce brassage d'idées, ces propositions nouvelles et audacieuses, sans compter les interventions des évêques du Québec et du Canada, sont une revivifiante et féconde source d'espérance. Féconde pour les croyants qui attendaient du concile des fruits spirituels et qui ne pensaient pas qu'il les libérerait des obligations inhérentes à leur credo. Ayant fait allégeance au Christ, ils ne demandaient qu'à relire l'Évangile posé sous la réflection de l'Esprit Saint et de la tradition millénaire de la Parole, et à laisser agir la grâce de la foi. Cette fécondité est plus difficile à concevoir dans le cas de ceux qui misèrent quitte ou double en pensant que le concile abolirait tout ce qui les contraignait et que naîtrait de l'exercice une religion maison exténuée, exsangue parce que vidée de l'esprit du Christ. La déception fut d'autant plus grande pour les brebis qui forçaient déjà la porte de l'enclos. Ce qui ne signifie pas que la grâce issue de l'*assemblée* du pape, des évêques et des théologiens ne puisse resurgir dans les âmes qui se sont mises à l'écart.

Le concile fut pour moi une épreuve. J'organisai ma résistance, qui tenait tout autant aux innovations inspirées (pas toutes) par le concile, qu'au changement d'approche qu'elles exigeaient de moi. Quoi que j'aie dit auparavant, il était confortable de vivre dans une institution où tout était programmé, où je n'avais qu'à me laisser porter par la communauté et à régler au jour le jour, par la confession, la messe et une certaine quantité de prières ma relation avec le Seigneur. D'abord les modifications à la liturgie dérangèrent mes habitudes. L'ancien rituel m'était aussi familier que la langue latine. Tout se passait comme un spectacle bien rodé. L'église était belle, les vêtements sacerdotaux plus ou moins somptueux, selon les paroisses. Ayant longtemps fréquenté la basilique cathédrale de Québec, j'avais pris le goût des célébrations solennelles. Cela commençait par une procession d'entrée rehaussée par la présence des grands séminaristes, des chanoines du Chapitre et des célébrants, diacre et sous-diacre, le curé et, souvent, l'archevêque ou l'un des évêques auxiliaires. Le chœur se remplissait. Quand le curé officiait, l'archevêque, en grande tenue, occupait son trône et ses auxiliaires leur chaise ornée et leur prie-dieu. Les célébrations pontificales se faisaient avec mitre, crosse, chaussures blanches brodées, gants blancs et anneau. La vêture de l'évêque était à elle seule tout un cérémonial. La chorale des grands séminaristes ou la Petite Maîtrise (selon les mois de l'année) jointe à l'orgue majestueux créait l'atmosphère. L'archevêque donnait le sermon depuis le trône, assis ou debout, crosse en main, ou bien le curé montait dans la très imposante chaire en bois sculpté, scintillante de dorures. Il fallait voir, à la messe chrismale et à celle du jeudi saint, la longue cohorte des prêtres en habits sacerdotaux rutilants de couleurs et de broderies ; on en mettait peut-être un peu trop, mais cela conférait à la cérémonie une beauté et une atmosphère accordées à son caractère sacré. Cela était plus modeste en d'autres églises quoiqu'on eût toujours soin de marquer par des décorations et des ornements spéciaux l'importance et le sens de la fête.

Je dus renoncer à cette pompe. Les vêtements sacerdotaux, d'une esthétique soignée, étaient plus sobres, le rythme des cérémonies plus rapide, la langue commune moins harmonique. J'ai parlé de la musique *nouvelle.* Je ne m'y habituais pas. Au début, on chantait en grégorien certaines parties du commun de la messe ; cela ne dura pas : le pire viendrait bientôt. J'achoppais à l'homélie ; j'en ai assez dit pour ne pas avoir à y revenir.

Une nouvelle terminologie s'installait qui remplaçait les formules et les termes usuels, comme le *sacrement du pardon* ou de la *réconciliation.* J'avais toujours dit, comme je l'avais appris, *sacrement de pénitence.* C'en était une que de se glisser dans un réduit obscur pour raconter à un autre humain ses bêtises et ses dérèglements, répondre à des questions, écouter la monition du prêtre, promettre (avec plus ou moins de certitude) de ne plus recommencer, se faire imposer une pénitence avant de recevoir le pardon du Christ. Demeuré fidèle à la confession régulière, j'appelle toujours cela la pénitence parce que c'est, de toutes les obligations que je m'impose, la plus humiliante et la plus salutaire. Je n'en pense pas moins que les mots de *pardon* et de *réconciliation* sont plus doux, qu'ils expriment mieux la tendresse de Celui qui me connaît et me renvoie avec l'assurance de sa paix. Il en va de même pour l'onction des malades. Les expressions, *derniers sacrements, extrême-onction,* avaient quelque chose de sinistre ; elles évoquaient la mort ; on considérait d'ailleurs comme mort celui qui en faisait l'objet. Pour dire qu'une personne était au bout de sa course, on disait : elle a été *administrée,* le curé lui a donné les *derniers sacrements.* Et que n'entendions-nous pas quand, par malheur, un catholique mourait avant d'avoir reçu les *derniers sacrements* ! Ce qu'on fait aujourd'hui, sauf en cas d'urgence, est plus humain, plus réconfortant et plein d'espérance parce que le malade peut s'y préparer et recevoir l'onction avec son consentement et en toute connaissance, au milieu de ses parents ou avec d'autres malades. En fait, j'aime beaucoup qu'on rassemble les fidèles pour l'administration des sacrements ; posés devant l'assemblée, les signes ont plus de sens, ils rapprochent les participants qui communiquent ainsi dans la foi.

À ce propos, je respecte la discipline de l'Église, mais je souhaiterais qu'on donne plus souvent, après une préparation appropriée, l'absolution collective ; cela ferait, à mon sens, tomber bien des réticences et des gênes. Délestés des fautes anciennes, les croyants recommenceraient en quelque sorte leur vie spirituelle ; les blocages disparus, ils s'adresseraient plus aisément au prêtre et découvriraient combien il est réconfortant d'être guidé dans son cheminement de foi. Ce que je propose ressemble à une cure pour grands malades. C'est que je connais des non-pratiquants qui voudraient revenir à l'Église et aux sacrements. Mais leur passé les obsède, ils portent un poids intolérable, ils n'osent plus penser qu'on pourrait les accueillir. D'autres ont subi des traumatismes en se confiant à des prêtres d'une rigueur excessive et qui ne parlaient aux pénitents que des châtiments de Dieu ; on comprend que la confession leur était un fardeau et qu'ils n'en veulent plus subir intérieurement le martyre. Cette suggestion ne change rien pour moi à la nécessité de la rencontre personnelle et régulière avec le prêtre. J'ai connu des misères dont la grâce sacramentelle m'a délivré comme le Christ libérait les pécheurs en disant : « Va, ta foi t'a sauvé » (Mc 10, 52). Le Seigneur a d'autre part manifesté différemment sa compassion ; qu'on pense à la Samaritaine, où le Christ, par son accueil, manifestait une pédagogie adaptée aux âmes qui le cherchaient. Il n'est pas question de dispenser les fidèles d'un devoir douloureux, mais il me paraît conforme à l'esprit du concile que l'Église ait, à l'occasion, des élans de miséricorde et que les croyants éloignés, conscients comme le centurion de leur indignité, sachent qu'il est Quelqu'un qui, d'un mot, peut guérir : « Seigneur, ne te dérange pas davantage, car je ne mérite pas que tu entres sous mon toit ; aussi bien ne me suis-je pas jugé digne de venir te trouver. Mais dis un mot et que mon serviteur soit guéri » (Lc 7, 6-8). Ce sont là des gestes, des choses visibles que le concile a changés. Ils ont servi à orienter différemment la démarche intérieure. J'en témoigne sans ambages : le concile m'a fait souffrir ; il m'a délogé de la routine, forcé à défricher la forêt des habitudes enracinées, fait pénétrer dans une Église sans frontières et combien plus généreuse ; plus sécurisante aussi, même si je me méfie de ceux et celles qui expurgent des dogmes et de la morale les exigences contraignantes, et prêchent comme si le bien était facile et que le mal n'existe que dans l'esprit des naïfs et des prudes.

L'enseignement du concile m'a fait sonder la profondeur de mon égoïsme ; s'il ne m'en a pas totalement purifié, il m'a rendu plus ouvert et plus accueillant. J'avais mon Église à moi, je la partageais avec des fidèles comme moi ; j'acceptais mal qu'elle englobât des gens qui ne pratiquaient pas comme moi ; ce qui ressemblait fort à l'attitude du pharisien. Je voulais bien que Jésus sauvât le monde, mais qu'il s'occupât d'abord de moi et de mes proches. La religion était une affaire entre Dieu et moi (ce n'était pourtant pas ce que mes maîtres rédemptoristes m'avaient enseigné !). Je croyais à la communion des saints sans m'aviser de penser que les saints étaient de partout et de tous les âges, et que je recevais l'influx de leur prière et de leur vie dans le Seigneur. C'est en lisant les documents du concile que je commençai à porter mes regards au-delà de mon étroit habitat spirituel. J'y découvris la misère et la beauté du monde. La terre changea de face. Elle n'était plus constituée de territoires, de pays, d'États et de peuples lointains, mais de la foule que montre l'apôtre Jean dans l'Apocalypse: «Après quoi, voici qu'apparut à mes yeux une foule immense, impossible à dénombrer, de toute nation, race, peuple et langue » (Ap 6, 9). C'est à cette assemblée que j'appartenais, avec ses membres que j'étais en Église, de ceux-ci dont je devais me sentir frère. Je commençai par m'éloigner en esprit de l'entourage immédiat; j'avais un long chemin à faire avant de rejoindre le peuple de l'Alliance et de devenir une fibre du lien que le Christ avait tissé pour réunir les hommes; Il était venu pour tous et j'étais un parmi la multitude. Cette dimension, je la reconnaissais intellectuellement; elle ne comptait pas activement dans ma vie. Comment l'actualiser autrement que par des contacts et des rencontres avec ceux et celles qui se consacrent à l'assistance des autres? Ma profession d'enseignant et la seconde partie de ma carrière politique m'en fournirent l'occasion.

À propos de cette dernière, je puis dire qu'il me devenait de plus en plus pénible d'accepter l'inévitable dualisme qu'impose l'appartenance à une formation politique. Dans ce monde-là, il y a d'un côté les bons, qui ont toujours raison, et les mauvais, qui ont toujours tort. À la fin, j'endurais cela comme un supplice. L'année que je passai seul à Québec après ma défaite de 1973 me permit de détecter mes erreurs, de pointer mes actes et mes propos injustes, de développer une nouvelle mentalité. Je revoyais en pensée les adversaires que j'avais dénigrés et combattus; la plupart d'entre eux m'apparaissaient comme des gens de bonne volonté qui avaient tout autant que je pensais l'avoir le souci du bien-être de leurs semblables, qu'ils servaient avec désintéressement. Je ne pouvais idéologiquement accepter toutes les théories, politiquement tous les systèmes et les projets de société; je m'efforçais d'en voir les aspects positifs et surtout de considérer la part d'humanité qu'ils recelaient. Les déclarations fracassantes, sans nuances, voire incendiaires m'irritaient; je faisais la part du feu, me souvenant de toutes celles que, dans l'effervescence de l'action et l'aveuglement partisans, j'avais faites et que je regrettais. Pendant cette période, j'ai dû en appeler souvent de mes propres jugements.

Qu'on ne s'abuse point : au sortir de cette méditation prolongée, je n'étais pas un saint ! Je n'en avais du reste pas la prétention, mais je modifiais mes points de vue, j'écoutais au lieu de réfuter abruptement les arguments des autres, je différais mes répliques et demandais qu'on m'accordât du temps avant de répondre à des questions. Il me fallait vérifier la solidité et la pertinence de mes avis. Je me gardais de mon agressivité naturelle et de ma volonté de l'emporter quand on me confrontait. Comme je m'intéressais depuis nombre d'années au problème de l'œcuménisme, je me rendis compte que Vatican II m'avait ouvert des portes qui laissaient entrer un air renouvelé. La relation restaurée entre les deux Testaments m'inspirait une grande fierté; elle me faisait partager la force invincible issue de la réunion des croyants perdus dans le temps et qui ressuscitaient en abolissant la distance qui les séparait de ceux d'aujourd'hui; c'étaient les frères et *le temps retrouvé* qui réapparaissaient avec la charge millénaire de l'amour de Dieu. Je ne me croyais pas apte à joindre des mouvements, mais je sentis naître la passion pour l'unité dans la foi. La lecture d'ouvrages et de documents me révéla les raisons souvent personnelles de certaines hérésies, le manque de charité des contradicteurs, les conflits d'intérêts et de personnalités qui causèrent les schismes. Je repris le beau livre du père Henri de Lubac, *Méditation sur l'Église,* paru en 1953. J'appris là à réconcilier l'institution et les vivants qui la composent, à voir ce qui me séparait encore de mes sœurs et frères. Cela m'aida à relire saint Jean. Je compris qu'en insistant sur l'Amour il invitait les chrétiens à vivre en plénitude le mystère du Christ incarné. Les «excès» de saint Paul m'interpellèrent à nouveau. Au collège et à l'université, je m'appuyais sur le converti de Tarse ; la tiédeur s'installant, il m'encombrait. Aurais-je reçu une lettre de lui que j'en eusse été fort embarrassé ! Je relisais ses épîtres ; ses exhortations inquiètes convenaient à notre temps et je souhaitais qu'on répétât hardiment comme lui qu'il fallait garder l'intégrité du *Dépôt*. Ce n'était pas que la tâche des autres, c'était ma tâche, ma mission, où que je fusse. Je prenais conscience de cette responsabilité. Je ne me crus pas pour cela obligé de courir le monde. Je pouvais m'acquitter de ce devoir comme prêtre (ce fut ma première et violente tentation) ou comme laïc. Où, quand, comment ? Je résolus d'être simplement disponible.

Les quinze années qui suivirent me démontrèrent qu'il y a partout des signes de Dieu, qu'il faut apprendre à les lire, qu'on n'est pas nécessairement gratifié du don de les interpréter et que leur authenticité ne se traduit pas par un éblouissement. La vie va son cours, sans vagues, jusqu'à ce que le Seigneur veuille bien, de temps en temps, se manifester dans les êtres et les événements, parler d'une façon qui n'est jamais claire ni impérative. Il a fait l'homme libre ; il le laisse aller son chemin. Il intervient naturellement par des moyens naturels ; c'est après coup qu'on a la certitude de sa présence. J'ose écrire qu'il m'a pris, qu'il m'a mené et qu'il n'est pas en dehors de sa volonté que j'aie été associé dans mon travail à des personnes dont je n'aurais jamais pensé qu'elles auraient sur moi une influence aussi décisive. Vous voilà bien loin de l'œcuménisme, me dira-t-on. J'en suis très près, sauf qu'avant d'entreprendre une démarche vers les chrétiens séparés je devais me rapprocher d'abord des baptisés les plus proches, de ceux et celles dont je partageais la vie. Je n'avais pas le cœur œcuménique : tout dans l'esprit, rien dans le vouloir et l'agir. Mais attention, je n'ai ni envie ni besoin de me peindre comme un monstre ; j'insulterais ainsi le Seigneur qui, dès ma naissance, m'a assisté de sa grâce. J'aidais les autres, je visitais des malades et des affligés, j'acceptais la critique et les contradictions, j'oubliais les coups qu'on me portait, je m'efforçais de ne pas blesser (encore que j'eusse grand mal à mettre *une garde à mes lèvres* !), j'accomplissais mes devoirs religieux, je priais. Ce qui me faisait défaut, c'était le sens du don, la gratuité, l'*habitus* qui consiste à penser à Dieu en tout, à voir le Seigneur en tout être humain et à ne rien faire qui porte déjà sa récompense et son mérite. Je devais m'oublier. J'en suis encore à essayer.

À la lumière des constitutions élaborées par Vatican II, je révisai la doctrine de l'Église pour en sonder les fondements et me situer sur ses assises. Sans entrer dans les détails, les précisions, les éclaircissements et les élargissements, je pense qu'il n'y a pas de contradictions entre ce que le *Petit Catéchisme* et mes études théologiques m'avaient appris et ce que les documents conciliaires ont avancé. L'âge aidant, ce que j'avais mémorisé en forme sèche de questions et réponses m'est apparu sous un nouvel éclairage. J'avais vécu mon catéchisme à la petite semaine et par bribes, sans souci de cohérence ; il me fallait l'épeler maintenant sans perdre la vision du plan de Dieu qui est l'œuvre du salut. Chacune des expressions de la foi consignées dans le livre de mon enfance devait s'articuler à l'ensemble, de sorte que ma religion pénètre toutes les couches de mon être et brise les compartiments dans lesquels je l'avais contenue. Ma foi devenait une réalité enveloppante ; elle n'était plus réductible à la piété extérieure de la pratique religieuse à l'église ou dans l'intimité de ma demeure. Il lui fallait pour être active et rayonnante qu'elle devînt un comportement naturel et aisé, un habit qui me vête sans gêne, qu'elle me convertisse, me fasse me retourner vers les autres et exprime la joie et l'espérance qui m'habitent. J'ai, chaque jour, à en faire le test ou l'épreuve. J'ai aussi à *prier ma foi*, si l'expression a un sens. Ce qui veut dire que je ne dois pas m'imposer simplement le devoir de prier à des heures déterminées, de réaliser un quota de dévotion inscrit dans un bilan quotidien. Ma vie doit être une prière où que j'aille et quoi que je fasse. Comme le disait monseigneur Roger Despatie, évêque de Hearst, à ses diocésains réunis lors du synode de 1991, il est toujours possible de se *tenir en présence du Seigneur.* Il n'y a pas là de contrainte ; qu'on travaille, qu'on s'amuse, qu'on cause avec ses semblables, qu'on les aide ou qu'on participe à leur vie, il suffit d'une intention pour orienter la finalité de l'agir. Au fait, il faut être comme on est, là où on se trouve, pourvu que consciemment on veuille accomplir les Béatitudes.

Être comme on est marque la relation à ce que l'être humain est par essence, à l'homme et à la femme créés par Dieu et appelés à s'unir à lui comme créatures rachetées. Le tourbillon de la vie contemporaine n'en laisse guère le loisir. On fait tout pour étourdir les gens, les occuper, les distraire de l'essentiel, de l'*unique nécessaire* ; personne ne peut échapper à l'activité fébrile, aux divertissements de toute nature, aux jeux, aux voyages, à l'usage excessif de la radio et de la télévision, qui accaparent les seuls moments où l'on pourrait, dans le silence, à l'abri de la tentation du désœuvrement et du suicide moral, entrer en soi-même, rencontrer les autres autrement que pour passer le temps, s'accomplir en fait conformément à la volonté du Créateur. Et où qu'on se trouve, parce que Dieu habite le monde, parce qu'il attend, parce qu'il pénètre dans les âmes qui le cherchent, incapables de remplir un vide parce qu'on les détourne de ce qui donne un sens à l'existence. Saint Augustin a bien exprimé le malaise de l'homme en quête de repos, de celui que le Malin détourne de sa fin : « Tu nous as faits pour toi, Seigneur, et notre âme est inquiète jusqu'à ce qu'elle se repose en toi. »

Il y a bien des demeures dans la maison du Père ; il les réserve à qui il veut, selon sa capacité et la vocation qu'il lui assigne. On sait à quel degré les ermites se sont appliqués dans un dénuement effroyable et des pratiques inhumaines à trouver Dieu ; on connaît les affres des grands mystiques possédés par l'amour. Le Seigneur a voulu qu'ils présentent au peuple de leur temps des exemples extraordinaires. Leur chemin s'éloigne de la voie commune. Les grâces exceptionnelles qui les visitaient les incitaient à se considérer comme des grains de poussière, des vers de terre ou des pécheurs si profondément imbus de leur misère qu'ils se disaient même indignes de s'adresser à Dieu. Il importe de ne pas s'accrocher, en ce qui concerne les saints et saintes, aux images que la légende et certaines biographies en ont données, et ne pas oublier qu'ils furent des humains comme nous. Transformés par l'Esprit, beaucoup d'entre eux parvinrent à l'héroïcité des vertus : les saints, Benoît, Bruno, Bernard, Jean de la Croix, François d'Assise, Dominique, Thomas d'Aquin, Ignace de Loyola, Vincent de Paul, Alphonse de Liguori, les saintes, Élisabeth de Hongrie, Claire d'Assise, Catherine de Sienne, Thérèse d'Avila, Jeanne de Chantal, Marguerite-Marie Alacoque, Bernadette de Lourdes et les autres. Dieu avait ses desseins sur ces êtres marqués qui furent à leur époque des témoins choisis et des éveilleurs. Je ne me vois pas comme un ver de terre. Je suis comme je suis et j'ai l'audace de croire que le Seigneur m'accepte ainsi. Je n'ai pas de goût pour les flagellations, les macérations et les jeûnes poussés à la limite de la capacité du corps humain. J'ai peur de la tentation et je ne défierai pas Dieu de me donner l'expérience des plus terrifiantes ; je suis convaincu qu'il me voit comme un *petit bourgeois* douillet qui craint la souffrance, voire l'inconfort ; j'ai conscience qu'il me traite selon le proverbe : *À brebis tondue, Dieu mesure le vent.* S'il advenait qu'il permette que la vie m'inflige des tourments plus pénibles, je sais qu'il me donnerait la grâce de les supporter. Sur la pente descendante, je subis l'épreuve de la vieillesse toute proche et de ses désagréments ; sachant bien que je ne n'y échapperai pas, je me surprends quelquefois à désirer que le Seigneur me rende la mort douce et facile. Les lentes agonies me troublent ; c'est alors que, à l'instar de bien des agnostiques, des athées et des croyants, je me révolte contre la souffrance et le silence de Dieu. Le 11 novembre 1991, ma sœur Jeanne mourait après dix-huit ans de réclusion consécutive à un accident cardio-vasculaire. À demi paralysée, lucide mais incapable de communiquer autrement que par des bredouillements, cette épouse et cette mère ne partit point sans que le Seigneur lui réservât un dernier sacrifice de quatre jours de souffrances. À mes yeux, cela était superflu. Mais qui connaît les voies du Seigneur et qui peut en décrypter les méandres ? Saint Paul s'écriait : « En ce moment je trouve ma joie dans les souffrances que j'endure pour vous, et je complète en ma chair ce qui manque aux épreuves du Christ pour son corps qui est l'Église[1] » (Col 1, 24).

Ce que supporta ma sœur est de l'ordre du mystère et ne prend signification que dans la perspective de la communion des saints. Je crois fermement que, de toute éternité,

---

[1] Cette étonnante expression ne signifie pas qu'il manque quelque chose à la valeur rédemptrice de la passion du Sauveur. Saint Paul exprime sa volonté de s'associer au Christ par ses souffrances personnelles.

Dieu la destinait à s'associer à la passion de son Fils et que son baptême avait scellé la volonté divine.

En ce moment où j'écris, je ne veux pas donner à penser que le concile m'a transformé et que je ne suis plus le même homme ; il m'a disposé à changer et à vivre en Église d'une manière différente. Plus tôt, à la messe, le célébrant a dégagé ce que Jésus exigeait de ses disciples : « Vous êtes le sel de la terre. Mais si le sel perd sa saveur, avec quoi va-t-on le saler ? Il n'est plus bon à rien qu'à être jeté dehors et foulé aux pieds par les gens » (Mt 5, 13).

Vatican II a réactualisé cette parole et l'autre qui nous enjoint d'être la lumière du monde. Ses documents ne valent pas que pour les chefs de l'institution ecclésiale : ils s'adressent personnellement à chaque chrétien en reprenant le langage de saint Paul : « Moi-même, je me suis présenté à vous faible, craintif et tout tremblant, et ma parole et mon message n'avaient rien des discours persuasifs de la sagesse ; c'était une démonstration d'Esprit et de puissance, afin que votre foi reposât, non point sur la sagesse des hommes, mais sur la puissance de Dieu » (1 Co 2, 3-5).

Dieu lui-même nous a dicté notre conduite par la voix du prophète : « Partage ton pain avec celui qui a faim, recueille chez toi le malheureux sans abri, couvre celui que tu verras sans vêtement, ne te dérobe pas à ton semblable [...]. Si tu fais disparaître de ton pays le joug, le geste de menace, la parole malfaisante, si tu donnes de bon cœur à celui qui a faim, et si tu combles les désirs du malheureux, ta lumière se lèvera dans les ténèbres et ton obscurité sera comme la lumière de midi » (Is 58, 7-8).

Ce programme, le concile le propose dans ses diverses constitutions ; il ne diffère pas de celui que formulaient le

Petit Catéchisme et les maîtres qui le commentaient à notre intention. Il n'est pas moins austère et s'éclaire de la réflexion qu'ont faite pour notre temps les pères conciliaires. Yvon Cousineau le sort de l'abstraction : « [...] les chrétiens sont appelés à être des gens de saveur. Ils le sont en osant parler et agir, en donnant une couleur, une saveur, un caractère distinctif à leur vie. Ils ne doivent pas craindre d'ajouter leur grain de sel, à saveur évangélique, lors de discussions et d'échanges sur les questions de l'heure. On ne quitte pas le Christ le matin au seuil de sa porte pour le retrouver le soir à son retour. Il est toujours avec nous, quel que soit l'endroit où nous allons [1]. »

Entrés dans le *nouvel âge*, les chrétiens ne peuvent se dérober. Le concile n'a dispensé personne du devoir prescrit par l'*Alliance*. Il en a fait un *vin nouveau*. Il faut des *outres neuves* pour le contenir, c'est-à-dire des âmes transfigurées capables de vivre et de transmettre le message sans l'altérer aux fins de ceux et celles qui voudraient en alléger le poids. Dieu refuse les compromis ; qu'on se réclame de lui et l'on signe un contrat dont aucun artifice d'interprétation ne saurait amender les clauses ; ceux qui peinent à l'honorer ont le secours de la grâce, la lumière de l'Esprit et la compréhension amoureuse du Père. La signature du pacte rend impérieuse l'obligation de partager et de témoigner. Le concile est une grâce de notre temps. Il nous revient d'en parler à notre manière, selon nos charismes et notre connaissance du Testament en pensant à l'avertissement de Jésus : « Malheur à vous, légistes, parce que vous avez enlevé la clef de la science ! Vous-mêmes n'êtes pas entrés, et ceux qui voulaient entrer, vous les en avez empêchés ! » (Lc 11, 52).

---

[1] *In Prions en Église*, 7 février 1993, p. 3.

XVI

La route irradiée

Le matin, sème ton grain, et le soir, ne reste pas inactif. Car tu ne sais pas de deux choses celle qui réussira : et peut-être qu'elles sont aussi bonnes toutes les deux. (Qo 11, 5-6)

À QUÉBEC, un samedi de 1977, je rentrais de faire des courses. Le téléphone sonnait. J'entendis : « Ici Jeanne Sauvé. » Je sus plus tard qu'elle ne confiait pas ses messages personnels à une secrétaire. Elle aimait le contact direct. Affable, elle me demanda sans détour s'il m'intéressait de travailler à son cabinet de ministre des Communications. J'étais ravi et interloqué. J'acquiesçai. Elle ajouta : « Venez me voir à Ottawa, lundi à quatorze heures. » Je m'y rendis. Nous causâmes de bien des choses comme si nous nous connaissions de vieille date. J'entrai en fonction à titre de conseiller spécial la semaine qui suivit.

Mme Jeanne Sauvé avait été longtemps journaliste. Ses idées, sa personnalité, sa voix même m'étaient familières. Je l'avais croisée à diverses reprises sans que j'eusse l'occasion de m'entretenir longtemps avec elle, sauf à l'été 1974, alors qu'elle représentait son Gouvernement à la Première Biennale de la langue française à Chicoutimi ; j'y avais fait office de secrétaire. Elle avait littéralement conquis la place en raison de la clarté et de l'efficacité de ses interventions. Cela confirmait l'opinion que je m'étais faite de cette femme décidée, volontaire, dont le charme indéniable opérait sans que peut-être elle s'en rendît compte.

Je redoutais la Capitale nationale. Mes souvenirs de parlementaire là-bas remontaient à la surface. Dans le train, je me demandais ce qui avait incité Mme Sauvé, membre en vue du Parti libéral, à faire appel à un ex-député conservateur et ex-ministre de l'Union Nationale. Il n'en fut jamais question, hors les taquineries amicales de son époux Maurice, du personnel de son cabinet et des députés, ministres et sénateurs libéraux, dont certains, me dit-elle ultérieurement, s'étaient inquiétés de son geste. Elle avait le don de créer une famille autour d'elle, de motiver ses collaborateurs et de les rendre complices de ses intentions et de ses gestes. Je fus admis dans son cercle sans jamais faire l'objet de quelque soupçon. Je commençai à m'acquitter des tâches qu'elle m'assignait, heureusement aidé par ses deux assistantes, la douce Marie Bender et la délicate Gérène Léger. Pour l'intendance, je m'en remettais au directeur du cabinet, Pierre Lafleur, qui devint un agréable compagnon, de même que Susan Cornell, anglophone bilingue, dynamique, affectueuse et qui nous régalait d'un rire indescriptible. Moins d'un mois après, j'étais heureux et commençais à ressentir les effets de l'aura de Jeanne Sauvé.

J'aborde ici à des rives mystérieuses et ne crains pas de dire que cette nouvelle carrière que j'entreprenais n'était pas un coup du hasard, mais le fait d'une prévenance du Seigneur. Malheureux après l'échec de ma tentative de devenir prêtre dans le diocèse de Chicoutimi, chômeur pour les raisons que j'ai déjà indiquées, voilà que, grâce à la largeur de vue et la générosité de Mme Sauvé, le soleil revenait dans ma vie et faisait resurgir des ressources que je croyais épuisées. Je la voyais tous les jours, elle m'invitait souvent à manger avec elle et, sans qu'il y parût de prime abord, elle commença d'exercer sur moi un ascendant bénéfique. Réservé, d'ordinaire très discret sur ce qui me concernait, je me livrais à elle avec une grande spontanéité. Ses absences me pesaient. C'est à ce signe que je reconnus l'amitié que j'avais déjà pour elle et qu'elle me rendait.

De la même génération, témoins tous les deux des mêmes événements, engagés dans les mêmes combats, nous nous reconnaissions une parenté d'esprit naturelle. Nous avions conservé un même idéal d'épanouissement et de perfection, une ambition commune de réussir et de percer. Férus d'histoire, d'art, de musique, de culture, préoccupés par les tourmentes politiques, nous causions quelquefois des heures, et rares furent les fois où notre dialogue ne débouchât pas sur l'inquiétude spirituelle. Son engagement de croyante était sans équivoque, et elle ne le cachait pas. Elle m'interrogeait sur des sujets que son activité professionnelle ne lui avait pas permis d'approfondir. Nous échangions ainsi nos connaissances, car je la questionnais sur les gens qu'elle fréquentait, sur les aspects inconnus de sa vie de jeune fille, d'épouse et de mère, aussi bien que sur ses expériences sociales et politiques. J'apprenais avec elle et avec son mari et je pénétrais dans des mondes que je n'avais pas eu l'occasion d'explorer. Tout cela d'une façon très détendue, sans complaisance, car nous différions parfois d'opinion et nous nous expliquions à tour de rôle sur nos attitudes et ce qui les avait motivées. Elle me débarrassa d'une foule de préjugés sur des personnes que je connaissais mal et qu'elle me faisait rencontrer. Convaincue, sans sectarisme, elle m'enseignait la tolérance. Respectueuse des autres, elle ne se permettait jamais de juger sans savoir et ne laissait personne ternir la réputation de ceux qu'elle côtoyait. Certaines fins de journée, elle conviait son équipe à dîner. On aurait pu croire qu'elle redevenait jeune fille. Son entrain faisait de ces rencontres d'inoubliables moments de détente : elle se laissait taquiner, nous réclamait des histoires et des anecdotes, y allait de son cru, veillait à ce que chacun eût son tour, s'interdisait de parler travail et nous quittait sur un *à demain* qui nous redonnait l'élan pour affronter le jour qui suivrait. C'était toujours un émerveillement de surprendre dans la détente et le plaisir de vivre celle que nous avions vue, quelques heures auparavant, s'acquitter avec gravité des devoirs de sa charge.

Chacun vantait son courage et sa fermeté ; on y décelait, non sans raison, les traces de son éducation familiale, de ses études et de sa discipline personnelle, et l'on attribuait à son bon caractère et à son optimisme la facilité avec laquelle elle traitait les sujets les plus difficiles et accomplissait des besognes harassantes. On ne percevait sans doute pas la force intérieure qui l'animait. Elle n'en faisait pas étalage, mais je sais qu'elle priait beaucoup et je l'ai souvent entendue me dire, mine de rien : « Il faudrait prier pour que ça marche… » Je l'ai connue assez intimement, au sommet de sa gloire comme dans l'épreuve, pour dire qu'il y avait dans cette âme une aspiration à la sainteté et que le Seigneur s'est servi d'elle pour donner à notre monde l'exemple entraînant d'une femme qui a réalisé dans un impressionnant équilibre la vocation particulière de la vie publique et de la vie privée. Solidaire des autres dans sa condition féminine, elle a montré à l'envi que le bonheur de la femme est à la portée de celles qui ne se renient pas en assumant des fonctions de service à la maison comme dans la société. On sera peut-être tenté de dire : « Oui, mais elle en avait les moyens. » Ce qui n'est pas exact, car elle a dû gagner sa vie, aménager harmonieusement ses devoirs d'épouse et de mère, consentir pour cela les sacrifices nécessaires et, le moment venu, s'engager socialement à fond. On prétendra que les circonstances l'ont servie. Cette expression a quelque chose de mesquin parce que, prise au pied de la lettre, elle dépossède Mme Jeanne Sauvé de ses plus belles qualités :

son intelligence supérieure, sa raison patiente et le jugement qu'elle a démontré en exerçant son droit légitime à prétendre aux charges de l'État. Je tiens pour ma part qu'une force surnaturelle l'a mue pour qu'elle soit là, au moment juste, comme un témoin de l'excellence. À une époque où les valeurs fondamentales sont mises de côté au profit des égoïsmes individuels et collectifs et du nivellement réducteur, il n'est pas indifférent qu'elle ait été appelée à réaffirmer dans notre société les principes qui doivent régir les comportements de sorte qu'ils servent à la promotion du bien commun et au développement des communautés humaines en mal d'espoir. Je puis témoigner du soin qu'elle apportait à la préparation de ses discours pour qu'ils fussent des messages adaptés à des auditoires qu'elle surprenait par son audace. Elle ne parlait jamais pour plaire ; elle affirmait des convictions même quand elle savait qu'elle dérangerait des habitudes et romprait avec la tradition des formules usées et lénifiantes. Je sais d'expérience qu'on se méfiait dans les officines de la diplomatie officielle de ses rappels, en présence de certains dictateurs, des droits de la personne humaine et de sa dignité. Un jour qu'elle rentrait d'un voyage à l'étranger, elle me dit des dirigeants qu'elle avait rencontrés : « Ils sont pourris, ils m'ont menti à chaque instant, ce sont des voleurs, ils ont tenté de me faire oublier les affamés qui se jetaient littéralement devant les luxueuses limousines blindées. »

Je n'ai aucune intention de récupérer Mme Jeanne Sauvé à des fins apologétiques et d'amorcer un procès de canonisation. Je ne peux toutefois taire ce que j'ai vu ni passer sous silence l'influence qu'elle a exercée sur moi dans le domaine de la foi. Plus nous nous connaissions et plus devenait fréquente notre recherche de ce qui est dans une vie de chrétien le sens surnaturel de la destinée. J'ai trop de fois assisté à la messe en sa compagnie et celle de son époux, trop prié avec elle dans l'intimité de nos rencontres, trop de fois porté dans ma prière intime les personnes qu'elle me recommandait pour hésiter à dire qu'elle était habitée par la grâce. Elle ne prêchait pas ; d'un mot simplement glissé ou échappé sourdait sa confiance dans le Seigneur ; ses conseils et ses remontrances désintéressés dispensés avec une rare délicatesse d'âme me convainquaient sans effort. Elle me signalait mes erreurs, mes attitudes agressives, mes jugements emportés. Elle ne se trompait pas. Son intuition l'incitait, si je puis dire, à venir me voir à mon bureau. Elle s'installait en toute simplicité et nous reprenions le fil d'une discussion que nous avions commencée des jours et des semaines plus tôt. Cela tombait toujours mystérieusement à des moments où je ressentais plus lourdement le poids de la vie. Elle me quittait, ou me demandait : « Êtes-vous libre pour le déjeuner ? » Je reprenais le travail rasséréné.

Je vivais en quelque sorte à son rythme, qui n'était pas de tout repos. Elle pratiquait la politique de la présence, acceptait des invitations qui ne nous paraissaient pas toujours nécessaires, chargeait son emploi du temps pour recevoir à manger des gens qu'elle voulait stimuler ou consoler. Son sens de l'accueil avait quelque chose de magique. Elle apparaissait radieuse et sa seule poignée de main faisait fondre toute timidité et toute prévention. Elle forçait l'admiration. Il m'arrivait de recevoir les confidences des personnes que son seul contact avait retournées. Je l'ai vue au ministère des Affaires étrangères, à la Chambre des communes et à Rideau Hall. Fidèle à elle-même, elle subjuguait par son allure et sa dignité. Elle irradiait la joie et présentait l'image de la grandeur et de la beauté du monde.

Car elle aimait vivre, s'accorder à la nature, rendant ainsi spontanément hommage au Créateur de la terre. C'était là son *Magnificat*. Si j'en parle avec effusion, c'est que sa présence et ses attentions m'ont transformé. À son contact, j'ai pris conscience de ce qui m'empêchait de m'épanouir : le manque d'ouverture aux autres et le repli hautain dans ma solitude. Nos entretiens me donnaient l'occasion d'analyser avec elle mes défauts et mes imperfections, comme je l'avais fait autrefois avec ceux qui m'ont dirigé. Elle manifestait une charité qui m'étonnait. Ceux qui nous entouraient ne se doutaient pas que bien des séances de travail se transformaient en confidences. Elle me parlait d'elle aussi avec une touchante humilité. Elle connaissait depuis son jeune âge la parole du Christ : « Vous donc, vous serez parfaits comme votre Père céleste est parfait » (Mt 5, 48). Elle souffrait du mal qu'elle avait pu faire aux autres ; elle me demandait parfois ce qu'elle devait faire quand elle croyait avoir blessé quelqu'un. Cette délicatesse de conscience révélait la profondeur de son amour du prochain. Évoquant sa vie et sa carrière, elle s'étonnait de ce que la Providence l'eût à ce point comblée.

Qui ne l'a vue que dans le faste des cérémonies, dans ses relations avec les rois, les reines et les chefs d'État, dans la surabondance des repas officiels, ne sait pas que, même si elle s'y plaisait, elle pesait à leur poids les honneurs qu'elle recevait. Elle s'acquittait de fonctions enviées sans se laisser posséder par des satisfactions éphémères. Je l'écoutais avec émerveillement quand, après des prestations qui lui valaient des éloges publics, elle me posait la question : « Cela vaut-il la peine qu'on se donne ? » Je lui répondais sans ambages : « Madame, vous avez le devoir de témoigner devant Dieu et devant les hommes, et les talents que vous avez vous imposent de donner l'exemple en tout ; bien des gens, ajoutais-je, se sentiront réconfortés de vous avoir vue ; demandez-vous pourquoi le Seigneur vous a fait passer par l'épreuve avant que vous ne deveniez gouverneur général. » Je lui rappelais alors comment, grâce en partie à elle, la visite au Canada de Jean-Paul II avait secoué nos compatriotes, et quel retentissement avait eu son accueil.

Le début de son mandat avait été marqué par la souffrance de la maladie. Nommée le 23 décembre 1983 à la plus haute charge politique du Canada, elle devait entrer en fonction un mois, plus ou moins, après l'annonce qu'en avait faite le premier ministre. Rentrée depuis peu d'un voyage en Russie, elle dut s'aliter. Elle livra pendant plus de quatre mois un combat contre la mort. Je n'oublierai jamais cet insupportable climat d'angoisse. Alors que je m'employais à rédiger les réponses aux innombrables messages de félicitations qu'elle avait reçus, il fallut au même temps remercier ceux qui lui souhaitaient un prompt rétablissement sans qu'ils soupçonnassent que le mal dont elle souffrait pouvait l'emporter. Je revois toujours Marie Bender, secrétaire de presse, refouler ses larmes en répondant avec tact et discrétion aux journalistes qui sollicitaient des informations sur le véritable état de santé de Mme Jeanne Sauvé. Nous assaillions son mari de questions ; il finissait par s'effondrer, brisé par l'inquiétude et le chagrin. On priait beaucoup pour elle et j'étais très ému de répondre aux lettres venues de tout le pays et particulièrement d'enfants qui lui disaient que leur école demandait au ciel sa guérison. Elle s'en tira enfin et la cérémonie d'investiture fut fixée au 14 mai. J'avais rédigé le discours qu'elle devait prononcer dans la salle du Sénat. Je le lui lus à Montréal une seule fois. Le grand jour venu, assise sur le trône, elle me regarda en laissant entendre qu'elle craignait de ne pouvoir aller jusqu'au bout. Je lui fis un signe convenu et me mis à réciter à voix basse le *Souvenez-Vous* à la Vierge Marie. Je ne fus pas le seul à supplier ainsi le Seigneur de l'aider. Ce n'est que plus tard qu'elle parla du supplice de cette journée-là, dont chacun avait le droit de penser qu'elle était un triomphe sans ombrage et un bonheur sans mélange.

Nous reparlâmes très souvent de cette épreuve. Elle ne comprenait pas que le Seigneur l'eût menée si près de la fin pour la laisser continuer sa route alors qu'elle avait accepté le sacrifice du départ. Je lui répétais souvent : « Madame, votre temps n'était pas achevé ; il vous faut continuer de témoigner. » Ce qu'elle fit jusqu'en 1991. Je la quittai en janvier de cette année-là. Je venais de vivre ce qui, avec mon séjour au Juvénat de Sainte-Anne-de-Beaupré, demeurera la plus belle partie de ma vie, la plus gratifiante, celle d'un accomplissement que je dois à l'affection et à la compréhension chaleureuse d'une femme hors du commun. Je restai en contact et eus le bonheur de la revoir au cours d'une fin de semaine dans le décor grandiose de sa maison d'été de Saint-Fidèle en Charlevoix. Là, sur un cap dominant le fleuve, le paysage avait une dimension d'éternité. Les événements se précipitèrent. M. Sauvé nous quitta en avril 1992, serein, anticipant son retour vers le Père avec ce qu'il appelait sa *foi de charbonnier.* Madame ne se remit pas de cette absence de l'homme avec qui, dans l'amour, elle avait accompli la plus longue étape de son destin. Je devais séjourner chez elle à Saint-Fidèle, à l'été 1992. Quand je l'appelai pour prendre date, elle me dit que son médecin l'enjoignait de rentrer à Montréal. La maladie l'avait reprise. Nous échangeâmes par téléphone et je lui parlai une dizaine de jours avant l'annonce de sa mort. Elle ne s'illusionnait pas. Elle insista sur la purification qui lui était à nouveau imposée et sur sa certitude de revoir bientôt Maurice. Je lui dis adieu avec une profonde émotion.

Un grand vide s'est creusé en moi. Je pense toujours pouvoir l'appeler. Cela deviendrait une obsession si je n'avais avec la foi la certitude de la retrouver. Dans une lettre du 13 janvier 1991, elle m'écrivait : « J'ai reçu votre lettre et je la relis aujourd'hui. Elle m'a touchée infiniment. Elle exprime [...] ce que je ressens moi-même après ces douze années de collaboration. Plus encore, elle évoque le déchirement que, pour ma part, j'éprouve de ne plus vous côtoyer quotidiennement, Marie et vous. Nous avons été une famille ; on ne change pas de famille... Je n'ai pas l'habitude d'exhiber mes malaises ni mes souffrances. Mon tempérament me porte à me retirer en moi-même et à me laisser guérir. C'est ce que je vais faire. Car on ne peut pas renier ce qui a été. Nous avons partagé une rare communion spirituelle et intellectuelle. Tout cela demeure... »

Oui, tout cela demeure, comme le bien qu'elle m'a fait et la grâce que le Seigneur m'a octroyée en me conduisant au carrefour où je l'ai rencontrée. Je la revois dans sa beauté physique et dans la splendeur de sa générosité et de sa douceur, et je la remercie de m'avoir fait cheminer avec elle sur une route irradiée. Elle avait semé son grain dès le matin et n'est jamais restée inactive ; elle ne savait pas « de deux choses celle qui réussira ». Considérant sa vie privée et sa vie publique, on peut conclure « qu'elles sont aussi bonnes toutes les deux ». Elle avait entendu la parole de l'Ecclésiaste :

> *« Et souviens-toi de ton Créateur*
> *aux jours de ton adolescence. [...]*
> *Avant que le fil d'argent lâche,*
> *que la lampe d'or se brise,*
> *que la jarre se casse à la fontaine,*
> *que la poulie se rompe au puits ;*
> *et que la poussière retourne à la terre*
> *comme elle en vint,*
> *et le souffle à Dieu qui l'a donné »* (Qo 12, 1.6-7)

Le jour où elle répondit à l'appel du Seigneur en s'engageant dans la Jeunesse étudiante catholique, elle ouvrait un livre dont, pour notre enseignement, le Seigneur a, dans la souffrance par elle consentie, signé les dernières pages, faisant de cette vie un testament.

XVII

Les sœurs de Marie

Accordez-lui une part du produit de ses mains, et qu'aux portes ses œuvres disent sa louange ! (Pr 31, 31)

SI JE LES appelle ainsi, c'est que j'ai associé dès l'enfance le nom de Jésus à celui de sa Mère et que, comme l'écrivait Péguy, j'ai mis « les paroles du *Notre Père* à tort et à travers pêle-mêle dans les paroles du *Je vous salue, Marie* [1] ». Ce sont elles qui m'ont conduit aux rives de la foi ; avant que j'en connusse d'autres, les femmes avaient le visage de celles de mon milieu. On les a moquées parce que, levées avant l'aurore, elles attisaient le feu et mettaient sur la table le déjeuner des hommes et des enfants ; parce qu'elles marchaient sur le bout des pieds de peur de réveiller trop tôt la maisonnée ; parce qu'elles ne mangeaient pas avant que l'homme fût rassasié et les petits repus ; parce qu'elles envoyaient par tous les temps les plus grands à l'école avec le secret espoir qu'ils aient un destin à la mesure de leur cœur de mère ; parce qu'elles lavaient, repassaient, ravaudaient, cousaient pour que la famille fût bien vêtue et considérée ; parce qu'elles allaient au puits chercher l'eau, au jardin récolter les légumes, au poulailler prendre à la poule l'œuf frais pondu ; parce qu'elles cuisinaient sur le poêle brûlant les repas riches et sains ; parce qu'elles filaient, dévidaient, tissaient, tricotaient pour les habiller tous et les tenir au chaud dans les lits ; parce que le soir venu elles allongeaient le jour, gar-

---

[1] Péguy, Charles, *Mystère des saints Innocents.*

daient la lampe allumée, inquiètes de n'avoir pas donné autant qu'elles voulaient ; parce qu'elles se couchaient quelques jours pour accoucher d'un nouveau petit ; parce qu'elles allaient à l'église ou qu'elles égrenaient à la dérobée quelques *Ave* sur leur chapelet de buis ; parce qu'elles pleuraient quelquefois sans se cacher et qu'elles souffraient sans gémir ; parce qu'elles mouraient jeunes ou vieillissaient en silence, parce qu'elles n'avaient, croyait-on, ni chance ni bonheur, parce qu'on les oubliait vite et qu'on inscrivait modestement leur nom sur les humbles monuments du cimetière.

On les a moquées bien que leur vaillance, leur dévouement et leur travail aient fait le pays et qu'elles furent les artisanes d'une société qui voudrait effacer les signes de leurs sacrifices et de leurs douleurs. On a moqué les sœurs de Marie parce qu'elles se tenaient au pied de toutes les croix, celles des femmes et des hommes dont elles avaient suivi le calvaire, et les autres, dédaignées parce qu'elles étaient chargées du corps des humbles sans renom, et les autres encore, celle de la mère, du père, de l'époux, des frères, des sœurs et des enfants fauchés ; et quand elles s'y étendaient à leur tour, les savants d'un petit savoir disaient que c'étaient des existences gâchées et des vies perdues, tandis que les sages regrettaient : « Nous avons perdu un gros morceau. »

J'ai connu les sœurs de Marie. Elles eurent leurs joies, leurs amours et leurs bonheurs ; elles accueillirent les enfants de leurs maternités ; elles obéirent sans se renier ; elles savaient que c'est à elles qu'on demandait conseil, auprès d'elles qu'on cherchait le réconfort et qu'elles étaient les tours de sagesse et les piliers inébranlables. On les voyait aux champs, dans les logis d'ouvriers, dans les cabanes des défricheurs, dans les usines, derrière les comptoirs des magasins, dans les petites écoles de campagne, dans les hôpitaux, les orphelinats, les crèches, les monastères et les couvents. Elles furent partout, les sœurs de Marie, dans le pays qui grandissait et la société qui forcissait. On ne les méprisait pas ; on les croyait satisfaites ; on s'étonna donc qu'elles veuillent se regrouper pour s'entraider ; on se scandalisa de les entendre réclamer le droit à l'égalité et à la liberté ; on les ridiculisa au départ ; des hommes haut placés eurent pour elles des mots avilissants. On finit par accepter de les écouter ; on agréa, non sans lenteur, leurs demandes. Elles semèrent, d'autres récoltent, mais je ne pense pas qu'elles eussent accepté de ne plus être des femmes parce qu'elles tenaient à la grandeur et à la noblesse d'être des épouses et des mères. Elles puisaient dans leur foi la force de recommencer chaque jour, de refaire les mêmes gestes comme l'artiste qui achève sa toile jusqu'à la perfection. On les disait ignorantes alors qu'elles savaient la vie et la manière de l'accomplir, qu'elles reprenaient leurs études en instruisant leurs enfants. Certaines ont souffert misères et brutalité : les temps étaient austères et les mentalités rudes ; elles n'ont quand même pas manqué de rire, de chanter et de danser ; elles ont cueilli les joies du jour et connu les tendresses de la nuit ; elles ont aimé la terre où elles reposent parce qu'elles l'ont fécondée. On les a plaintes de se reconnaître dans leur rôle et de s'y épanouir.

Qui étaient-elles, les sœurs de Marie ? Ma mère, mes tantes, mes sœurs, mes cousines, toutes les femmes de mon milieu et, de génération en génération, les bâtisseuses qui eussent pleuré de voir leur descendance s'abîmer dans le vice et les paradis artificiels. Elles avaient leur fierté, la plus grande et la plus efficace : celle de donner l'exemple et de transmettre les valeurs de notre tradition héroïque. Elles n'affichaient pas le visage des sacrifiées ; elles savaient provoquer la joie dans l'alternance du repos et du travail. Elles organisaient les corvées, géraient en secret les charités, visitaient les malades et, quand la mort passait, c'est elles qui trouvaient les mots les plus consolants et les prières qui émeuvent le ciel.

Si je voulais décerner des prix et des honneurs, je citerais Marie-Élisabeth, ma mère, mes sœurs, Cécile, Jeanne, Thérèse, Rachel, Lucie et Raymonde ; mes premières institutrices, Béatrice de Launière, Françoise Vandal, les sœurs Ringuette, Gisèle Trudel, Françoise Tremblay ; il faudrait aligner à la suite les mères de Saint-André et de Chambord, celles de tous les villages du Lac-Saint-Jean et du Saguenay, et avec elles toutes les autres qui, d'une région à l'autre, ont donné la vie et éduqué la foi. Je récompenserais aussi les femmes célibataires qui assistèrent leurs parents jusqu'à la fin, gardant le secret de leur emmurement et de leurs espoirs détournés. Je témoignerais de la vertu de celles qui formaient la longue procession des robes blanches, noires, grises et brunes, avec les cornettes et les guimpes, les religieuses qui prodiguaient le savoir, soignaient les malades, recevaient le dernier souffle des mourants, élevaient les petits qu'on cachait et les enfants orphelins. Celles-là, on les accuse aujourd'hui, on les persécute, on leur réclame dommages et intérêts. Que certaines aient fauté, que d'autres se soient trompées, que ces femmes aient appliqué avec rigueur la discipline qui régnait au-dehors ne justifie pas qu'on s'acharne à transformer en cruauté des siècles de compassion et de miséricorde. Il n'y a que les sociétés décadentes qui montrent si peu de respect pour le bien et la vérité.

Les femmes furent à tous les commencements. Héroïnes de la Bible, saintes de toutes les époques, mystiques inconnues, vaillantes pionnières, elles ont marqué les âges ;

notre pays est sorti vigoureux grâce à leur labeur conjugué avec celui des hommes. Elles ont raison d'exiger qu'on les reconnaisse, qu'on leur accorde l'égalité de droit et de fait et qu'on leur fournisse les moyens de s'épanouir. La société ne leur demande que d'assumer leur féminité et d'être ce que le Créateur a voulu : des êtres de chair et de sang, avec leurs caractères propres et les aspirations qui en découlent. Elles n'ont pas à se renier ; elles ont dans le monde une mission qu'elles sont seules à pouvoir accomplir ; elles la trahiraient en occultant ce qui les distingue. S'y ajoutent, selon les conditions et par leur volonté, des manières de servir dans toutes les sphères de l'activité humaine. On ne peut, sans déraisonner, prétendre les réduire au seul rôle de mères et d'auxiliaires de l'homme. J'observe les femmes engagées dans la politique, dans les syndicats, dans les affaires, les journalistes, écrivains, artistes, les femmes dans les professions et les métiers ; elles sont partout à leur place ; j'ai noté que dans les champs d'action sociale et politique où on les voit agir, elles font prévaloir des points de vue qui échappent aux hommes, dont la sensibilité est souvent fermée à des problèmes d'une poignante acuité. Le choix qu'elles font d'un état n'exclut pas par ailleurs qu'elles veuillent, en collaboration avec un conjoint, assumer une responsabilité d'épouse et de mère, retrouvant ainsi leur vocation de partie essentielle de la cellule familiale. On connaît les nouveaux modèles de famille. Éclatées ou monoparentales, elles posent un problème sérieux à toute la société ; sa solution réside dans la recherche d'un équilibre qui resitue sur des bases éthiques la relation femme-homme-enfants. Le discours féministe veut magnifier la femme ; il prend un sens positif quand il exalte sa liberté et définit avec réalisme les conditions de son épanouissement. La féminité existe autrement que sous la forme d'un antagonisme obligé et de la confrontation des sexes, ce qui est une méconnaissance grave de la nature de l'un et de l'autre et d'un ordre qui est celui-là même de la nature. On aime la femme et on la respecte dans la mesure où elle conserve son visage et le fait rayonner; elle n'a pas à s'abaisser pour s'imposer; il suffit qu'elle défende sa dignité et que, égale à l'homme, mais différente, elle féconde l'humanité.

J'ai grandi auprès de ma mère et de mes six sœurs. À toutes les étapes de ma vie, des femmes m'ont entouré de leur affection. Étudiant à l'université, j'ai trouvé des mères là où je logeais. Engagé tout jeune en politique, j'ai bénéficié de l'affection de Mme Bernadette Otis-Marcotte et de sa fille Claire. Député de Roberval, ma sœur Jeanne et Mme Gabrielle Duchesne-Godin ont veillé sur ma santé. Je trouvai à Québec Mme Hermine Letarte-Papillon qui, avec sa fille Marthe, me prodiguèrent soins et consolation. Je me réfugiais chez elles quand la tâche politique m'écrasait, que j'étais malade ou simplement parce que j'avais besoin de prendre du recul et de réfléchir. Plus tard, à Chicoutimi, Mme Albertine Riverin-Lessard (décédée à près de cent cinq ans) et ses filles Marielle et Sylvie furent à tous les instants d'émouvants modèles de générosité. Ce fut pour moi une seconde famille dont la chaleur me faisait redevenir un enfant trop gâté. Mme Suzanne Labrecque-Roussin se joignait à elles pour me rendre la vie aisée, ajoutant son amitié à celle dont les Lessard me comblaient. Pour compléter le tableau, je devrais ajouter les noms de ces filles et de ces mères de Chicoutimi qui, sympathisantes fidèles, m'assistaient et me faisaient le don de leur générosité et d'un infatigable dévouement.

Ce que j'écris de ces femmes ne procède pas que du sentiment. La source, c'est la connaissance de leur richesse intérieure. Nourries par la foi, imbues des principes et des valeurs qui ont soutenu notre société, elles avaient acquis le sens du travail désintéressé et du détachement. Elles avaient leurs épreuves, mais prenaient grand soin de ne pas en laisser porter l'ombre sur le bonheur des autres. Elles s'oubliaient pour offrir le meilleur de leur tendresse à leurs proches. Mais – cela m'a toujours frappé –, c'est que les êtres qui s'aiment vraiment n'épuisent pas pour eux seuls leur capacité à donner. Ils en ont toujours de reste pour partager. Cela rejoint l'amour du Seigneur et sa surabondance. On peut parler dans ce cas de l'hospitalité du cœur ; le mot vient du latin *hospes* : celui qui accueille et qui est accueilli. Dans les monastères des grands ordres, comme celui de saint Benoît, il y a un père hôtelier pour accueillir celui qui passe, l'étranger qui n'est pas de la maison et qu'on reçoit comme l'enfant revenu.

L'Église est ainsi, ouverte comme le cœur du Christ. Ceux qui en rendent l'accès difficile ou en ferment les portes n'ont pas compris le message évangélique. Si l'Évangile est *bonne nouvelle*, il est incompréhensible qu'on veuille le garder pour soi ou pour un groupe. C'est pourquoi je trouve heureuse la disposition qu'a désormais l'Église pour les sœurs de Marie. La Vierge, qui a dit sa joie de porter le Rédempteur, se conduisit comme les épouses des patriarches ; elle se fit disponible pour le Salut. Nos mères agirent de même, et toutes les femmes qui se consacrent au soulagement de l'humanité, qu'elles l'instruisent ou la soignent, chantent à leur façon le *Magnificat*. Elles ont droit à plus que de la considération. Elles méritent confiance et dévotion. La Vierge Marie a enfanté le prêtre par excellence ; les femmes de son temps et d'après ont porté l'Église ; celles d'aujourd'hui qui ne voient pas d'abaissement dans la pratique religieuse assurent la continuité. L'histoire montre que les femmes ont occupé une place particulière au sein du peuple de Dieu. Elles ont droit de s'attendre à ce qu'on leur reconnaisse le droit d'exercer dans l'Église un leadership plus visible. Je souhaite quant à moi que la femme, laïque ou religieuse, soit dans mon Église aussi présente et active que le furent la Mère du Sauveur, les suivantes de Jésus et les auxiliaires des apôtres. Je crois aux charismes spéciaux des femmes, à des dons de l'esprit et du cœur qui leur sont propres. Observant leur comportement dans les épreuves, je les ai vues plus fortes et plus raisonnables que les hommes. On fait état de leur grande sensibilité comme d'une sorte de faiblesse ; or, c'est précisément l'aptitude à s'émouvoir qui leur fournit des ressources que l'homme, mis en face de l'adversité, a du mal à trouver.

Je les admire toutes, mères de prêtres ou d'assassins, de moniales et de prostituées, de martyrs et de suicidés, celles qu'on honore ou qu'on viole, celles qu'on célèbre ou qu'on ignore, celles qu'on montre et celles qu'on oublie ; jeunes mères penchées sur un berceau ou femmes âgées sagement assises au bord de l'éternité, femmes actives et orantes, celles qui parlent et le grand nombre de celles qui gardent toutes choses en leur cœur. Je pense à elles quand je prie ; aux femmes de tous les temps et à celles d'aujourd'hui, de toutes conditions, et je veux qu'on leur remette sans mesquinerie la part du produit de leurs mains et qu'aux portes de notre histoire on vante les louanges de toutes celles, innombrables, qui de l'Esprit ont tenu les lampes allumées.

XVIII

L'ami qui, de nuit, vint du Nord

*Le vent souffle où il veut : tu entends sa voix
mais tu ne sais ni d'où il vient ni où il va.
Ainsi en est-il de quiconque est né de l'Esprit.
(Jn 3, 8)*

J'ÉTAIS entré à l'hôpital le 11 décembre 1981. Une grande fatigue m'affligeait depuis la fin de cet été-là. Mme Jeanne Sauvé, me voyant sans entrain, épuisé à midi et à peine capable de m'acquitter de mes fonctions de conseiller, s'inquiéta et prit l'initiative d'appeler son propre médecin. Je craignais le pire. On diagnostiqua une dépression : carence de vitamines, de sels minéraux, alimentation insuffisante, etc. On me soumit à un traitement draconien. Je gobais des pilules, indifférent, silencieux, effrayé de voir des gens et muré dans une chambre dont je ne finissais plus de refermer la porte parce que les infirmières ne cessaient de venir voir comment réagissait la bête blessée.

Je fis sans l'avoir voulu une retraite en repassant toutes les étapes de ma vie. Les médicaments m'empêchaient de lire, je ne voulais rien entendre de la radio et de la télévision, je ne mangeais à vrai dire qu'au petit déjeuner et ne fermais pas l'œil, ni de jour ni de nuit. À part mes neveux et nièces et les amis qui me visitaient, personne ne pouvait me tirer d'une torpeur physique qui me laissait par ailleurs l'esprit lucide et la mémoire débridée. Je fouillais ma vie, déterrais de vieux souvenirs pour me convaincre que j'avais tout raté. J'avais beau penser à ce que j'avais essayé d'accomplir en divers domaines, rien ne trouvait grâce devant mon jugement négatif. Chaque jour j'échangeais quelques mots avec l'aumônier qui m'apportait la communion, répondais aux questions des médecins ou de leurs aides et me replongeais dans l'inanité de mon passé. J'allais du lit à ma chaise et de la chaise au lit, et ne me risquais même pas dans les corridors.

Ma secrétaire, Ghislaine, et mon ami et compagnon de travail Albert Morrissette venaient me voir assidûment. Je les écoutais, posais quelques questions, riait un peu, incapable de me concentrer. Je souhaitais leur présence et regrettais d'être aussi abattu. Il en venait d'autres dont je fus navré de constater que je ne me souvenais pas de leur démarche. Un soir de janvier 1982, Albert s'amena avec un étudiant du Séminaire Saint-Paul. Travailleur social, ce garçon dans la vingtaine avait décidé de devenir prêtre. Il était issu d'une famille de Val-Gagné dans le nord de l'Ontario. Il s'appelait Rémi Lessard. Habitué que j'étais à mes étudiants de l'université qui, au temps où j'y enseignais, portaient encore cravate et veston, je vis apparaître un homme d'à peu près ma taille, cheveux longs, barbe hirsute, vêtu d'un jean et d'une veste à l'avenant, avec des bottes du genre de celles que j'avais eues sur la ferme. Il me tutoya d'emblée. Et moi qui ne parlais pas depuis près d'un mois, j'engageai la conversation et abordai la question des études théologiques pour déboucher sur un nombre imposant d'autres sujets. Nous fumions comme des cheminées. Je me mis à le tutoyer à mon tour. Cela dura jusqu'aux petites heures. Porte fermée, nous ne dérangions personne ; les infirmières stupéfaites et heureuses de ce réveil de leur patient taciturne apportaient du café. Cela commença ainsi : une amitié féconde, qui dure et qui a changé ma vie. J'en rends grâce à Albert, cause providentielle de cette rencontre qui marqua le commencement de mon retour à la santé. Le médecin me parlait de six mois d'hospitalisation et d'une convalescence assez longue. Or, je sortis du Centre médical de la Défense nationale le 11 février et retournai au travail à la mi-mars.

L'amitié est une grâce. Il arrive d'ordinaire qu'elle tient à l'âge, à des affinités, à des expériences de vie, à des intérêts et à des goûts communs. Dans ce cas, il semblait à l'abord que rien de tout cela n'existait. C'est au fil des rencontres que se révélèrent les raisons d'un rapprochement qui allait devenir une communion au même idéal de perfection et de recherche de Dieu. Rémi avait quitté son milieu rural comme je l'avais fait. Doté d'une intelligence brillante et d'une aptitude à la synthèse, il s'était appliqué à la découverte des choses de l'esprit. Actif et contemplatif, il avait le goût de la prière et du partage de son amitié avec le Seigneur. Disponible, il œuvrait dans les associations, aidait ses confrères et se portait volontaire pour toutes sortes d'entreprises de bienfaisance. Il avait des égards émouvants pour les plus démunis. Ayant appris par profession et inclination naturelle à aimer les autres, il ouvrait ses bras et son cœur à tous les êtres que le Christ mettait sur sa route. Jamais morose, heureux de vivre, il avait la sérénité et la joie de celui qui est en paix avec lui-même et ne porte pas le poids d'inutiles regrets. Il s'était laissé étreindre par le Seigneur dont il voulait communiquer au-dehors la tendresse.

Je fus pris au piège. En peu de mois, sa présence me libéra. Il me parut qu'il me débarrassait de ma raideur, de ma résistance à me confier, d'un intellectualisme égoïste et sélectif et de l'habitude de toujours mettre une distance entre les autres et moi. Il me redonna l'esprit d'enfance et réveilla mon sens de l'émerveillement. Il faisait sérieusement les études préparatoires au sacerdoce. Nous parlions longuement de l'Église nouvelle et de son espérance. Ne coexistaient pas chez lui le chrétien d'avant le concile et celui qui, après, s'était plus ou moins accommodé des changements. C'est lui qui fit disparaître en moi cette cassure, de sorte que j'oubliai mes objections, me débarrassai de mes nostalgies pour recommencer mon ascension sur une pente dépouillée des vieux arbres renversés. Il me convertit. Si j'aime l'Église de ce temps, c'est que sa personne et son agir m'en ont fait découvrir la féconde nouveauté. Les retours de mon aigreur sont tout au plus les cicatrices d'une blessure refermée.

Homme du Nord comme moi, il aime se mouvoir dans les grands espaces et trouve sa liberté dans la nature ; elle lui inspire des ambitions à la mesure de l'éternité ; il sait, lui qui soutient des suicidaires et pleure des suicidés, que la vie vaut en autant qu'on lui assigne des frontières qui ne sont pas de notre monde. Le climat rude l'a préparé à l'épreuve et lui a donné une endurance qui ne le trahit que dans la souffrance du corps. Je me suis vite rendu compte d'une complémentarité qui me manquait et que son caractère ouvert et sans complications répondait chez moi à un besoin, obligé que j'étais de composer avec le cérémonial d'une carrière trop lourdement chargée de mondanités et la superficialité, sinon l'hypocrisie, des échanges qui ne dépassent pas les conventions sociales. À l'aise en toutes circonstances, il tenait son rang sans se départir d'une simplicité désarmante. Il a gardé de sa première éducation l'authenticité des gens d'un milieu en tout semblable à celui dont j'étais moi-même issu ; à la différence que les études et la fréquentation de ce qu'on appelle *les gens en place* m'avaient fait perdre une bonne part du naturel qui est dans son cas la pierre de touche la plus efficace. Je me retrouvai pour ainsi dire avec lui parce qu'il n'accepte pas de tricherie et va sans hésiter à l'essentiel. Il a le don de faire le tour d'une âme et de découvrir la petite porte qui lui permet d'entrer avec délicatesse dans l'intime d'un être. C'est ainsi que son amitié m'a investi. Notre relation est fondée sur la foi et sur la volonté de la manifester.

Je fus à son ordination sacerdotale avec ceux et celles qu'il a attirés. Nous vécûmes alors des jours de joie sans mélange et, loin de mon milieu d'origine, je repris racine dans un humus qui contient la même richesse que celui dont je me suis éloigné. Il y avait là, à Val-Gagné, outre la famille de Rémi et ses coparoissiens, des invités qu'il m'avait fait connaître à Ottawa. Car nous avions inauguré une sorte de rituel. Les samedis et dimanches, au matin, m'arrivaient des jeunes : étudiants à l'université, travailleurs, responsables de personnes handicapées, confrères à lui au grand séminaire, jeunes en cure, éclopés dans l'âme qui se mêlaient aux autres amis que je recevais. Nous avons dû refaire le monde bien des fois, traité de tout et de rien. Mais nous ne nous absorbions pas uniquement dans de *savantes* discussions. À tour de rôle, chacun écopait, moi le premier, des taquineries des autres. Nous refaisions le plein des estomacs et de la bonne humeur. Cette jeunesse partie, je comptais ce qu'ils m'avaient laissé : des espoirs, des peines à partager, une faim de vivre et une clarté qui m'illuminait. Je réapprenais à lire la vie et à dégager les aspects positifs de l'existence que l'âge, la fatigue et les désillusions finissent souvent par cacher.

Rémi est curé à Hearst. Il missionne dans le Nord. Je l'ai vu à la tâche et je connais son monde, celui qu'il a ramené à l'église et ceux et celles à qui il montre le vrai visage de l'Église. J'ai pu l'assister à l'occasion de mes séjours là-bas, notamment à l'automne 1991 où j'ai écoulé mes jours de vacances annuelles en agissant comme secrétaire du Mini-Synode convoqué par l'admirable évêque du diocèse, monseigneur Roger Despatie. Ce fut une inoubliable expérience de foi en *assemblée*. Préparées pendant quatre ans, les assises réunirent, trois jours par semaine étalés sur un mois, des centaines de fidèles laïques déterminés à mettre au point, avec l'évêque et le clergé, les objectifs et les moyens d'une pastorale renouvelée. Rien là de compassé ni d'artificiel, mais des prières ferventes, des célébrations eucharistiques simples et recueillies, des témoignages francs et drus. J'ai entendu des gens de tous âges exprimer démocratiquement leurs vues, critiquer, proposer, faire preuve d'invention pour rajeunir leur Église et éclairer ses pasteurs. Invité à parler à l'issue de cette rencontre, je résumai mes impressions en disant : « Une grande lumière est apparue... et Dieu a visité son peuple. » Rémi avait assumé la lourde responsabilité de coordinateur ; avec ses collègues, il récoltait un fruit sacerdotal.

C'est comme prêtre qu'il veille sur l'enseignement de la religion. Président de la commission scolaire, il enseigne, prêche des retraites, exerce son ministère et trouve, on ne sait comment, le temps de consoler ceux qui viennent à lui et ceux vers qui le Seigneur l'envoie. Pour dire qu'il doit s'occuper spécialement de celui-ci ou de celle-là, il a une belle formule qui exprime la substance de son zèle : « Il faut que je lui donne du temps. » Je fus bien ému un soir qu'il me parla au téléphone. Il venait d'enterrer un jeune garçon de huit à dix ans heurté à mort par une voiture. Le petit avait coutume de servir la messe. Il y trouvait une telle joie, qu'oubliant le service de l'autel, il se joignait aux fidèles pour chanter avec enthousiasme le Gloire à Dieu et les autres chants ; l'enfant avait fait sa première communion et réussi à y faire participer ses parents. Rémi vivait douloureusement avec la famille cet inexplicable départ. À distance, je partageais ce deuil en pensant que l'enfant chantait dans l'éternité la louange entonnée sur la terre.

L'expression paraîtra sentimentale à quiconque ne sait ou ne se rappelle pas ce que Jésus a dit des enfants. Rémi les accueille comme la relève de l'Église et c'est pour eux que nous devrions tous vivre de façon à leur faire connaître le *Dépôt* que le Christ nous a confié pour qu'ils l'annoncent à leur tour sans qu'il perde son sel.

Des jours et des jours, les Mages, le regard fixé sur une mystérieuse étoile, marchèrent de l'Orient vers le Seigneur ; Nicodème, *docteur en Israël*, vint de nuit interroger Jésus. Rémi vint du Nord me visiter une nuit dans ma détresse physique et ma pauvreté spirituelle. Il ne m'a pas tenu de longs discours, il ne m'a pas fait de sermon ; la grâce qu'il portait s'est insinuée dans mon âme et m'a remis en face de Dieu et de mon prochain. Son exemple tonifiant a ranimé des forces éteintes et des convictions ébranlées. Sa *visitation* m'a rapproché du Christ et lié à lui dans l'amitié. Il est à l'origine de ce livre. Il m'avait dit, après un long échange sur l'Église : « Tu devrais écrire pour les jeunes, pour leur faire partager ton espérance. » J'étais d'accord, et le temps passait. Je ne sais ce qui s'est produit, mais soudain, des réflexions éparses s'organisèrent et je me mis à l'œuvre. Quoi dire ? Écrire une thèse ? Je ne suis ni philosophe ni théologien. Quel ton adopter ? Livrer des confidences ? J'hésitai et me dis finalement que si je ne pouvais écrire savamment sur Dieu, je pouvais raconter ce que j'avais reçu de lui et ce qu'il continue de me faire vivre : donnant donnant !

L'ouvrage a pris corps, inspiré et soutenu par la bienveillance de Rémi et ses conseils judicieux. Je vois mieux maintenant que le vent *souffle où il veut* et qu'on ne sait *ni d'où il vient ni où il va*. Il a du Nord soufflé sur moi. Je me demande toujours pourquoi il est venu de là. Cela importe peu puisqu'il m'a apporté ce qui me manquait pour achever ma route et me garder dans les voies du Seigneur. La médiation de Rémi procède d'une construction spirituelle dont le plan m'échappe, mais dont je puis témoigner de l'opportunité. Les vraies amitiés sont de cette nature et pénètrent à des degrés divers les couches de l'âme à des moments qu'on ne choisit pas. Celle de Rémi est survenue à un âge où d'ordinaire la place est prise. J'ai découvert un vide à compter de l'instant où l'étudiant d'apparence fruste m'a en quelque sorte enjoint de le suivre dans son cheminement sacerdotal. Je ne possédais rien qui pût l'aider; mais en me tendant la main, il m'a fait partie à un pacte qui nous a menés tous les deux dans les champs du Seigneur, chacun dans son état. J'ai signé un contrat dont je ne puis me délier parce que ses clauses définissent mes devoirs de l'avenir. Nous parlons souvent du mystère de notre premier entretien et des prévenances dont, depuis lors, lui et moi avons été l'objet. L'amitié est un troc; je suis convaincu que dans l'échange, j'ai reçu la meilleure part; ce qui est une faveur et une exigence parce qu'il me faut en retour combler les autres de la surabondance du don.

Cet événement de ma vie me rappelle les disciples d'Emmaüs. Ils allaient tristes, au soir tombant; déçus et craintifs, ils parlaient de ce qu'ils avaient souhaité voir advenir et de ce qui était arrivé. Un homme les joignit qui leur expliquait tout; ses paroles les brûlaient dans leur corps; parce qu'il se faisait tard, ils l'invitèrent au partage du repas qui les attendait. Et quand ils le reconnurent à la fraction du pain, ils retournèrent vite vers les autres pour disséminer la *bonne nouvelle*. Rémi m'a joint de même, il m'a parlé de Lui et depuis, je Le reconnais, où que je me trouve et quel que soit le prêtre, à la fraction du pain.

XIX

Le lieu de mon espérance

Ainsi nous tenons plus ferme la parole prophétique : vous faites bien de la regarder, comme une lampe qui brille dans un lieu obscur, jusqu'à ce que le jour commence à poindre et que l'astre du matin se lève dans vos cœurs. (2 P 1, 19)

Du jour de mon baptême à celui que je vis aujourd'hui, le Dieu de l'Alliance m'a conduit sur ses sentiers vers l'Église d'hier et la nouvelle qui garde la Parole et les Promesses. J'ai cru que pour en être l'ouvrier, il me fallait accéder au sacerdoce et que je ne pouvais autrement accompagner le Christ et moissonner avec lui. Je me vois maintenant gerbe parmi les autres pour le grenier du Père, ramassée brin par brin, épi par épi, sur le champ que ma mère et mes éducateurs ont tour à tour labouré, semé, arrosé et que les événements de ma vie ont souvent retourné. Par le baptême, le Christ m'a planté pour que je croisse, et sa grâce m'a relevé après les orages et préservé de la grêle. Si mince qu'elle soit, la gerbe est sur l'aire attendant d'être battue pour que la paille qui doit aller au feu s'en détache et que reste le grain. C'est en Église que se fera le tri parce que c'est elle qui anime le van purificateur de l'ultime espérance.

J'ai cherché le bonheur en des lieux infertiles. J'ai balancé au vent de mes passions, enduré la tempête, brûlé sous la chaleur et pâti dans le froid. La lumière se cachait, l'ombre s'épaississait et la nuit déployait ses lueurs inutiles pour me montrer les joies qui ne rassasient pas, et je pleurais à l'aube mon âme piétinée. Je me montrais au prêtre et j'étais consolé. L'eucharistie devint, comme au temps du jeune âge, le pain qui me nourrit et le vin qui m'abreuve. J'ai quêté la Parole en des livres savants ; le Verbe se trouvait dans la sainte Écriture, celle qui parle aux sages ainsi qu'aux ignorants. J'ai voulu du mystère découvrir le secret ; ma raison orgueilleuse a cédé au pari de la foi. Cette foi est un don qui ne s'explique pas. Je ne sais pas les mots qu'il faudrait pour la dire ; je la sens dans sa douceur extrême et le feu du combat. Le Seigneur, qui l'inspire, exige qu'on la sème par les talents qu'on a dans les âmes incertaines, qu'on montre par l'exemple et qu'on défende aussi le bien immense et secourable pour l'offrir à ceux qui nient, à ceux qui se révoltent, à ceux qui désespèrent et qui n'ont pas compris, à tous ceux qui l'ignorent et qui vont sans le savoir à l'ombre de l'Esprit. Je souhaite qu'aux souffrants elle apporte la paix et que des démunis elle change en liberté l'oppression qui les brise et les biens confisqués, et à ceux qu'assouvit un bonheur éphémère, elle enseigne le terme et la précarité.

La foi est un risque, de tous les défis le plus grand, et comme elle tient dans un vase fragile, elle peut se fracasser aux pierres du chemin ; celui qui la possède doit l'arracher aux pièges de la raison, la soumettre au feu du doute qui l'apure comme le commis fait de ses comptes et se donne quittance des calculs qu'invente son esprit pour en invalider le bilan. Si ferme qu'elle soit, elle ne peut éviter les objections qu'on lui oppose. Et plus on la pense, l'analyse et l'étudie, plus elle devient tourment. J'ai fait cette expérience, j'ai cru la perdre ; il me faut affirmer qu'elle m'a toujours rattrapé et que j'ai, à chaque tournant, retrouvé sa présence pacifiante. J'en suis prisonnier. Éblouissement ou pâle reflet d'un soleil plus ardent, elle est chaque jour reconquise si l'on reste attentif au langage de la vérité, celui de la terre, celui des réalités les plus humbles, celui des terreurs et des apaisements, de la santé, de la souffrance, de la puissance et de l'argent, et par-dessus, le dominant, celui de Dieu qui parle et qu'on discerne si l'on s'arrache au bruit et qu'on saisit l'instant où pénètre dans l'âme un appel insistant. Il faut désencombrer l'intelligence et le cœur ; libérer le terrain. Le risque n'est pas dans la possession des biens, dans la satisfaction de la renommée ; il est dans l'attachement qui bloque dans la conscience la percée de la grâce. Rien n'est interdit des biens du monde s'ils servent au prochain, s'ils deviennent la monnaie de l'amour. Je connais des riches pauvres et des pauvres aux mains pleines ; je sais des voyants aveugles et des aveugles qui voient, des affamés qui se restaurent et des repus qui ont faim, des blessés qui guérissent et des bien-portants qui s'anémient. C'est à la mesure de la foi qu'on jauge le degré de liberté des âmes et qu'on éprouve le lien de la relation avec Dieu.

Dieu n'est pas mort : ce sont les hommes que son existence embarrasse qui veulent le supprimer ; il n'est pas absent : il suffit de regarder sa création ; il n'est pas silencieux : sa voix ne cesse de retentir dans les propos et les actes des croyants comme dans ceux des humains qui, par toute la terre, ont l'intuition de la Présence qui inspire le bien. Dieu n'est pas aveugle : il a créé l'homme libre, et quand celui-ci saccage le monde, il fait surgir les prophètes qui dénoncent le Mal, rappellent la Bonne Nouvelle et inaugurent les temps de la purification. C'est au nom du Fils et de la Croix que la justice est proclamée. Parce qu'il y a la souffrance et des inégalités, on dit qu'il n'y a de justice que dans la mort. C'est là une illusion. La disparition de celui qui a tout eu ne change pas la situation de celui qui n'a rien et ne modifie pas la conduite de ceux qui restent. La mort n'apporte sur terre de bonheur à personne ; elle n'est pas un jugement qui en départagerait les droits ; elle n'est pas un acte de justice, elle est, quoi qu'on fasse pour le masquer, le passage obligé, le seuil qui définit l'éternité. Elle ne remet pas les êtres en situation d'égalité parce qu'ils y sont tous condamnés ; elle n'est que la dernière épreuve et la fin du mystère. La mort n'est pas un être errant qui nous attend et nous surprend ; elle survient dans le monde créé, par accident ou comme le signe de l'irréparable délabrement. C'est la foi qui donne un sens à la rupture entre le corps et l'âme.

Or la foi s'épanouit dans l'amour. On aime parce qu'on croit au Christ qui nous a appris comment aimer. La Rédemption achevée par lui dans la mort est ce qu'il y a de plus choquant dans le christianisme parce que celui qui aime de cette façon-là nous présente le modèle le plus difficile, celui qui répugne à la raison de quiconque ne comprend que les choses de la terre ; ce modèle, des hommes ont accepté de le suivre et de le reconnaître comme la voie, la vérité et la vie. Certains ont, de même que le Christ, sacrifié leur vie. L'Église en présente l'exemple, mais elle sait que sa grandeur dépasse la force de la multitude. Elle a, pour justifier les fidèles, les rendre saints, la grâce des sacrements. Elle les distribue à qui veut bien les prendre et qu'importent les mains qui les donnent. Le visage humain de l'Église ne me préoccupe plus. C'est le cœur qui compte, c'est lui qui transfigure. J'ai prié en diverses contrées ; j'ai entendu parler le Christ en des langues étrangères : l'Église est catholique et n'a pas de pays ; elle est partout où des sœurs et des frères se rassemblent pour dire Notre Père. De tous les horizons souffle l'Esprit. Il n'est que de se laisser fouetter par ce vent, dans la beauté des temples ou dans l'humilité de l'âme, par toutes les saisons à toute heure du temps qui passe et ne reviendra plus. L'Église a ses certitudes qu'elle nous enseigne ; elle ne peut rien contre le doute, c'est l'Amour qu'elle dispense qui seul peut rassurer. L'Amour est plus dans le geste que dans le discours ; quand il soigne et guérit, il se change en prière, et l'écho qu'il déploie parle de l'Infini. Il est le Père et le Fils et l'Esprit tout en un réunis pour le petit et pour le grand, pour l'innocent et le coupable, pour le bourreau et la victime, pour le haineux et pour l'ami. La tâche la plus ardue consiste à se laisser habiter par l'Amour. Ces mots sont les plus faciles à dire et les plus difficiles à rendre actuels et vrais. Je confesse qu'ils me forcent chaque jour à recommencer. J'eus autrefois l'audace de désirer le martyre afin de confesser ma foi. Le Seigneur, qui me connaît, m'a dispensé de ce vœu imprudent. Il m'a harcelé jusqu'à ce que je consente à le suivre sur la route connue des âmes ordinaires sans chercher à graver pour le souvenir des hommes la trace de mes pieds. Mon martyre est dans l'humilité d'être ce que je suis et d'éprouver le mal de n'être pas davantage au regard de l'Éternel. J'ai commencé à aimer quand j'ai accepté d'être petit. Parce que j'ai gagné quelque renom, on hésite à m'aborder. C'est à moi qu'il revient de briser la statue pour « que lui grandisse et que moi, je diminue » (Jn 3, 30).

Mais il ne suffit pas que je croie et que j'aime. J'ai, comme Job, le besoin d'espérer voir celui en qui je crois, de contempler à jamais, hors l'espace et le temps, sa Face dévoilée. C'est ainsi que je suis dans l'Église divine le fidèle assidu de mon Église humaine. Et quand je me révolte, que j'enrage et gémis, que je la veux nouvelle, fervente, enfin guérie des maux qu'on lui reproche et de tout ce qu'on dit, je me regarde, moi, son fils repenti, et la bénis parce qu'elle est mère. Moi qui la défigure avec les autres, et d'autres encore qui sont ses ennemis, je suis cause de sa souffrance et sais mal en parler comme de l'espérance. Elle est le jardin clos et la place publique du saint et du pêcheur ; on l'épie, on la juge, on la nie. Elle reste debout comme la cathédrale que sculpte l'artisan engagé à toute heure ; rien ne sera fini de ce chantier divin qu'au bout de tous les temps quand paraîtra celui qui l'a bâtie pour nous avec le bois honteux de sa crucifixion et les clous enfoncés par notre trahison. Et pour la mieux aimer, pour lui rester fidèle, de la Vierge Marie j'implore le secours et veux que cette femme entre toutes bénie, qui fut à mon baptême celle qui a dit oui, me soutienne, marchant avec mon corps pesant vers la grâce et la toute excellence du bien enfin conquis de la plus longue attente.

Saint Pierre, à qui fut confiée l'Église et son espérance : *la parole prophétique* qui est le trésor des Écritures, nous demande de la regarder *comme une lampe qui brille dans un lieu obscur.* C'est l'Église qui garde le Livre, c'est elle qui l'explique, c'est elle qui en tire les trésors, c'est elle qui, depuis deux mille ans, malgré ses faiblesses, a ouvert à l'homme épris de dépassement les perspectives de sa destinée. On a inventé toutes les doctrines, essayé tous les systèmes ; on n'est pas parvenu à répondre à l'interrogation fondamentale : qui suis-je, d'où viens-je, où vais-je ? On a cru que la seule raison humaine déchiffrerait le sens codé de l'existence, que la science arracherait au silence le secret des choses cachées, que le progrès, avec ses découvertes, ses absolus constamment contredits, abolirait l'espace qui sépare l'homme du bonheur. Au fait, qu'est-ce pour moi le bonheur ? La conviction d'appartenance à la famille de Dieu, l'abandon à la tendresse du Père, l'acceptation douloureuse des tristesses de la vie, le mystère de la souffrance et de la mort, et l'espoir de loger, au bout du temps à chacun imparti, dans la demeure indiquée par l'Esprit. Le bonheur, c'est la famille, les amis et les autres réunis, la beauté du monde, tout ce qui du vivant, dans les minutes et dans les heures, fait exulter le corps et l'âme ; il n'est pas que refus ou que renoncement, il réside dans l'acceptation reconnaissante des grandes et des petites joies. Il est, jour après jour, tout ce que la vie donne et qu'il faut sans remords accueillir et goûter.

Je ne m'abîme pas dans le repentir, je ne cours pas après les gens pour demander pardon, je ne me couvre pas de cendres et ne me vêts pas du sac de la pénitence, je ne marche pas courbe et les yeux rabattus. Par le chemin de chaque année, j'avance à pas comptés vers le lieu de mon espérance.

Épilogue

Je vais créer des cieux nouveaux et une terre nouvelle, et on ne se souviendra plus du passé, qui ne remontera plus au cœur. (Is 65, 17)

Aux jeunes de mon pays

Quelqu'un vous a aimés

JE VOUS regarde, entassés aux portes de l'Histoire, attendant qu'on vous ouvre. Vous pensez que les aînés ont bâti la maison qui logera vos espoirs. Ne vous abusez point, elle est à l'image d'un temps qui n'est pas le vôtre, et d'un autre plus lointain encore grâce auquel ses fondations demeurent parce qu'elles furent assises sur des valeurs qui résistent : la fraternité, le travail et la foi. De ce qui l'avait faite solide et accueillante, de larges pans sont tombés, par notre faute, parce que nous en croyions le style dépassé et que nous voulions qu'elle fût semblable à ce que nous voyions ailleurs. Nous la trouvions austère et fermée, inapte à la vie libre que nous souhaitions mener, trop contraignante pour la jeunesse, dont nous devancions les attentes, celles que nous vous prêtions et qui n'étaient en fait que nos désirs refoulés. Elle n'a plus la forme des vigoureux navires et des massives cathédrales. On en a changé les plans. Bien des fissures en lézardent les restes ; on l'a badigeonnée de toutes les couleurs au nom de toutes les libertés ; on a même sali la terre qui la porte. Je ne vais pas la condamner, car je fus, moi aussi, l'artisan de ce qui est votre héritage.

Il n'est point compromis. Il a besoin, si vous le reprenez comme nous, vos aînés, en avions accepté un autre, que votre force jeune en aère la place et que votre idéal rallume des flambeaux neufs là où se sont éteints nos élans épuisés. Nous fûmes plus chanceux que vous parce que nous vécûmes des temps moins difficiles. Nous croyions être riches. Nous avions nos appétits, et, pour les satisfaire, nous avons inventé un modèle de société qui laissait croire au paradis. Misant plus sur l'État que sur nos propres forces, nous l'avons investi du pouvoir de bâtir à notre place, d'installer de pesantes structures, de nous offrir des jouets conformes à nos caprices. On nous persuadait que nous forgions l'avenir. Or, l'avenir, c'était nous pour un temps, et vous tous maintenant. Nous avons payé une part de nos extravagances, et vous laissons le solde de notre imprévoyance.

N'écoutez pas celui qui dit : « Dans mon temps... » Ce temps-là n'est plus. C'est du vôtre qu'il s'agit. N'écoutez pas davantage celui qui, pour vous flatter, répète la formule usée : « Vous êtes l'avenir... » alors que vous êtes le présent déjà ; car il est bien des manières de se défiler devant vous en reculant le moment de vous abandonner le monde qui vous appartient.

Demandez plutôt comment est ce présent et ce qu'il vous assure. Car vous êtes les clients recherchés par les vendeurs de rêves, les proies convoitées par les prédateurs, ceux qui vous guettent avec leurs appâts empoisonnés. On vous a arrachés bien jeunes de votre foyer ; on vous a isolés de vos parents ; parqués dans vos écoles, on vous moule au gré des programmes constamment remaniés. Mais sait-on bien ce que vous retenez d'un enseignement qui devrait vous préparer à vivre comme des citoyens libres, mais responsables ?

Je vous croise et recroise dans la ville. Je vous écoute discrètement sur les places. Je ne saurais comment vous aborder parce que je vous connais mal. Autour de moi, on vous plaint. Quelle idée de plaindre la jeunesse sur laquelle s'étale la lumière du matin ! Je voudrais pourtant connaître vos pensées, vos inquiétudes et vos aspirations. Je souhaiterais vous rassembler pour vous entendre vous exprimer avec la passion et l'idéal de votre âge. Je suis loin et proche de vous parce que, d'une part, nous nous situons à distance de générations, mais que de l'autre, je devine que vous n'êtes pas différents de ce que j'ai été, car l'homme évolue si peu et si lentement ! Il faudrait que vous vous exprimiez, parce que je serais mal à l'aise en vous demandant de m'écouter. Nous ne parlerions pas de la pluie et du beau temps : à votre âge le ciel est bleu et les montagnes, vertes, le soleil qui vous dore n'a pas de crépuscule et les nuits étoilées sont toutes des matins. Je ne vous poserais de temps en temps qu'une question ou l'autre afin d'activer le flot de vos paroles et m'immerger dans votre intimité. J'y trouverais mon compte ; j'ai besoin de rescaper ma jeunesse, de partager ce qui me reste d'espoirs et, à l'âge descendant, de recevoir vos leçons d'enthousiasme. Peut-être, nous connaissant mieux, deviendrions-nous amis ; pas de la façon dont vous l'êtes avec vos camarades, mais de loin ; nous nous saluerions, par exemple, vous me souririez et je me sentirais heureux de votre générosité. Cela ranimerait mon goût de vivre en pensant à vous, en vous défendant quand on vous décrie et qu'on lésine pour vous faire une place.

J'ai rencontré un jour un homme qui était député. Il me restait encore un an avant d'entrer à l'université. Du collège, je lui avais offert mes services pour l'aider à se faire réélire. Il a accepté. Dès ce jour-là, je suis entré dans le monde des adultes. C'était en 1948, et j'amorçais la vingtaine. Il m'a fait confiance et ne m'a pas lâché. Parce qu'il comptait sur moi, j'ai travaillé fort pour ne pas le décevoir. Nous sommes devenus amis ; il m'a fait connaître ses amis et, de l'un à l'autre, la chaîne s'est allongée, si bien qu'à mon tour j'y ajoutais d'autres maillons. Ce fut ma première grande expérience de partage. J'avais eu mes relations au collège ; le cercle en était étroit ; mon regard se butait à un horizon trop rapproché. Je découvris que le monde était plus grand que moi et qu'il est difficile, sans aide, d'en cerner les frontières. Dans le milieu politique où je m'étais aventuré, j'appris à protéger ma liberté en respectant celle des autres, à en tirer mon profit sans empiéter sur celui des gens que je fréquentais. Je fus sauvé des pièges ; parce qu'il en est partout et qu'il est trop facile d'y prendre les chercheurs de liberté. Vous êtes nés libres. Il faut le demeurer en apprenant à conjuguer entre vous, avec nous, les forces qui nous entravent et celles qui libèrent.

Si vous me demandiez ce qu'est la liberté, j'hésiterais à vous répondre parce qu'il me faudrait vous révéler qu'au temps où je suis rendu j'ai compris que la liberté est faite de tous les devoirs que je dois rendre aux autres, de toutes les obligations dont il me faut m'acquitter pour que la vie qu'on s'échange apporte à chacun de nous la petite part de bonheur enfoui dans le trésor du bien commun. J'ajouterais peut-être, si vous vouliez m'écouter, que la liberté, c'est le couplet que chaque homme compose et qu'il ajoute à la chanson qui rythme la suite des jours ; il naît du cœur, parle de la création, des frères, des sœurs, des parents, des amis, des tâches, des plaisirs et de quelque chose qui est là-haut et qu'on regarde comme on compte les astres. Ce couplet-là, on est seul à pouvoir le chanter ; et s'il s'unit à ceux des autres, il devient un hymne à la gloire de ce qu'on aime et qu'il faut conquérir. Je vous dirais même que la liberté est en vous comme un feu qui s'allume pour éclairer autour sans jamais embraser l'espace du voisin et qui porte sa chaleur aux confins de la terre ; c'est l'ensemble des feux qui brûlent alentour, et plus loin, et là-bas et là-bas plus avant. La liberté, c'est moi et les autres, c'est ma force et la vôtre, mon cœur et puis le nôtre ; c'est un amour unique distribué en lots cent fois multipliés et cent fois redonnés. C'est l'indépendance dans l'interdépendance, la somme de nos biens, et le vôtre et le mien. En causant plus longtemps, nous verrions que je ne suis pas libre si vous ne l'êtes pas, et que votre vouloir est une partie du mien.

Nous parlerions sans livres, sans notes et sans tableau parce que l'univers qui nous contient nous fournirait les mots, les phrases et les questions. Nous pourrions aborder l'âge des origines et la raison des choses ; nous situer dans le monde où nous sommes et nous interroger sur ce qui nous fait vivre, penser, agir et pourquoi. Chaque chose a sa fin, chaque être a sa raison ; mais qui donc a voulu que tout se passe ainsi ? On entend dire : le hasard ; les très savants en pensent autrement ; mais nul d'entre eux n'explique comment le pissenlit fait sa courte carrière ni comment le geai bleu s'est habillé ainsi. Du lointain dinosaure à l'élégant félin, il en fallut des ans pour que l'ordre qu'on voit s'arrange ainsi qu'il est. Vous avez des bouquins, des dictionnaires, des encyclopédies. Il semble à la lecture que tout est évident et qu'à chaque question on trouve une réponse. J'ai lu beaucoup ; je fais confiance à ceux qui ont écrit et qui dans les laboratoires et les usines trouvent les solutions aux problèmes ardus. Pardonnez-moi d'être naïf, mais je ne sais encore pourquoi meurent des jeunes et que moi je survis, pourquoi je n'ai point mal tandis qu'autour de moi souffrent bien des amis ; et je ne parle pas des affamés, des torturés, des réfugiés, des déportés, des suicidés, de l'immense cohorte des martyrs de la terre, de ceux d'hier et d'aujourd'hui et des autres à venir. Il m'importerait peu que j'aie tort ou raison, mais je voudrais savoir comment vous pouvez vivre au milieu du mystère. Puis-je penser que vous vous posez les questions qui me gênent : qui suis-je, d'où viens-je, où vais-je ? J'y songe chaque instant et me désolerais si je n'avais en moi la certitude de la foi. Vous me voyez venir ? Non. Je ne prêche pas ; je n'ai pas mission de vous imposer mes convictions, de vous traîner sur mon chemin, de vous arracher des aveux ou de vous assener mes vérités. J'évoque le sujet parce que vous êtes en droit de chercher à savoir pourquoi un homme de mon âge, tour à tour professeur, politique, fonctionnaire, mêlé aux humbles comme aux grands, par ailleurs secret, écrit un livre de confidences sur son cheminement spirituel, une sorte d'histoire de son âme.

Je vous expliquerais mieux cela s'il m'était donné de vous rencontrer. Je reprendrais ce que vous pouvez lire dans cet ouvrage, comme on se raconte après une journée de repos ; je ferais de mon existence, et pour vous seuls, une lecture plus intime encore. Peut-être vous retrouveriez-vous comme devant un miroir dans tous les événements qui ont marqué ma vie jusqu'à l'heure où vous êtes. J'insisterais sur ceci : que, baptisé, j'ai reçu le don de la foi, qu'elle ne m'a jamais fait défaut, qu'elle a subi le feu du doute, que je fus saisi par une Présence qui ne m'a jamais abandonné et qui m'assiste sans relâche. Je vous dirais avec flamme que je crois en Dieu, au Christ et à son Église. J'ajouterais que je ne suis pas un saint ou un miraculé et que je combats tous les jours l'esprit malin qui tant de fois m'a tenté, comme il a tenté Jésus au désert.

J'affirmerais que j'ai la foi ; et si vous me demandiez comment vous y faire croire, je me verrais obligé de vous répondre que la foi se vit, que l'explication qu'on en peut donner est difficile, qu'elle peut surgir à la suite d'une rencontre, d'une joie ou d'une prière partagée, qu'elle n'est pas un sentiment, mais l'assurance d'être habité par quelque chose qui est au-dessus de soi-même, ce qui est un bonheur qu'on veut propager. Parce que la foi est le souffle de l'âme, elle l'inspire comme l'air anime le corps. Je ferais référence, en passant, à mes études de théologie et à ce que j'en ai tiré ; je serais obligé de vous confier en secret que souvent les théologiens, même les plus forts et les plus saints, compliquent les choses quand ils essaient de démontrer ce que l'Esprit de Dieu peut seul faire accepter. Nous en aurions pour des heures, je n'exagère pas, car, sitôt qu'on extrait de soi ce que le Seigneur y a fait germer, on n'a de cesse qu'on l'ait semé à tout vent. Je pense que nous serions heureux ensemble. Cela ne nous empêcherait pas de rire, de jouir de la vie, de vivre l'amour du corps et de l'esprit, de nous entendre et de disconvenir ; j'accueillerais vos objections sans m'en scandaliser ; j'ai eu les miennes aussi ; elles me tiraillent encore ; elles font partie du risque de la foi, de la puissance de la raison humaine, de sa faiblesse aussi. Nous prendrions conscience à la fin que nous avons quelque chose en commun, que nous cherchons Quelqu'un qui peut combler le vide de tous les trous qu'on creuse en discutant.

Je n'abuserais pas de votre patience, mais je serais prêt à user toute la mienne ; je ne vous retiendrais pas ; toutefois s'il s'en trouvait parmi vous qui souhaiteraient qu'on poursuive, je prendrais la Bible et je vous demanderais de me la lire comme vous la comprenez. Ravi, j'écouterais couler la Parole de Dieu. Nous serions alors sur le chantier de la Vérité, face aux apôtres, à côté de Jésus. Nous construirions l'Église en ajoutant nos pierres dans le vieil édifice constamment érodé et toujours restauré. Nous nous quitterions là, chacun allant de son côté, inquiet, perdu, secoué, prêt à tout réfuter de cette « fable-là » et pourtant éclairé d'une lueur nouvelle. Moi, j'irais mon chemin le cœur rempli de vous, par vos questions hanté. Car vous êtes l'Église. Quelqu'un vous a aimés. Dans les faux paradis où l'on vous a jetés, dans l'absurde destin auquel on vous dit condamnés, vous restez libres encore. Vous n'êtes pas la génération condamnée. Qu'on active vos forces inentamées ! Ce qui vous manque, à vous, c'est qu'on vous aime et qu'on vous voie tels que vous êtes. Je vous dirais, moi, que vous êtes le sel de la terre et la lumière dans notre obscurité. Calmez nos peurs d'apocalypse, car nous nous complaisons à créer l'épouvante, à vous prêter nos peurs irraisonnées. La réponse est en vous, elle se nomme « espérance ». Nous n'avons pas à la tailler à notre mesure ; elle vous appartient, elle porte vos ambitions et vos désirs, ne craignez point la corde étroite et le saut sans filet. Vos chutes et vos meurtrissures vous feront des corps sains et des âmes trempées.

Quand vous serez déçus de vos bonheurs jetables, que les faux biens qu'on vend vous laisseront un goût amer et détestable, demandez aux anciens, qui furent aussi perdus, ce qu'ils ont acheté pour apaiser leur faim et comment ils ont pu satisfaire leur soif et ce qu'ils ont vécu. Moi, je suis de ceux-là. Je vous raconterais qu'aux jours les plus pénibles, quand je désespérais, j'ai retrouvé Jésus ; lui seul m'a dit le prix de l'amour véritable. Je me garderais bien de vous solliciter, de monnayer votre âme et de vous imposer un bonheur inventé. Il est des mots qu'on tait, qu'on laisse deviner dans la foi du regard et la complicité ; ces mots, je les réserve aux jeunes amitiés, à vous tous, non pour plaire ni pour vous attirer, simplement pour les dire un jour à point nommé. Ils viennent du silence. Ils sont vieux, patinés, chargés du poids des siècles, des fruits de la science et du labeur pieux toujours recommencé. On vous les a déjà dits, et moi je les répète. Parce que j'ai confiance, que je fus jeune aussi et que mes maîtres à moi me les ont confiés comme le talent d'or dont parle l'Évangile et qui doit fructifier.

Aimez, croyez, espérez. Votre force est en vous et dans le Seigneur, qui vous a assigné une place dans son Royaume. Vous êtes une richesse de sa création. Pourquoi vous a-t-il choisis, sinon par le dessein mystérieux de sa volonté ? Vous étiez dans son incarnation, vous étiez dans son agonie, dans sa mort et sa résurrection, et vous êtes dans le mystère de la rédemption. Pierres vivantes qui, comme moi, subissez l'âcre pollution de ceux qui croient encore et pensent le cacher, de ceux qui ne croient plus et sont désemparés, des inventeurs de dieux dans le monde lâchés, dans le bruit, dans la dérision, parmi ceux qui se moqueront, dressez-vous pour témoigner de la vérité, pour renforcer votre espérance et la mienne, pour éclairer, pour réchauffer notre demeure humaine.

Soyez autonomes, sortez du rang, ne faites pas ceci ou cela parce que les autres le font. Demandez-vous plutôt pourquoi vous le faites et si vous y trouvez ce qu'au fond vous cherchez. Vous cherchez quelqu'un qui vous aime et vous voulez l'aimer. Il y a deux mille ans, un homme dont on voulait faire un roi a refusé de le devenir. Il a réuni des humbles, des sages, des gens comme vous et moi. Il a marché, prêché, jeûné, prié. On a ri de lui, on l'a trouvé encombrant et parce qu'il s'occupait plus des faibles que des puissants, on a décidé de le faire disparaître. Il est mort sur une croix. On pensait l'affaire classée. Mais trois jours après, il est ressuscité et depuis lors il ne cesse de poser la

même question à tout le monde : « Qui dis-tu que je suis ? »
Si vous répondez qu'il est celui que vous cherchez, il vous
en posera une autre : « M'aimes-tu ? » Si vous dites oui, il
s'installera au plus profond de votre cœur, vous croirez et
vous espérerez et, par sa grâce en vous, le monde sera
meilleur. C'est trop simple et trop beau ? Tout ce qui vient
de Dieu est ainsi. Il y a une dernière chose dont je veux
vous prévenir : attention à votre réponse. Si vous dites au
Seigneur que vous l'aimez, il ne vous laissera plus parce
que, heureux, vous vous sentirez obligés de répandre son
message, et vous serez émerveillés chaque instant de pouvoir aimer comme il nous a tous aimés. Ceux qui s'affligent
à cause de vous s'étonneront de voir surgir par vos soins
des cieux nouveaux et une terre nouvelle. Dans l'éclat de
la beauté restaurée, ils se souviendront des jours de leur
jeunesse et de l'espoir de ce temps-là. Il se demanderont
comment vous savez reparler de ce qu'ils n'osent dire et
qui donc en votre âge vous a donné la grâce et conféré le
don de renouveler dans l'amour la face de la terre.

Table des matières

MARQUIS

Montmagny, Qc
avril 1993